Ingrid Lipowsky
Engel reisen immer ohne Gepäck

AF288106

3. Auflage 2018

Ingrid Lipowsky
Engel reisen immer ohne Gepäck
mit Fotos von der Autorin
Neue Erde GmbH 2004
© Ingrid Lipowsy/Neue Erde GmbH, Saarbrücken
Alle Rechte vorbehalten.

Lektorat: Martina Klose

Titelseite: Dragon Design, GB
Fotos: creativ collection (Himmel),
Fred Hageneder (Kloster Monasterboice)

Satz und Typo: Dragon Design, GB
Gesetzt aus der Galliard

Gesamtherstellung: Books on Demand GmbH, Norderstedt
Printed in Germany

ISBN 978-3-89060-068-0

Ryvellus ist ein Imprint bei Neue Erde.

NEUE ERDE GmbH
Cecilienstr. 29 · 66111 Saarbrücken
Deutschland · Planet Erde
www.neue-erde.de

Ingrid Lipowsky

Engel reisen immer ohne Gepäck

Eine mystische Irland-Reise

Ryvellus
bei Neue Erde

Ein Dankeschön

Zu Beginn dieses Buches erhält die Erzählerin Gelegenheit, sich bei all denen zu bedanken, die sie geführt, unterstützt, ihr Mut gemacht und den Rücken freigehalten haben. Dies habe ich bereits persönlich getan.

Und doch gibt es jemanden, dem ich *danke* sagen will: dir, liebe Leserin/lieber Leser, die/der du eben dieses Buch aufgeschlagen hast. Denn meiner inneren Stimme vertrauend, weiß ich, daß du in meiner Geschichte eine Rolle spielst, daß du dabeiwarst. Vielleicht erinnerst du dich, erinnerst dich beim Lesen wieder an die Zeit, in die ich Einblick nehmen durfte?

Danke, wer immer du damals warst. Denn wenn es dich nicht gegeben hätte, würde meine Geschichte eine andere sein – und deine ebenfalls.

Ingrid/Gwenlynn
Im Herbst 2003

1

Gwenlynn. – Plötzlich war dieser Name da. *Gwenlynn.* Und mit ihm eine noch nie gespürte Schwingung in meinem Herzen: schwermütig, traurig und auf eine seltsame Weise fordernd.

»Gwenlynn? Wer bist du?« Mein Verstand suchte nach der dazugehörenden Person, nach ihrer Geschichte ... und fand nichts. Sie ließ mich tagelang in Ruhe, um dann unvermittelt wieder aufzutauchen – geheimnisvoll und drängend. Ich fragte meinen geistigen Lehrer, den Engel, den Gott mir seit Jahren zur Seite stellt und der sich Yasper nennt, nach dieser Frau. Aber er antwortete mir nicht, noch nicht. Ich versuchte, eine Antwort von meinem Schutzengel Prudens zu bekommen, der mich doch sonst immer mit seiner Redseligkeit und Sprachgewandtheit unterstützt. Doch auch er hüllte sich in Schweigen, was sonst gar nicht seine Art ist. Das einzige, was ich ihm zu diesem Thema entlocken konnte, war: »Hab Geduld und hab Vertrauen. Du weißt doch: Alles kommt auf dich zu, ohne dein Zutun, ohne dein Wollen.«

Ja, wenn es etwas gibt, das mir diese beiden Engel in den zurückliegenden Jahren nahegebracht haben, dann das: loszulassen, wenn Wünsche und Erwartungen auftauchen und alles in Gottes Hand zu legen. Ich weiß, daß dies die »Denkweise« der Engel ist, und versuche, es ihnen gleichzutun. Doch immer wieder stoße ich dabei an meine Grenzen. Diesmal fiel es mir besonders schwer, mich in Geduld und Vertrauen zu üben und abzuwarten. Aber meine Bemühungen wurden belohnt ...

Einige Zeit später schenkte mir Jitka, eine »Seelenschwester«, eine CD mit irischer Musik. Ich hatte mich nie für solche Musik interessiert und hörte anfangs mehr anstandshalber hinein. Es traf mich wie ein

Blitz! Diese Klänge, die auf so widersprüchliche Weise traurig und doch so voller Lebensfreude sind, berührten in mir dieselbe Saite wie der Name, der mich nicht losließ, und brachten sie erneut zum Schwingen – schwermütig und gleichzeitig fordernd. Mein Interesse für dieses Land war geweckt. Plötzlich wurde ich überall damit konfrontiert. Nie zuvor waren mir so viele Produkte aus Irland begegnet: Butter, Käse, Whiskey, Coffee. Im Supermarkt lagen Teilnahmekarten für ein Preisausschreiben aus; als Hauptgewinn winkte eine Reise nach Irland in die Grafschaft Kerry. Allein der Klang dieses Namens elektrisierte mich. Ich konnte meine Ungeduld nicht mehr zügeln, mein »Ich will« gewann wieder die Oberhand, und so füllte ich eine Karte aus. Jitka lachte, als ich zu ihr sagte: »Wenn ich gewinne, fahren wir beide dorthin.« Natürlich gewann ich nicht, doch die Gewißheit, daß ich eines Tages nach Irland kommen würde, wurde immer größer.

Und mit dieser Gewißheit, die tief aus meinem Innersten genährt wurde, fiel es mir leichter, loszulassen. Darauf hatte Yasper nur gewartet. Er fragte mich, ob ich bereit sei, Näheres über Gwenlynn zu erfahren. Endlich! Er begleitete mich auf einer Rückführung:

Ich befinde mich in einer Zeit, einige Hundert Jahre vor diesem Leben: Ich bin in einem armseligen Raum mit Wänden aus naturbelassenen Steinen, dürftig eingerichtet mit Möbeln aus grobem Holz: Tisch, zwei Stühle, ein einfaches Schlaflager. Darauf, auf einem Schaffell liegend, eine junge Frau. Ihre roten Haare sind verschwitzt und strähnig, ihre grünen Augen in Todesangst weit aufgerissen und hilfesuchend auf mich gerichtet. Sie wirft sich hin und her, ihre Finger krallen sich im Fell fest, unter ihrem stark gewölbtem Unterkörper liegen alte, aber saubere Lumpen. In kurzen Abständen bäumt sie sich auf, schier unerträgliche Wellen des Schmerzes scheinen sie zerreißen zu wollen. Wie schön sie sein muß, doch nun ist ihr Gesicht zu einer Fratze des Entsetzens geworden. Sie ist gebärende Frau – und gleichzeitig Meer, das vom Sturm gepeitscht und aufgewühlt wird. Ich weiß, daß das Meer eine große Rolle in diesem Leben spielt, in diesem Land spielt. Neben ihr kniet ein Mann, dessen lange schwarze Haare im Nacken zusammengebunden sind. Er ist stark und kräftig ... und doch so schwach und hilflos in dieser Stunde. Er schaut verzweifelt von ihr zu mir. Ich stehe neben dem Lager und versuche zu helfen ... Ich? Ja, ich bin die Schwester dieses Mannes, mein Name ist Gwenlynn. Die gebärende Frau ist seine Lebensgefährtin Bridged und es wird das erste Kind der beiden sein. Er ist Rebell, ein Mann, der für die Freiheit seines Volkes kämpft, und wird von den Engländern gesucht. Und wir haben die Gewißheit, daß sein Kind, sollte es ein Sohn sein, wie er getötet wird: Der Sohn eines Rebellen hat kein Lebensrecht.

Ich tue, was ich tun kann. Stunden vergehen, die Frau wird schwächer, scheint keine Kraft mehr zu haben, das Kind in diese grausame Welt zu pressen. Verzweifelt reden mein Bruder und ich ihr zu, machen ihr Mut – den wir selbst nicht mehr haben. Dann, mit letzter Kraft und einem Schrei, der nichts Menschliches mehr hat, gebiert die Frau das Kind. Es ist ein Sohn. Ich halte ihn in meinen Armen. Bridged liegt leblos auf dem Schaffell, mein Bruder Craig umfaßt sie mit seinen Armen und wiegt sie weinend hin und her. Ich will ihm seinen Sohn in die Arme legen, doch er blickt nicht auf, sondern sagt mit stockender Stimme: »Bring ihn weg von hier. Bitte, bring ihn weg!«

Die nächste Szene erscheint vor meinem inneren Auge: Ich bin unterwegs, auf der Flucht. Das Neugeborene ist in eine Decke gehüllt. Obwohl es nicht sehr kräftig ist, liegt es schwer auf meinem linken Arm und schreit. »Du darfst nicht schreien, sonst werden wir entdeckt!«

Ich drücke den Jungen fest an mich; weiß, daß er Hunger hat, und kann ihn nicht füttern. Ich verstecke mich, wann immer wir in die Nähe eines Hauses kommen; halte seinen kleinen Mund zu, wann immer Menschen in der Nähe sind. Wie lange? Ich weiß es nicht ... Tagelang? Das Kind wird schwächer, wimmert nur noch leise vor sich hin. »Ich kann nicht mehr, ich will nicht mehr.«

Unter einem freistehenden Baum sinke ich zu Boden ... halte das Kind, das nun ganz still geworden ist, auf meinem Schoß. »Schlafen, nur noch schlafen, nie mehr weitergehen ...«

Wieder höre ich Stimmen, unweit der Stelle, an der ich liege. Ich kann nicht mehr ... Menschen kommen auf uns zu, finden uns, sprechen mich an: Es sind Freunde! Menschen, die helfen, mir und dem Sohn meines Bruders, dem Sohn des Rebellen ...

Weinend und innerlich zutiefst aufgewühlt kehre ich aus diesem Leben zurück in die Gegenwart. Gwenlynn, jetzt weiß ich, wer du bist, weiß, wer ich war. Jetzt hast du ein Gesicht, eine Geschichte, jetzt bist du bewußt Teil meines Lebens. Und ich lasse dich Anteil haben an meinem jetzigen Leben, zeige dir, wer ich bin: Eine Frau von fünfzig Jahren, glücklich verheiratet mit einem Mann, der ihren spirituellen Weg akzeptiert und sie dabei begleitet. Wir sind gesegnet mit einer zweiundzwanzigjährigen Tochter, die meine Engel ernstnimmt. Denn ich lasse mich seit vielen Jahren von den Engeln an meiner Seite belehren, führen und leiten, auch zu dir, Gwenlynn. Ich beziehe dich in meinen Alltag mit ein, nehme dich in den kleinen Edelsteinladen mit, den Prudens und ich gemeinsam führen, lasse dich bei den Gesprächen über Steine und Engel dabeisein. Du schwingst immer noch voller Schwermut in mir – und immer noch fordernd. »Was forderst du, was erwartest du von mir?« – Wieder darf ich mich in Geduld üben.

Einige Monate später, es ist Mai geworden, betritt kurz vor Ladenschluß eine dunkelhaarige Frau mit ungewöhnlich blauen Augen mein Geschäft. Sie interessiert sich für geistige Führung, für die innere Stimme und fragt ohne große Umschweife nach meiner Beziehung zu den Engeln. Ich bitte sie in den kleinen Nebenraum, und es entwickelt sich ein tiefes Gespräch. Dabei fällt mir ihr Akzent auf: Ist sie Engländerin? Nein, sie erzählt lächelnd, daß sie Irin sei, aber in Deutschland arbeite! Sie fahre allerdings mehrmals im Jahr nach Hause ... nach Irland. – Irland? Sofort ist Gwenlynn wieder in mir erwacht. Ich bekomme tief aus meinem Inneren eine Melodie und einen Vers in einer mir fremden Sprache. Als ich ihn Josephine – so hat sich die Irin vorgestellt – vorsinge, setzt sie das Lied in derselben Sprache fort und erklärt: »Es ist ein uraltes gälisches Volkslied. Es heißt: ›Ich komme nach Hause zurück im nächsten Sommer‹.« Da beginne ich zu weinen (oder sind es Gwenlynns Tränen?), und sie fragt: »Willst du mich in Irland besuchen?«

Einen Tag später bekomme ich Kontakt zu ihrem persönlichen Engel und darf ihm einige Fragen stellen. Er nennt sich Jonathan, und ich sehe ihn vor meinem geistigen Auge als Möwe. Ich erfahre von ihm, daß auch Gwenlynn den Ort, an dem Josephines Haus steht, kannte. Aber auf die Frage, ob das Kind dort zur Welt gekommen sei, erhalte ich keine Antwort. »Not allowed.«

Josephine verschwindet wieder aus meinem Leben. Ich kenne weder ihren Nachnamen, noch habe ich ihre Adresse. Sollte alles nur ein Wunschtraum bleiben? – Der Verstand schaltet sich ein und erschafft Zweifel. Wieso sollte mich eine mir völlig fremde Frau zu sich nach Irland einladen?

Wochen später, bei einem Spaziergang durch die Wiesen, kreist eine Möwe über mir: Jonathan! Er überbringt mir Grüße aus Irland. In diesem Moment weiß ich mit tiefer innerer Gewißheit, daß ich im August dort sein werde. Einige Tage später steht Josephine lächelnd vor mir. Sie war einige Wochen »zu Hause«, um ihren fünfzigsten Geburtstag dort zu feiern. Im August wird sie wieder für einige Wochen nach Irland fahren; sie lädt mich noch einmal ein: »Wir könnten dort gemeinsam unseren hundertsten Geburtstag feiern!«

Ich falle ihr, gleichzeitig lachend und weinend, um den Hals. Als Geschenk hat sie mir eine Muschel und einen Stein aus der Bucht mitgebracht, über der ihr Haus liegt. Ich halte beides in meinen Händen und fühle tief in mir die Liebe dieses Landes – und seinen Ruf …

Es beginnt eine schwierige Zeit für mich und Walter, meinen Mann. Von Anfang an war mir klar, daß er bei dieser Reise nicht dabeisein

11

würde. Wann immer ich mich in die Zeit in Irland hineinfühle, ist er nicht an meiner Seite. Ich verstehe es selbst nicht, es ist einfach so. Wir haben unseren Urlaub noch nie getrennt verbracht, die gemeinsamen Wochen sind immer besondere Höhepunkte für uns beide. Ich bitte ihn, mir diese Tage zu schenken, sich um meine Eltern zu kümmern, die bei uns im Haus leben und Unterstützung brauchen, mich also zu vertreten. Doch ihm macht diese »Reise in die Vergangenheit«, wie er es nennt, Angst: »Kommst du wieder zurück? Wer wirst du dann sein? Kenne ich dich dann noch? Wen wirst du dort treffen?«

Die Angst, die so tief aus seinem Inneren auftaucht, ist mit dem Verstand nicht zu erklären. Wir lieben uns, wir haben Vertrauen in diese Liebe – und doch ist da eine große Verzweiflung in ihm. Yaspers Belehrungen, Vertrauen in die Führung des *Einen* zu haben, sind vergessen. Mein Mann bittet mich, ihn mitzunehmen. Doch ich weiß, daß mir seine Sorge um mich im Wege stehen würde. Yasper schlägt vor, ein Zugeständnis zu machen und meine Tochter Katrin zu dieser Reise einzuladen. Sie ist von Irland, seiner Landschaft, seiner Musik begeistert und sagt spontan zu. Mein Mann ist einerseits beruhigt, andererseits verletzt, weil ich ihn ausschließe und ihm einen anderen Menschen vorziehe. Es wäre soviel leichter für mich, nachzugeben oder sogar die ganze Reise abzusagen, als auszuhalten, daß ich das Gefühl der Verletztheit des geliebten Mannes an meiner Seite verursache.

Yasper läßt mich wissen, daß ich nicht schuldig sei an seinem Unglücklich-Sein. Es sei eine alte Angst, die durch meine Pläne zum Schwingen gebracht werde und die er nur auflösen könne, wenn ich ihm diese Möglichkeit nicht nähme. Und so buche ich auf Yaspers Vorschlag hin einen Flug von München nach Dublin für zwei Personen für den 18. August 2002 und den Rückflug Dublin–München am Samstag darauf. Sechs Tage in Irland werden mir von geistiger Seite zugestanden, um das Geheimnis um Gwenlynn zu lüften! Auf der Rückfahrt vom Reisebüro kreuzt eine Möwe von Süd nach Nord meinen Weg. Jonathan bestätigt, daß mein Entschluß richtig ist!

Einige Tage später werde ich gegen Mitternacht von meinem »Lehrerengel« geweckt. Der leuchtendgelbe Juli-Vollmond lockt mich ans offene Fenster. Da höre ich Yasper sagen: »Beim nächsten Vollmond wirst du auf dem Friedhof sein. Und du wirst dort dein Blut lassen.«

»Der nächste Vollmond? Ich werde ihn in Irland sehen!« denke ich. Forschend horche ich in mein Inneres, welches Gefühl diese Worte in mir auslösen, und bin beruhigt, daß keinerlei Angst auftaucht. Mir wird wieder einmal bewußt, wieviel mir mein geistiger Lehrer in den letzten Jahren beigebracht hat. Ohne seine Belehrungen wären diese Sätze Grund genug für mich gewesen, die Reise sofort abzusagen: »Auf einem irischen Friedhof um Mitternacht? Nein danke!«

Ich muß innerlich lachen. Ohne seine Bekanntschaft und seine Belehrungen wäre ich niemals auf den Gedanken gekommen, ohne meinen Mann wegzufahren. Doch Yasper hat mir beigebracht, bedingungsloses Vertrauen in die göttliche Führung zu haben – und in das Versprechen, daß alles, was mir widerfährt, zu meinem Besten und zum Wohl des Ganzen geschieht. Yasper holt mich von diesen Gedanken zurück und zeigt mir in einem inneren Bild eine Friedhofsmauer: Steht man vor ihr und schaut aus dem Friedhof hinaus, so blickt man der aufgehenden Sonne entgegen, sie liegt also im Osten. Direkt neben dieser Mauer liegt ein uraltes Grab, und ich spüre Gwenlynns Schwingung! Doch weder hier noch in unmittelbarer Nähe kann ich Grabsteine oder Kreuze sehen: »Wurdest du außerhalb der Mauern begraben? Steht hinter deiner stillen Forderung mir gegenüber der Wunsch nach Achtung, Anerkennung, Gebet, Erlösung? ...« Fragen über Fragen, auf die Yasper keine Antwort gibt. – »Hab Geduld und hab Vertrauen!«

Um meinen Mann nicht noch mehr zu beunruhigen, entschließe ich mich, ihm nichts von diesem inneren Bild zu erzählen. Nur mit meinen engsten Seelengeschwistern spreche ich darüber und lache, als Jitka sofort eine Erklärung für die Formulierung »dort dein Blut lassen«

hat: »Du wirst Gwenlynns Grab finden, stolpern und dir dein Knie aufschlagen!«

Tage später zeigt mir Yasper ein weiteres inneres Bild: Ich sehe auf einer Bank in einem fremden Bahnhof einen älteren, nicht sehr vertrauenerweckend wirkenden Mann sitzen. Ist es ein Wohnsitzloser? Ein Alkoholiker? Yasper fragt mich: »Wenn ich dich bitten würde, diesem Menschen dein gesamtes Gepäck für zehn Minuten anzuvertrauen, würdest du es tun?«

Gedanken jagen durch meinen Kopf: »Meine Papiere, mein gesamtes Geld, Scheckkarte, Rückflugticket, Adresse und Telefonnummer von Josephine, Kleidung, all das könnte weg sein ...«

Wie war das doch gleich noch mit dem Vertrauen? Ich mogle mich um eine Antwort herum: »Diese Frage stellt sich nicht. Katrin ist dabei und kann aufpassen.«

Doch wohl fühle ich mich bei dieser Antwort nicht. Ich kenne Yasper als mitunter strengen Lehrer, der mich auf lauerndes Unheil klar und deutlich aufmerksam macht, doch jetzt spüre ich, wie er schmunzelt ...

Drei Wochen vor Reiseantritt, es ist ein herrlicher Sonntagnachmittag, liege ich in unserem Garten und genieße das »Hier und Jetzt«. Am Teich neben mir flattern bunte Schmetterlinge, Bienen summen, die Goldfische schmatzen an den Seerosenblättern. Ich bin eingehüllt in die Liebe Gottes und in die Gegenwart meines Schutzengels Prudens und fühle mich getragen von Mutter Erde. Da spüre ich vom Gartenteich her eine mir unbekannte Schwingung: Liebevoll, stark, aber anders als ich sie von den Engeln kenne. Irgendwie erdgebundener. Neugierig versuche ich, Kontakt aufzunehmen, doch es gelingt mir nicht. Ratlos frage ich bei Prudens nach. Er erklärt sich bereit, zwischen mir und dieser mir nicht vertrauten Energie zu vermitteln, und stellt mir einen Elementargeist vor, der sich Woe-shiwa nennt. Ein Luftgeist, der aus Irland kommt und die Aufgabe hat, mich in den folgenden

Wochen auf meine Reise vorzubereiten! Er lebt in Josephines Garten und bittet mich um meine Hilfe! Wie diese Hilfe genau aussehen soll, das erfahre ich heute noch nicht.

Ich muß lachen, denn bis vor wenigen Monaten gehörten für mich Elfen, Feen und Gnome noch ins Reich der Phantasie. Und jetzt steht doch tatsächlich ein leibhaftiger Elementargeist vor mir! Da erst erkenne ich, wie ich in letzter Zeit langsam auf diese Begegnung vorbereitet worden bin: Ich habe ein Buch über Erdgeister zugeschoben bekommen; mir sind Fensterbilder mit Elfen geschenkt worden, die jetzt den Eingang meines Edelsteinladens zieren, und immer wieder haben kleine Elfenfiguren meinen Weg gekreuzt, die mittlerweile in Scharen meine Blumentöpfe und Fensterbänke bevölkern. Ja, Skeptiker wie ich müssen langsam an Neues und »Verrücktes« herangeführt werden. Meine Engel haben eine Engelsgeduld mit mir ...

In den folgenden Tagen darf ich von Woe-shiwa viel über die Aufgaben der Elfen und Elementargeister lernen. Er führt mich auch in die Verhaltensregeln ein, welche zwischen Menschen und Elementargeistern gelten und die Zusammenarbeit ermöglichen und erleichtern. Außerdem bittet er mich, einige Dinge mit auf meine Reise zu nehmen: eine kleine Bergkristall-Gruppe mit drei Spitzen; Räucherstäbchen; einen Kieselstein in Herzform, der vom Weg neben unserem Haus stammt, und eine Bussardfeder, die mir Prudens auf einem Spaziergang schenkt.

Der Abreisetag rückt näher. Immer wieder werde ich gefragt, ob ich schon aufgeregt sei.

»Weswegen?« frage ich zurück.

»Es ist dein erster Flug«, meinen meine Freunde.

»Dann frag mich, wenn ich im Flugzeug sitze. Jetzt stehe ich noch hier, und das ist kein Grund zur Aufregung«, ist meine Antwort.

Eine Woche vor dem Abflug stellt Prudens mein Vertrauen noch einmal auf eine Probe: Obwohl er weiß, daß ich seit Jahren nicht mehr fernsehe, hält er mich dazu an, nachzuschauen, welcher Film am kommenden Donnerstag läuft. »Zur Vollmond-Zeit«, fügt er hinzu.

Laut Mondkalender hat der Mond exakt um 23 Uhr 29 seine größte Kraft erreicht. Doch in welchem Programm soll ich nachsehen? Er antwortet: »Du lebst in Bayern.«

Also schaue ich unter »Bayern 3« nach: »Der Kampf der höllischen Mächte«. Na toll! Ich frage meinen »Schutz«-Engel: »Willst du mir Angst einjagen?«

»Kann ich das denn?« ist seine Gegenfrage, und ich sehe ihn lachen.

»Nein, das gelingt *dir* nicht!«

Am Freitag vor der Abreise bitte ich alle meine irdischen Seelengeschwister, die in unserem Hause zur wöchentlichen Meditation zusammengekommen sind, mir Segenswünsche auf die Reise mitzugeben. Sie freuen sich über diese Idee und schreiben eifrig ihre Segen auf kleine Zettel, die sie zusammenrollen und mir übergeben. Ungelesen lege ich sie in einen Briefumschlag. Ein lieber Seelenbruder schenkt mir eine geweihte Marienkerze, die auf Yaspers Wunsch zusammen mit einem Kreuz aus Bergkristall in meinem Rucksack Platz findet. Auch mein Lehrerengel Yasper übermittelt mir seinen Segenswunsch: »Ich segne dich mit meiner Begleitung auf dieser Reise. Und du weißt, welche Geschenke ich durch meine Gegenwart für dich bereithalte ...«

Weiß ich es? Und sogar mein persönlicher Schutzengel Prudens läßt mir seinen schriftlichen Segen zukommen ... indem er mir ein »Engelwort« zuschiebt: »Engel reisen immer ohne Gepäck!«

»Spielt er auf die Vertrauensprüfung mit dem zwielichtigen Mann auf dem Bahnhof an? Will er mich darauf vorbereiten, daß ich eventuell plötzlich ohne Gepäck dastehe?«

Er ergänzt: »... ohne Angst und ohne Erwartungen!«

Nicht nur Segenswünsche werden mir an diesem Abend mitgegeben, auch Bitten legen meine irdischen Seelenfreunde in mein Gepäck:

16

einen Sonnenuntergang über dem Meer, durch meine Augen gesehen, für Karin; ein Guinness, durch meinen Mund getrunken, für Jitka; das Anhören von irischer Musik mit Blick in die weite Landschaft; einen Augen-Blick in die Berge für Ernst; einen Stein, eine Muschel für die anderen, die in Gedanken bei mir sind ... Ich spüre, daß sie alle auf dieser Reise dabeisein werden.

So reich gesegnet beginne ich, zusammen mit meiner Tochter, meine Reise nach *Eire* (gesprochen: Ähre).*

---

* Gälische Begriffe findest du im Text *kursiv* gesetzt. In Klammern sind Aussprache (wo sie sich von der Schreibweise unterscheidet) und Bedeutung angegeben.

2

Sonntag

Früh morgens, am 18. August 2002, bei Sonnenaufgang nehme ich noch schnell meinen wichtigsten Stein, ein faustgroßes himmelblaues Larimar-Herz, das jede Nacht das Bett mit mir teilt, mit in mein Handgepäck. Die Rucksäcke stehen bereit, da bittet mich Yasper, einen der Segenswünsche an meinem kleinen Rucksack zu befestigen. Der Segen befindet sich in einem Lederbeutelchen mit aufgenähtem Traumfänger. »Das dient jemandem als Erkennungszeichen«, erklärt er.

Das Abenteuer kann beginnen: eine Reise ohne Angst und ohne Erwartungen im Gepäck – aber mit weit geöffneten Händen. Katrin und ich verabschieden uns von Freund und Mann. Walter zeichnet mir, traurig lächelnd, das Kreuz auf die Stirn: »Gott ist mit dir.« Er fügt hinzu: »Und komm bitte gesund wieder zurück.« Genauso verabschiedet er sich von seiner Tochter.

Wie es sich für echte Irlandreisende gehört, steigen wir in Wanderschuhen und vorn und hinten mit Rucksäcken schwer bepackt, in den Zug, der uns zum Flughafen bringen wird. Als ich im Zug meinen ersten Schritt tue, sehe ich einen kleinen Teddybären auf dem Boden liegen. »Für dich, als Reisebegleiter«, sagt Prudens. Ich hebe ihn auf und zeige ihn Katrin. Er sieht sehr lustig aus, hat Flicken auf dem Herzen und auf dem Fuß. Mein erstes Geschenk.

Wir nehmen einem älteren Herrn gegenüber Platz. Der Sitz neben ihm ist frei, und ich spüre ganz deutlich Prudens' Energie von dort. Er zeigt sich vor meinem Dritten Auge in reisefähiger Kleidung, und ich muß mir ein Lachen verkneifen. Ich erinnere mich, als ich ihn das erste Mal vor mir stehen »sah«, glaubte ich meinem inneren Auge nicht zu trauen – ein fernöstlich aussehender, junger Mann mit schräggestellten dunklen Augen; einem ausgefallenen Bartwuchs; mit langen, im Nacken zu einem Pferdeschwanz zusammengebundenen schwarzen, glatten Haaren. Sein Gewand erinnerte mich an Dschingis Khan, denn er trug schwarze Pumphosen, eine weitgeschnittene leuchtend blaue Seidenbluse und glänzende schwarze Reitstiefel. Damals brachte ich mit Mühe einen Satz aus mir heraus: »So sieht doch kein Engel aus!«

Er antwortete mir mit schallendem Lachen – einem Lachen, das zu seinem Kennzeichen wurde. Ich sollte es noch unzählige Male hören, immer dann, wenn ich über seine ungewöhnliche Art den Kopf schüttle. Damals erklärte er mir, daß Engel reine Schwingung, reine Energie seien. Sie transformierten sich so weit, daß sie für uns »faßbar« würden und ein Bindeglied sein könnten zwischen Mensch und Gott. Und wir, die wir an die Materie gebunden seien, »übersetzten« diese Schwingung in eine menschliche Gestalt. »Wenn ich ein Mensch wäre, würde ich gern so aussehen, wie du mich übersetzt. Ja, das Bild gefällt mir«, fügte er hinzu.

Ich komme aus meinen Erinnerungen zurück und freue mich, daß er auch heute dieses Gewand trägt, das mir so an ihm gefällt. Wieder höre ich sein lautes, fröhliches Lachen, während die Vorfreude aus seinen dunklen Augen blitzt.

Der ältere Herr uns gegenüber reißt mich aus meiner inneren Betrachtung. »Einmal um die ganze Welt?« fragt er in unsere Richtung.

»Nicht ganz«, ist Katrins Antwort.

Er zeigt auf den Traumfänger an meinem kleinen Rucksack: »Da ist wohl ihr Traum drin?«

»Ja«, antworte ich, »und ich werde ihn herauslassen, wenn ich am Ziel bin.«

»Denken Sie dran, er hält auch alle negativen Gedanken von Ihnen fern«, erinnert er mich.

19

Yasper meldet sich und bittet mich, dem Mann folgenden Satz auszurichten: »Sie haben so eine schöne Stimme. Singen sie doch wieder einmal.«

Doch ich komme Yaspers Bitte nicht nach. Die Gegenwart meiner Tochter und der anderen Mitreisenden hält mich davon ab. An der nächsten Haltestelle steigt er aus und läßt mich mit meiner Unzufriedenheit zurück. Yasper hat Verständnis, meint jedoch, wenn ich mich weiterhin einschränken würde, beweise dies, daß ich doch mit »Gepäck« reise – mit der Angst nämlich, was die anderen von dem halten könnten, was für mich Wahrheit ist. Er hat recht, und ich nehme mir vor, so bald wie möglich mit Katrin über Gwenlynn zu sprechen. Die Geheimniskrämerei muß ein Ende haben – dieser Vorsatz wird von geistiger Seite mit Freude aufgenommen. Ich werfe noch einen Blick auf den Bahnsteig, bevor der Zug weiterfährt und bekomme von dem »fremden« Mann einen letzten freundlichen Blick geschenkt. »Wie lange ist es her, daß wir diese Begegnung geplant und uns für heute verabredet haben? Mit dem kleinen Traumfänger als Erkennungszeichen? Danke, Engel in Menschengestalt, daß du mich noch einmal daran erinnert hast, Vertrauen zu haben und positiv zu denken.«

Auf der Weiterfahrt bittet mich Yasper, alle – auch die mir unwichtig erscheinenden – Erlebnisse auf dieser Reise in ein Notizbuch zu schreiben. Ich habe vor Jahren aufgehört, Tagebuch zu führen, genau in dem Augenblick, in dem ich erkannte, daß sich *alles* im »Hier und Jetzt« abspielt ... damals brach ich mitten im Satz ab. Doch jetzt nehme ich seinen Rat an. »Damit du im nachhinein den Roten Faden erkennst, der sich durch das ›Hier und Jetzt‹ zieht«, ist seine Erklärung.

Und so beginne ich zu notieren, welche »Nebensächlichkeiten« ich auf dieser Zugfahrt bis jetzt erlebt habe. »Nebensächlichkeiten? Wir werden sehen.«

Die Flughafenatmosphäre nimmt uns auf. Es ist unser beider erster Flug, wir haben Schmetterlinge im Bauch! Alles ist unbekannt, wir müssen immer wieder fragen, bis wir endlich die sperrigen Rucksäcke aufgegeben und eingecheckt haben. Es ist noch Zeit für eine Tasse Kaffee, da bemerkt Katrin, daß ihre Geldbörse mit sämtlichen Papieren fehlt! Yaspers Begleitung ist sehr nützlich für mich; denn er schenkt mir innere Ruhe und Vertrauen. Sie sucht alle Orte noch einmal auf, an denen sie die Papiere vorzeigen mußte, und bekommt ihre Geldbörse am Gepäckschalter zurück. Lachend erzählt sie von dem freundlichen, älteren Bediensteten dort, der ihr wegen ihres Leichtsinns augenzwinkernd mit dem Finger gedroht und ihr ein zweites Mal einen guten Flug gewünscht habe. »Ich glaube, das war auch ein Engel«, meint sie.

Ich erinnere mich an den Text eines Liedes: »Es müssen nicht Männer mit Flügeln sein, die Engel …«

Ist das nicht der richtige Zeitpunkt für den ersten Segenswunsch? Meine Seelenschwester Marliese schenkt uns einen irischen Reisesegen:

>»Gott segne euren Abschied und richte euren Blick nach vorn!
Gott segne eure Reise und begleite euch auf euren Wegen!
Gott segne euer Dort-Sein und lasse euch Freundlichkeit begegnen!
Gott segne eure Rückkehr und lasse euch viele Erfahrungen mitbringen!«

Was wollen wir noch mehr?!

Und dann sitzen wir beide im Flugzeug! Unser erster Flug! Herrliches Wetter, über uns strahlend blauer Himmel, unter uns ein Flickenteppich in erdigen Farben. Wie klein ist die Welt dort unten, wie groß die Liebe des *Einen*, der mir dieses Geschenk macht. Meine Tochter und ich staunen wie Kinder über das Land und später das Meer tief unter uns, über den Himmel neben und über uns. Wir können nicht verstehen, daß einige Fluggäste die Augen geschlossen halten oder Zeitung lesen. Nach eineinhalbstündigem Flug müßte ich eigentlich die Toilette aufsuchen, doch ich möchte den distinguierten englischen Gentleman an meiner Seite nicht stören. Um mich abzulenken, öffne ich den nächsten Segenswunsch meiner Freunde: »Ich segne dich mit einem ›blasenfreien‹ Urlaub!« Diejenige, die mir das wünscht, meint bestimmt, daß ich keine Blasen an den Füßen haben möge – aber es paßt im Moment so gut, daß ich laut lachen muß … und vorwurfsvolle Blicke ernte, sowohl von seiten meiner Tochter, die peinlich berührt zwischen zusammengepreßten Lippen »Mutter!« zischt, als auch von dem Herrn zu meiner Rechten, der mich erschrocken wegen dieses unkontrollierten Heiterkeitsausbruchs mustert. Was er wohl denkt? »Crazy Germans!«? Doch ich lächle ihn freundlich an, und nach einer kleinen Pause lächelt er zurück! Das englische Eis ist geschmolzen, er versucht sogar eine kleine Unterhaltung mit mir.

Die Flugzeit vergeht viel zu schnell, und als wir uns vom Meer her Dublin nähern, spüre ich eine stille Freude in mir. Wie oft habe ich mir diesen Augenblick vorgestellt und mich gefragt, welche Gefühle ich dabei wohl haben würde. Jetzt kann ich diese Frage beantworten: Es ist so selbstverständlich für mich … und ich habe das Gefühl, endlich wieder heimzukommen.

Unser Flugzeug landet, zum erstenmal in diesem Leben habe ich irischen Boden unter den Füßen, doch solange dieser zubetoniert ist, bekomme ich keinen inneren Kontakt zu diesem Land. Es berührt mein Herz, daß im Flugplatzgebäude Parkettboden und Holztreppen noch ihre Berechtigung haben. Geduldig warten wir auf unser Gepäck und treten dann schwer beladen hinaus, um einen Bus zum Bahnhof zu nehmen. Der nächste Bus fährt in zehn Minuten, und so setzen wir uns ins Wartehäuschen neben einen älteren Herrn. Ich schaue ihn mir von der Seite genauer an, er ist schließlich der erste Ire, dem ich in seinem Land bewußt begegne. Da bekomme ich einen Schreck: Ich kenne ihn! Yasper hat ihn mir gezeigt, ich erinnere mich deutlich: Ich habe ihn für einen Alkoholiker, einen Wohnsitzlosen, einen nicht sehr vertrauenswürdig aussehenden Menschen gehalten. Er spürt wohl meinen Blick von der Seite, wendet sich mir zu und spricht mich an. Seine Augen sind voller Wärme und Freundlichkeit, als er nach unserem »Woher« und »Wohin« fragt.

Katrin antwortet für mich, ich bin zu sehr in meinen Gedanken und Gefühlen gefangen. Schmerzlich wird mir mein Mißtrauen bewußt, das sich bei dem inneren Bild, das mir Yasper damals zeigte, allein auf dem äußeren Erscheinungsbild dieses Menschen begründete. Ein lustiges Gespräch entwickelt sich, meine Tochter kann zum erstenmal ihre guten Englischkenntnisse anwenden. Er fragt auch nach unseren Männern und ist erstaunt, daß wir ohne sie reisen. Auf seinen Hinweis, daß es in Irland schöne Männer gebe, erklären wir beide, daß wir die besten Partner der Welt hätten. Bevor wir einsteigen, wünscht er uns einen guten Aufenthalt in seinem Land – und da erinnert mich Yasper an seine Frage: »Würdest du ihm dein Gepäck anvertrauen?«

»Ja, Yasper, jetzt kann ich dir diese Frage ohne jedes Wenn und Aber mit Ja beantworten. Denn ... es müssen nicht Männer mit Flügeln sein, die Engel ...«

Und damit ist diese erste Prüfung erledigt. Unser Bus kommt, und wir sind angenehm überrascht von der Freundlichkeit des Fahrers. Obwohl er sich an seinen Fahrplan halten muß, nimmt er sich Zeit für jede Frage, die seine Fahrgäste an ihn richten. Er hilft Älteren beim Einsteigen und hat Zeit, nach der Abfahrt noch einmal kurz anzuhalten, weil er sieht, daß ein Reisender hinter seinem Bus herläuft. Diese irische Freundlichkeit erleben wir die ganze Fahrt über. Wir bekommen lächelnd und geduldig Antwort auf jede unserer Fragen. Eine Frau geht für uns sogar während der Fahrt zum Fahrer, um sich zu vergewissern, ob ihre Antwort richtig sei. Wie herzlich nehmen uns dieses Land und seine Menschen auf!

Das Gedränge am Dubliner Bahnhof hält sich in Grenzen. Es ist jetzt kurz nach 14 Uhr 30, und laut Josephines Fahrplan, den sie uns bereits in Deutschland zusammen mit den Bahn-Tickets übergeben hat, haben wir hier Aufenthalt, bis um 18 Uhr 30 der Zug fährt, der uns unserem Ziel noch ein Stück näher bringen wird. Unsere Mägen knurren, und so suchen wir uns eine Bank in der Nähe eines Imbiß-Standes, um unseren Hunger zu stillen. Obwohl wir beide große Rucksäcke tragen, eine Vesper von zu Hause ist nicht drin, denn – darauf hat uns meine irische Freundin hingewiesen – wegen der Maul- und Klauenseuche auf dem Kontinent ist es Reisenden nicht erlaubt, Lebensmittel mit in dieses Land zu bringen. Noch bevor ich Katrin losschicken kann, um Sandwiches zu kaufen, macht sich Prudens in mir bemerkbar. Er drängt mich, meine Tochter zur Information zu schicken, um sich noch einmal wegen der Abfahrt unseres Zuges zu erkundigen. Leicht unwillig erfüllt sie mir die Bitte. Wenig später kommt sie im Laufschritt zurück und erklärt, daß der einzige Zug, der heute in unsere Richtung fahre, den Bahnhof bereits in zehn Minuten verlasse. Josephine hat nicht berücksichtigt, daß sich die Fahrpläne an Sonn- und Werktagen unterscheiden. »Danke, Prudens!«

In aller Eile nehmen wir unsere Rucksäcke auf den Rücken und laufen zu dem genannten Bahngleis. Wieder sind wir von der Freundlichkeit des Personals überrascht. Der Zug ist gut besetzt, und wir als Nichtraucher stellen erfreut fest, daß auch hier, wie in den Bussen, Rauchverbot herrscht. Zwei freie Plätze warten auf uns. Ich setze mich neben eine Frau meines Alters, Katrin sitzt mir gegenüber neben einem halbwüchsigen Jungen, der nur kurz von einem dicken Buch aufblickt: Er liest *Der Herr der Ringe* auf englisch. Zwischen uns steht ein kleines Tischchen. Wir legen unseren Reiseführer darauf, damit wir auf der Karte verfolgen können, wann wir umsteigen müssen.

Unser Ziel liegt direkt am Meer an der Südwest-Küste Irlands in der Grafschaft Kerry. Es ist ein unerwartetes Geschenk des Himmels, daß wir diese Strecke bei Tageslicht fahren – denn so sehen wir die wunderschönen Landschaften Irlands an uns vorüberziehen, sind fasziniert von den schmucken Städtchen mit den kleinen Häusern, die vollkommen identisch, wie Zwillinge, Drillinge oder Vierlinge eng aneinandergeschmiegt dastehen, sauber und sehr farbenfroh. Wir sehen Kühe, Schafe, Ziegen, Pferde direkt neben der Bahnlinie weiden. Ich muß mich zwicken, um sicherzugehen, daß dies nicht doch nur ein Traum ist.

Meine Aufmerksamkeit wird auch auf die Mitreisenden gelenkt: Ich schmunzle über die Schüchternheit des jungen Mannes neben Katrin. Er ist so angestrengt bemüht, meine Tochter zu übersehen. Dabei schielt er immer wieder über seinen Buchrand aus den Augenwinkeln zu ihr hinüber. Als beide nach mehrstündiger Fahrt einnicken, neigen sich ihre beiden Köpfe immer mehr einander zu, bis sie sich berühren. Erschrocken fahren sie auseinander ... und lächeln sich das erste Mal an.

Schräg gegenüber sitzen mehrere junge Irinnen, die uns immer wieder neugierig betrachten und zuhören, wenn wir beide uns auf deutsch unterhalten. Wir lächeln uns an, doch ein Gespräch kommt nicht zustande, die jungen Frauen sind zu sehr mit ihren Handys beschäftigt. Endlich kommen auch unsere hungrigen Mägen zu ihrem Recht: Der Zugservice bietet Speisen und Getränke an, und wir greifen dankbar zu. Die vegetarischen Sandwiches schmecken köstlich, und der Genuß wird durch das irische Mineralwasser noch gekrönt.

Das Umsteigen geht problemlos über die Bühne. Ich versuche, telepathisch zu Josephine Kontakt aufzunehmen. Sie erwartet uns erst nach 22 Uhr 30 in der Kreisstadt. Ich fühle mich ihr innerlich nahe, bin aber nicht sicher, ob meine Botschaft ankommt.

Endlich hat der Zug um 19 Uhr unser Ziel erreicht. Wir steigen aus, und mir wird schmerzlich bewußt, daß ich immer noch keinen Kontakt zum Wesen dieses Landes finden konnte. Bis jetzt waren nur Beton und Asphalt unter meinen Füßen. Die anderen Reisenden verlassen den Bahnhof, werden abgeholt, steigen in Taxen. Wir schauen uns um, doch Josephine ist nicht da. Von der Telefonzelle aus rufe ich sie an und hoffe, daß sie und ihre deutsche Freundin Susanne mittlerweile mit dem Auto aus Deutschland angekommen sind. Sie haben ebenfalls eine lange Reise hinter sich: von Freitag nachmittag bis Sonntag nachmittag, über Frankreich und schließlich mit der Fähre nach Irland. Beim zweiten Klingeln nimmt sie den Hörer ab und kann es gar nicht glauben, daß wir nur wenige Kilometer voneinander entfernt sind. »Oh, jetzt weiß ich auch, warum ich unbedingt ins Haus zurückkehren mußte und nicht länger in der Bucht geblieben bin!« sagt sie.

Wie glücklich bin ich, als ich ihre liebevolle Stimme höre, und wie dankbar, daß auch unsere innere Verbindung zustande kam.

Eine Viertelstunde später sind Josephine und Susanne da. Unsere Wiedersehensfreude ist überschwenglich. Wir fahren mit dem zum Campingbus umgebauten Van die wenigen Kilometer bis an die Küste – und auf dieser Fahrt komme ich dem Herzen Irlands ein großes Stück näher. Die kleinen Nebenstraßen gewinnen sofort meine Liebe! Optisch sind sie nur so breit wie das Auto, in dem wir sitzen, zu beiden Seiten dicht mit hohen Brombeerhecken bewachsen, die den Blick auf die Steinmauern versperren – eine abenteuerliche Sache bei Gegenverkehr. Susanne sitzt am Steuer; sie hat Nerven wie Drahtseile und erklärt lachend: »Wenn dir ein Ire in der Straßenmitte entgegenkommt, prüft er gern, wer die besseren Nerven hat. Er wird sein Fahrzeug erst im letzten Moment, freundlich lächelnd und winkend, nach links auf seine Spur lenken. So landen Touristen nicht selten völlig entnervt in der Hecke.«

Susanne hat irische Nerven, Katrin und ich gewöhnen uns nur sehr langsam an diese aufregende Fahrweise. Denn es kommt hinzu, daß wir hinten im Fahrzeug sitzen, nicht angeschnallt, und während der Fahrt bemüht sind, die Campingtoilette und die Werkzeugkiste in Schach zu halten. Es wird viel gelacht während dieser ersten Fahrt auf Irlands Straßen!

Endlich sind wir da. Wie oft habe ich mir diesen Moment in den zurückliegenden Wochen ausgemalt! Das Haus liegt etwas abseits des kleinen Dorfes, umgeben von Brachland, direkt über einer Bucht. Ich kenne es von Photos, und während ich jetzt langsam aus dem Auto steige, kommt es mir vor, als sei ich in das Bild, das mich am meisten berührte, hineingezaubert – mit einem Unterschied: Auf dem Photo kommt dem Betrachter ein Hund entgegen, ein Spaniel, der hier im Original fehlt. Sprachlos drehe ich mich einmal im Kreis, um einen Blick in alle Himmelsrichtungen zu werfen. Ich sehe das Meer, und ich kann es hören! Und ich sehe weites Land in einer unbeschreiblichen Vielfalt von grünen Farben!

Josephine heißt uns willkommen und bittet uns ins Haus, doch ich frage sie, ob ich zuerst den Garten aufsuchen kann. Natürlich. Sie versteht, nimmt mein Gepäck, faßt Katrin am Arm und schenkt mir diese Augenblicke des Ankommens. Langsam verlasse ich die mit Kies ausgestreute Einfahrt und betrete den Rasen neben dem Haus. Ich erinnere mich an meinen Lehrmeister Woe-shiwa: Zuerst begrüße ich die »kleinen Leute«, die hier wohnen, von denen ich im Moment weder etwas spüre noch sehe oder höre. Trotzdem bitte ich sie um die Erlaubnis, bei ihnen Gast sein zu dürfen. Eine freundliche Schwingung kommt mir entgegen. Und genau in diesem Moment bin ich angekommen, bin ich *daheim*. – Hier und jetzt spüre ich den Herzschlag des Landes, des Bodens unter mir. Ich werde in eine so große Liebe und mütterliche Fürsorge hineingenommen, daß mir die Tränen kommen: »Urgroßmutter *Eire*« umarmt mich!

Mit der gleichen Liebe und Fürsorge werde ich im Haus empfangen. Ein wunderbares Abendessen ist für uns vorbereitet, und noch während wir am Tisch zusammensitzen, unsere ersten Reiseerlebnisse miteinander teilen und erfahren, daß es hier seit zwei Wochen fast ununterbrochen geregnet und gestürmt hat, verfärbt sich der Himmel über dem Meer – Urgroßmutter *Eire* schenkt uns zu unserer Ankunft einen wunderschönen, leuchtend orangefarbenen Sonnenuntergang. Wir stürmen in den Garten hinaus, ich trinke diesen Anblick mit meinen Augen, lasse ihn direkt in mein Herz und meine Seele fließen und nehme die Schwingung des sich neigenden Tages in mich auf. Die Bitte meiner Freundin Karin erfährt gleich jetzt ihre Erfüllung: Ich teile den Sonnenuntergang mit ihr ... und mit all jenen, die jetzt in Gedanken mit mir verbunden sind.

Müde vom über vierzehnstündigen Unterwegssein legen Katrin und ich uns bald in unsere gemütlichen Betten, die Josephine fürsorglich mit einer Heizdecke vorgewärmt hat. »Danke, Vater im Himmel für diesen Tag ... und für diese Freundin!«

Durch das weit geöffnete Fenster höre ich leise das Meer murmeln. Es führt mich in einen tiefen, erholsamen Schlaf.

3

Montag

Nachts, Punkt 3 Uhr, weckt mich Prudens. Ich trete ans offene Fenster und schaue hinaus. Der Mond, der immer noch zunimmt, erhellt den Garten hinter dem Haus und taucht die zum Teil meterhohen Pflanzen in ein silbernes Licht. Doch noch stärker als das, was meine Augen sehen, nimmt mich gefangen, was ich höre: Das Meer, das beim Einschlafen nur murmelte, rauscht jetzt so laut, als käme es direkt auf das Haus zu. »Die Flut kommt«, erklärt mein Schutzengel.

Ich öffne mich für dieses Element, und auch das Meer nimmt mich in eine Schwingung der Liebe hinein. Voller Dankbarkeit krieche ich zurück ins warme Bett, um glücklich wieder einzuschlafen.

Morgens um 5 Uhr 30 weckt mich mein Herzschlag – oder ist es Urgroßmutters Herz? Ich beginne den Tag wie immer. Dankbarkeit für die Ruhe der Nacht und für diesen neu geschenkten Tag erfüllt mich und wird von mir innerlich zum Ausdruck gebracht. Vor Jahren schon schenkte mir Yasper ein, wie er es nannte, »Engelgebet«:

»Vater, ich danke dir,
daß du mir auch heute
alles gibst, was ich brauche,
und alles nimmst,
was mich belastet.«

Ich erinnere mich noch gut an das Gespräch, das diesem Geschenk vorausging. Er fragte mich, ob ich den Unterschied zwischen Engeln und Menschen kennen würde. Lange überlegte ich, um mit gewählten Worten zu einer klugen Erklärung anzusetzen. Doch er unterbrach mich und sagte: »Das ist in einem kurzen Satz erklärt – Menschen bitten, Engel danken.«

Im Laufe der Zeit, in der ich seine Schülerin war, verstand ich diese Aussage immer besser. Ja, Menschen bitten um alles Mögliche, von dem sie glauben, daß sie es brauchen. Doch steckt hinter all den Bitten nicht ein großes Mißtrauen gegenüber Gott? Das Mißtrauen, er könne uns verweigern, was wir brauchen, oder es überhaupt nicht wissen? Engel dagegen bitten nie. In der Gewißheit, daß Gott am besten weiß, was jeder braucht, können sie immer danke sagen. Mein Leben ist um so viel leichter geworden durch dieses Gebet und dessen Verstehen. Schnell füge ich noch ein Danke an Yasper, meinen Lehrerengel, hinzu – und bin neugierig, welche Geschenke er heute in meine offenen Hände legt.

Ich höre im Gang Schritte und öffne leise die Türe: Josephine hält es auch nicht mehr im Bett. Sie bietet sich an, mir den Weg zur Bucht und den Einstieg in die Felsen zu zeigen, denn bei Flut sei es nicht möglich, den Weg von hier zum offenen Meer am Strand entlang zu nehmen. Der einzige Weg führe beim höchsten Wasserstand über die Felsen. In Gummistiefeln verlassen wir das Haus. Es ist kühl und dämmrig. Die Sonne ist noch nicht aufgegangen, doch der Himmel im Osten verspricht schon den neuen Tag. In der hohen Hecke neben dem Haus singt und zwitschert ein Vogel. »Das ist Robin, das Rotkehlchen«, macht uns Josephine bekannt, »er wird dich jeden Morgen begrüßen.«

Ich grüße zurück. Vorbei an einigen wenigen, weit auseinanderliegenden, einstöckigen Häusern, gehen wir schweigend den schmalen Weg zur Bucht hinunter. Ich bin überwältigt, als ich das Meer zum erstenmal aus der Nähe sehe. Die Flut geht gerade zurück, und so rutschen wir im feinen, weichen Sand der Düne zwischen hüfthohem Schilf direkt auf den Strand hinunter. Wir gehen am Ufer entlang, wo ich Muscheln aufhebe und bewundere; wo Quallen, die die Flut zurückgelassen hat, von mir bestaunt und bedauert werden. Sie werden diesen Tag nicht überleben. Prudens ist an meiner Seite und erklärt, daß sie einen größeren Sonnenaufgang erleben würden als ich. Und in diesem Moment empfange ich einen unbeschreiblich wundervollen Morgengruß der Sonne, die über den Dünen aufsteigt. Der Himmel mit seinen wenigen, vor einem Augenblick noch dunklen Wolken leuchtet in Farben, die ich in meiner deutschen Heimat noch nie gesehen habe: in Rosa, Orange, Rot, Blau und Lila. Über uns formt sich ein zarter Wolkenbogen, der aussieht wie leicht geschwungene Engelsflügel. »Danke!«

Auch meine irische Freundin steht überwältigt neben mir. Nur langsam können wir uns aus der Verzauberung der Formen und Farben lösen. Wir gehen weiter. Josephine zeigt mir den Einstieg in die Felsen, der von Fremden leicht übersehen wird. Bei Flut ist dies die einzige Möglichkeit, zum offenen Meer und wieder zurück zu kommen.

Beim Weiterklettern fühle ich mich nach Südtirol versetzt. Auch dort sind die einsamen Wanderwege oft mit feinem, hellem Sand bedeckt, und die Vegetation ist sehr ähnlich. Ich schaue von oben auf das klare Wasser in der Bucht hinab, das in denselben Farben leuchtet wie der farbenprächtige Himmel. Mein Blick folgt der Richtung des sich langsam zurückziehenden Wassers und verliert sich in der endlosen Ferne des offenen Meeres, das nun vor mir liegt. Diese Weite, dieses Blau, dieser breite Sandstrand – einfach unbeschreiblich! Wir klettern die Felsen zum Strand wieder hinunter und wandern, ungefähr zwanzig Meter von den Felsen entfernt, die dunkel und schroff neben uns aufragen, im weichen, hellen Sand gen Süden die Küste entlang. Zum ersten Mal in meinem Leben sehe ich unzählige Sandflöhe hüpfen. Nicht nur Prudens lacht, als ich Josephine ängstlich frage, ob sie Menschen beißen würden. »Oh, nein!« Beruhigt wende ich mich wieder »Schönerem« zu.

Ich bin so mit meinen Gedanken und Gefühlen beschäftigt, daß ich fast erschrecke, als Prudens meinen Blick zu einer kleinen Höhle im Fels lenkt und erklärt: »Hier wohnt eine Elfe.«

Erstaunt bleibe ich stehen und gebe den Satz an Josephine weiter. Ich spüre ihre große Freude über diese Bestätigung, denn sie erzählt, sie habe an ebendieser Stelle bei ihrem letzten Besuch im Juni das Gefühl gehabt, es würde um sie her schwingen und tanzen. Obwohl die Elfe damals wie heute für uns unsichtbar bleibt, begrüßen wir sie und danken ihr, daß sie uns erlaubt, Gast an ihrem Strand zu sein. Nun erst wenden wir uns dem offenen Meer zu und gehen ihm entgegen. »Immer geradeaus, nach Westen, liegt Amerika. Dorthin sind während der großen Hungersnot aus Armut und Verzweiflung viele Iren ausgewandert ... und in diese Richtung schickten Mütter und Frauen viele Tränen«, sagt Josephine nachdenklich.

Ich bin überwältigt von der Schönheit, der Weite, dem Klang des Meeres, doch ich spüre auch die Schwermut, die bis heute über dieser Küste schwebt.

Es ist fast Ebbe, das Meer hat sich weit zurückgezogen. Ein breiter Sandstrand mit feinstem, hellbraunem Sand lädt zum Barfußlaufen ein. Doch ein kurzer Temperaturtest hält mich davon ab: Der Boden ist noch eiskalt. Später ... Das Wasser verändert seine Farben ständig, ebenso wie der Himmel über uns. Josephine wagt sich so weit in die zum Strand auslaufenden Wellen, wie die Stiefel es ihr erlauben und lädt mich ein, Freundschaft mit dem Meeresgeist zu schließen, ihn zu begrüßen. Die anrollenden Wellen jedoch sind mir nicht ganz geheuer. Ich bin eher ein Bergmensch und habe mich bisher ängstlich vom Meer ferngehalten. Außerdem traue ich Prudens zu, daß er mir bei der ersten sich bietenden Gelegenheit eine kalte Dusche verpaßt. Ich sehe ihn förmlich erwartungsvoll auf diese Gelegenheit lauern. Meine Freundin lacht laut, als ich ihr dieses innere Bild zeige. »Dein Engel gefällt mir«, meint sie.

Ich kann sie gut verstehen.

Wir wandern über eine Stunde, meist schweigend, nebeneinander her, ohne einer Menschenseele zu begegnen. Es ist hell geworden, eine strahlende Sonne steht im Osten an einem fast wolkenlosen Himmel.

In ihrem Licht glänzen und funkeln tiefschwarze Steine, die von der Flut zahlreich aus dem Sand geschwemmt wurden. Sie glänzen wie Onyx, einige sprechen mich an, und ich hebe sie auf und nehme sie mit. Samtweich liegen sie in meiner Hand. Endlich wage auch ich mich in die auslaufenden Wellen und fühle mich vom Element Wasser in Liebe begrüßt. Es drängt mich, das Naß mit der hohlen Hand zu schöpfen und das Salz auf meinen Lippen zu schmecken. Im gleichen Moment sind meine Angst und mein Mißtrauen dem Meer gegenüber restlos verschwunden. Ich bin daheim ...

Langsam beginnen unsere Mägen zu knurren: Meerluft macht hungrig. Auf dem Rückweg fällt mir in Ufernähe ein in den Sand geschriebenes Wort auf. Ich gehe näher und sehe erstaunt, daß es keine Fußspuren gibt – und doch ist da ein Name zu lesen. Ein in Deutschland seltener Name, der mir trotzdem seit einigen Jahren vertraut ist: *Seamus*. So nennt sich der Schutzengel einer Seelenschwester, die in Gedanken meine Reisebegleiterin ist. Er will mich wohl an sie erinnern. Dankbar umrahme ich den Namen mit einem Herz und schicke dieses Bild via Gedankenkraft direkt nach Deutschland in die Seele seines Schützlings.

Noch einmal kommen wir an der Höhle der Elfe vorbei. Prudens macht den Vorschlag, ihr ein Lied vorzusingen. Warum nicht? Ich stehe vor ihrer »Wohnung« und schenke ihr ein kleines Indianerlied. Das Meer spielt die Begleitmusik. Der letzte Ton verklingt, da höre ich aus ihrer Richtung den Satz: »Feen und Elfen bleiben nichts schuldig.«

Ich gebe diese Erklärung an Josephine weiter, und während wir im Weitergehen noch darüber rätseln, wie das wohl zu verstehen sei, verschlägt es uns beiden gleichzeitig die Sprache: Der Fels vor uns, der wie ein Stein gewordener Lavastrom einige Meter in den Sand hereinreicht und bei unserem Herweg unscheinbar grau aussah, verwandelt sich in diesem Moment in flüssiges Silber! Es ist ein solches Gleißen und Strahlen, daß wir geblendet die Augen schließen. Noch einmal höre ich in mir den Satz: »Feen und Elfen bleiben nichts schuldig.«

Lissys Strand

Jetzt verstehen wir. So oft schon ist Josephine bei Sonnenaufgang an dieser Stelle gewesen, aber dieses Geschenk erhält sie zum ersten Mal. Wir sind beide voller Dankbarkeit und Freude.

Am Ende der Bucht sehen wir die Reste eines Lagerfeuers, das Menschen hier in der letzten Nacht im Sand entzündet haben. Die Glut glimmt noch und entfacht in uns ein angenehmes Gefühl der Wärme und Geborgenheit, als wir vorübergehen. Doch ringsumher ist der Strand übersäht mit Müll. Ein drittes Mal höre ich den Satz: »Feen und Elfen bleiben nichts schuldig.«

Also geben sie auch auf solche »Geschenke« eine Antwort? Schweigend und nachdenklich steigen wir die Düne hinauf und kehren zu Josephines Haus zurück.

Ein köstliches Frühstück erwartet uns, liebevoll bereitet von Katrin und Susanne. Hungrig greifen wir zu. Meine Tochter ist ungeduldig, nun will auch sie das Meer sehen. Jetzt kenne ich den Weg und führe sie wenig später hinunter zur Bucht, über die Felsen, vorbei an der Elfenhöhle – ihr kleines Geheimnis behalte ich vorerst für mich. Im Weitergehen drehe ich mich nach dem Silberfelsen um. Er hat sich wieder in graues, unscheinbares Gestein verwandelt. Doch die Elfe läßt mir ein anderes Geschenk zukommen: Mein Blick fällt auf eine weiße Muschel, auf deren Außenseite viele über einen Meter lange, weiße, fadenförmige Wasserpflanzen festgewachsen sind. Sie sehen aus wie Feenhaare. Vorsichtig wickle ich sie um die Muschelschale, um sie mitzunehmen.

Die Sonne steht jetzt schon höher und hat den Sand erwärmt. Nichts hält uns nun davon ab, die Stiefel auszuziehen und barfuß dem Wasser entgegenzulaufen. Katrin ist wie ich gefesselt von der Schönheit dieses Landes, von seiner Weite, von den Farben des Himmels und dessen Widerspiegelung im Wasser. Sie hat ihren Photoapparat mitgenommen und versucht, ein wenig von dieser Schönheit einzufangen.

Plötzlich ist Jonathan da. Er fliegt direkt in eines der Photos hinein, um dann ein langes Stück am Saum der Wellen vor uns herzufliegen, uns an die schönsten Plätze dieses Strandes zu führen. Geduldig landet die Möwe zwischendurch und wartet immer wieder, bis wir nachkommen, um uns den Weg weiter zu zeigen. Mein Herz und meine Seele sind voller Glück und Freude. In diesem Moment verstehe ich Prudens' Satz, daß Engel immer ohne Gepäck reisen würden, noch auf eine andere Weise: Ich habe keinerlei Ballast dabei, sondern halte meine Hand, meine Sinne, mein ganzes Wesen frei für alles, was Vater Gott und Mutter Erde mir schenken wollen.

An einem besonders einladenden Platz am Strand, direkt am Ufer, packen wir unsere Vesper aus. Der blaue Himmel über uns, das endlose Meer vor uns und der warme weiche Sand unter uns machen dieses einfache Mahl zu einem unvergeßlichen Festessen. Nach einer kleinen Siesta, mit dem Rücken an warme große Steine angelehnt, begeben wir uns wieder auf den Rückweg. Schweigsam nehmen wir mit allen

Sinnen dieses Land, dieses »Hier und Jetzt«, dankbar auf. Nur einmal – ganz kurz – blitzt die Erinnerung an das Bild vom Friedhof in mir auf. »Wie und wo soll ich diesen Ort finden?«

Prudens weist mich sofort darauf hin, daß ich ruhig vertrauen dürfe, und der Gedanke ist weg, noch bevor er sich richtig festsetzen und mich aus der Gegenwart herausziehen kann.

Nachmittags begebe ich mich auf »Elfen-Entdeckungstour« in Josephines Garten. Josephine spürt seit langem die Gegenwart der »kleinen Leute«, konnte aber noch keinen direkten Kontakt zu ihnen herstellen. Nun hofft sie auf Hilfe und Vermittlung von Prudens und Yasper. Langsam und bewußt schreite ich über den Rasen und spüre dabei die liebevolle Begleitung der beiden Engel, die mir zur Seite stehen. Inmitten der sattgrünen Fläche, die das Haus umgibt, hat Josephine immer wieder einige Meter lange Steinmauern errichtet, die mittlerweile über und über mit blühenden Pflanzen bewachsen sind. Am Rande ihres Grundstücks sind aus meterhohen Pflanzen und Gräsern Blumenoasen geworden. Dazwischen liegen mehrere große Findlinge ... Es ist ein Paradies für Elementargeister! Magisch zieht es mich zu einem größeren Stein, der genau zwischen zwei dieser Blumenoasen steht, und hier finde ich Woe-shiwa! Wie freue ich mich, seine Gegenwart zu spüren. Er begrüßt mich – Prudens ist immer noch unser Vermittler – und ist bereit, mich zu den Kraftorten in diesem Garten zu führen. Doch zuerst soll ich selbst meine Einfühlsamkeit schulen. Frei von Erwartungen, gehe ich noch einmal durch den Garten. Wie überrascht und glücklich bin ich, als ich drei dieser Orte allein finde, durch eine wundersam warme und liebevolle Schwingung um meine nackten Beine. Mein Elementargeist-Lehrer Woe-shiwa zeigt sich zufrieden. Später sitzen wir, Engel, Luftgeist und Mensch, gemeinsam an Woe-shiwas Stein, und endlich darf ich von ihm erfahren, wozu er meine Hilfe erbittet. Er geht ein weites Stück in die Vergangenheit zurück und erzählt:

Vor langer Zeit wohnte hier, wo nun Josephines Haus steht, eine Elfenfamilie. Die Menschen, die mit ihnen diesen Platz teilten, lebten im Einklang mit der Natur. Sie ehrten und liebten die Elemente und die Elementargeister, deren Aufgabe es ist, das Naturreich zu hüten und Mittler zwischen Natur und Mensch zu sein. Sie wußten zu schätzen, daß die Erdgeister mithalfen beim Wachsen und Reifen der Pflanzen und sich auch um die Tiere auf dem Hof und der Weide kümmerten, und bedankten sich bei ihnen, indem sie sie achteten, und durch allerlei Gaben. Doch je mehr die Technik Einzug bei den Menschen hielt, um so mehr entfernten sich diese von Mutter Erde und ihren Gesetzen. Alles schien ihnen machbar, bis sie schließlich glaubten, Mutter Erde beherrschen zu können. Es ging unmerklich, die Menschen entfremdeten sich immer mehr vom Elementaren, bis sich eines Tages die Türe zum Feen- und Elfenreich ganz schloß. Das brachte ihnen aber kein Glück: Die Ernteerträge gingen zurück, die Tiere erkrankten, und nach und nach verließen die Menschen diesen Ort, um in die Stadt zu ziehen, wo sie sich mehr Erfolg erhofften. Die Elementargeister, die nun wieder dieses Fleckchen Erde für sich hatten, weinten ihnen keine Träne nach, aber die Enttäuschung und Verbitterung über die Menschen saß tief.

Viele Jahrzehnte vergingen, bis eine Frau sich in diesen wunderschönen Ort verliebte, das Grundstück kaufte und ein Haus darauf erbaute. Sie nannte es »Baile Oisin House« in Anlehnung an eine alte irische Sage: Dieser Oisin war ein junger hübscher Mann, der sich in eine Fee verliebte und ihr in die Anderwelt folgte. Doch sein Heimweh wurde so groß, daß die Liebesgeschichte tragisch endete.

Es dauerte nicht lange, und die Hausbesitzerin »spürte«, daß sie ihren Grund und Boden mit »kleinen Leuten« teilte. Voller Freude und Achtung ihnen gegenüber bezog sie diese ganz bewußt in ihr Leben mit ein. Als die Umstände es von ihr erforderten, den geliebten Ort zu verlassen, verkaufte sie das Grundstück schweren Herzens an Josephine. Diese »übernahm« die »kleinen Leute«, ohne es zu wissen. Sie war sensibel genug, um zu spüren, daß hier Elementargeister lebten, traute sich aber den Kontakt zu ihnen nicht zu. Woe-shiwa und Prudens wollten die Türe nun wieder öffnen zu dem Ort, an dem sich beide – Elementargeister und Menschen – begegnen konnten.

Hier hält er in seiner Erklärung inne. Ungläubig wird mir bewußt, welche Rolle ich in dieser Geschichte spielen soll: Ich wurde als menschlicher Mittler ausersehen! Woe-shiwa holt mich aus meinen Gedanken zurück und erzählt weiter:

Zu der Zeit, als sich die Menschen von Mutter Erde entfernten und oft gegen die Gesetze der Natur verstießen, spaltete sich das »kleine Volk« auf diesem Boden in zwei Lager: Die einen glaubten nach wie vor an die Menschen und waren überzeugt, daß diese durch Liebe, Verständnis und Geduld in ein natürliches Verhältnis zur Natur zurückfinden würden. Die anderen dagegen waren voller Zorn und Wut über das Verhalten der Menschen und davon überzeugt, diese könnten nur durch Bestrafung erzogen und wieder zur Vernunft gebracht werden. Und so lebte das »kleine Volk« hier seit langer Zeit von einander getrennt. Die Fronten waren so verhärtet, daß sie aus eigener Kraft den Weg zur Versöhnung nicht fanden. Die Vorbesitzerin des Hauses war oftmals verunsichert und verwirrt, da sie mit beiden so gegensätzlichen Schwingungen in Berührung kam. Doch tieferen Zugang zum Elfenreich – und somit die Möglichkeit zu helfen – fand sie nicht. So kam Woe-shiwa als Höherer Elementargeist ins Spiel, doch auch er scheiterte bisher mit seinen Vermittlungsversuchen. Nun hofft er auf Josephine und mich, die ihn von menschlicher Seite unterstützen und vom guten Willen der Menschen Zeugnis ablegen sollen.

»Doch wie könnte das gelingen?« frage ich ihn.

Woe-shiwa hat seinen »Vermittlungsplatz« gut gewählt, denn der Stein, an dem er jetzt vor mir thront, liegt genau in der Mitte zwischen beiden Familien. Er erinnert mich an die auf seinen Wunsch aus Deutschland mitgebrachten Geschenke: die kleine Bergkristall-Gruppe, die aus drei Spitzen besteht und aussieht wie ein Engel mit ausgebreiteten Flügeln, den Kieselstein in Herzform vom Weg neben meinem Haus und die Räucherstäbchen. Nun sei es an der Zeit, diese Geschenke zu übergeben. Ich gehe ins Haus zurück und hole die genannten Dinge. Auf sein Geheiß plaziere ich den Bergkristall und den Herzstein auf der Seite des liebevollen »kleinen Volkes«, mitten auf den größten dort stehenden Findling. Meinen vorsichtigen Einwand, ob hierbei nicht Eifersucht geschürt werde und sich die Fronten noch mehr verhärten könnten, ignoriert er. Anscheinend denken die »kleinen Leute« anders als wir Menschen. Ein Räucherstäbchen läßt er mich genau in der Mitte zwischen den beiden Lagern entzünden. Sanfter Rauch kräuselt sich empor, es duftet köstlich.

Gespannt harre ich der Dinge, die da kommen werden. Es dauert auch nicht lange, da spüre ich ein aufgeregtes Gewusel zu beiden Seiten. Es wispert und flüstert, und mein inneres Fühlen bestätigt, daß beide Völkchen, jedes von seiner Seite kommend, neugierig auf das Räucherstäbchen zugehen. Ich verstehe und schmunzle: Eifersucht ist ihnen fremd, Neugier ist ihnen zu eigen! Woe-shiwa arbeitet *mit* ihren Schwächen und macht sie zu seiner Stärke. Er bittet mich, als Vertreterin des Menschengeschlechtes zu den »kleinen Leuten« zu sprechen, und gibt mir über Prudens die richtigen Worte ein: Ich bitte um Verständnis, um Vergebung, um Wohlwollen – und verspreche, daß wir von ihnen lernen werden, damit wir uns erinnern ...

Als ich meinen inneren Monolog beende, ist es einen Moment ganz still. Spannung liegt in der Luft. Sogar die Vögel haben aufgehört zu singen. Mir scheint, sie haben diesem inneren Gespräch ebenfalls gelauscht. Da überschwemmt mich eine Welle der Zuneigung und Liebe. Ich fühle nicht mehr zwei verschiedene Schwingungen wie zuvor, *eine einzige* zärtliche Umarmung geht von den »kleinen Leuten« aus und läßt mich vor Glück weinen. Es ist gelungen!

Ich weiß nicht, wie lange ich so sitze, irgendwann wird mir der sich ankündigende Sonnenuntergang bewußt, der alles in wundervoll warmes, orangerotes Licht taucht, uns einhüllt in die Liebe des Himmels: Engel, Natur, Elementargeister und Mensch. Mir scheint es, als würde sich das ganze Universum über diese Versöhnung freuen. Unsagbar glücklich und dankbar nehme ich diese Schwingung auf. Doch ich werde noch reicher beschenkt: Woe-shiwa läßt mir eine Einladung meiner neuen kleinen Freunde zum Elfentanz zukommen! Am Donnerstag, am Tag des Vollmondes, um Mitternacht! Josephine und ich sind eingeladen. Ich bin sprachlos. Einer meiner größten Wünsche geht in Erfüllung! Doch eine Bedingung stellen die »kleinen Leute«: »Für Musik und Duft habt ihr zu sorgen!«

Überglücklich nehme ich die Einladung an. Da fällt mir ein: »Sollte ich nicht in der Vollmondnacht auf dem Friedhof sein!?«

Ich spüre Yaspers liebende Gegenwart, doch er hüllt sich in Schweigen.

Es fällt mir schwer, mich aus dieser unwirklichen Begegnung zu lösen, als Josephine mich zum Abendessen ins Haus ruft. Erst jetzt wird mir bewußt, daß ich die ganze lange Zeit über von keinem gestört wurde. »Was sie wohl dachten, als sie mich vom Fenster aus sahen – wie ich, in Selbstgespräche versunken, Steine aufstellte und Räucherstäbchen anzündete? Egal, irgendwann werde ich ihnen davon erzählen.«

Es ist schon dämmrig, als Katrin und ich uns zu einem kurzen Abendspaziergang entschließen. Wir verlassen das Haus und werden schon erwartet: Charly, Nachbars Spaniel, sitzt in der Einfahrt und schaut uns erwartungsvoll entgegen. Ich kenne ihn von einem Photo, das mir meine irische Freundin vor Wochen zeigte. Wieder fühle ich mich in dieses Bild hineinversetzt, und es tut gut, als meine Tochter meinen Arm nimmt und mir so unbewußt bestätigt, daß ich nicht träume.

Charly erhebt sich und schließt sich uns an. Nein, genaugenommen läuft er schwanzwedelnd vor uns her. »Charly kennt bestimmt einen schönen Weg. Gehen wir ihm nach«, meine ich.

Zu unserer Überraschung schlägt er nicht den Pfad zur Bucht ein, den wir schon kennen, sondern schlendert in die entgegengesetzte Richtung. Vertrauensvoll folgen wir ihm. Nach vielleicht hundert Metern biegt er zielsicher nach links in einen kleinen Seitenweg ein, führt uns an einem heruntergewirtschafteten Bauernhof vorbei. Zuerst denken wir, daß er verlassen sei, aber dann hören wir hinter der Brombeerhecke leises und zufriedenes Hühnergackern. Das Gehöft ist also doch noch bewohnt!

Charly läuft gemächlich weiter, brav gefolgt von uns beiden – und plötzlich stehen wir wieder an unserer Bucht, diesmal an ihrem östlichen Ende. Der Sandstrand und das Meer erscheinen bei zunehmender Dämmerung grau. Unser vierbeiniger Fremdenführer schenkt uns geduldig einige Minuten, damit wir schauen und alles aufnehmen können, bevor er umdreht und sich wieder auf den Rückweg macht. In ein angeregtes Gespräch vertieft, folgen wir ihm in einigem Abstand. Wir kennen nun den Weg und achten gar nicht mehr auf unseren haarigen Freund. So fällt es uns nicht weiter auf, daß er in Höhe des Bauernhofes den Pfad verlassen hat und spurlos verschwunden ist. Plötzlich hören wir hinter der Hecke aufgeregtes Hühnergackern, Flattern, Schreie in Todesangst. Noch ehe wir recht begreifen können, welches Drama sich dort abspielt, kommt Charly durch ein Schlupfloch zwischen den Brombeersträuchern mit einem zappelnden Huhn in der Schnauze geradewegs auf uns zu! »Oh nein, Charly!«

»Out, out!« schreit Katrin ihn entsetzt an.

Er läßt das arme Tier sofort fallen, direkt vor meinen Füßen, schaut mich treuherzig, ja sogar stolz an, als erwarte er ein Lob und marschiert dann, ohne sich ein einziges Mal umzudrehen, davon. Erbost rufe ich ihm nach: »Charly, you are a murderer!«

Was sollen wir tun? Das Huhn zappelt noch, die Gedärme hängen aus seinem Bauch heraus, und Katrin sucht verzweifelt nach einem Stock, um diesem Leiden ein Ende zu bereiten. Mein Blick ist auf das arme Tier gerichtet. Ich stehe wie gelähmt, doch erstaunlicherweise innerlich ganz ruhig da – wie ein unbeteiligter Beobachter dieser grausigen Szene. Noch bevor Katrin eingreifen muß, tut das Huhn seine letzte Zuckung. Es ist überstanden! Ratlos stehen wir beide vor dem übel zugerichteten Leichnam und überlegen, was zu tun ist. In den Bauernhof hineinzugehen und vom eben Geschehenen zu erzählen wagen wir nicht. Allerdings wollen wir das Huhn auch nicht einfach mitnehmen. Was wohl die irische Polizei, die *Garda*, zu zwei deutschen Touristinnen sagen würde, die mit einem toten Huhn herumlaufen? Wir schauen uns vorsichtig nach allen Seiten um. Anscheinend sind wir die einzigen Zeugen dieser Bluttat, und so entschließen wir uns, diesen Ort so unauffällig wie möglich zu verlassen. Ohne uns noch einmal umzudrehen, kehren wir zu Josephines Haus zurück. Weit vor uns läuft Charly, als sei nichts geschehen, dem Anwesen seiner Besitzer entgegen.

Aufgeregt durcheinanderredend berichten wir meiner Freundin alles; ihr Gesichtsausdruck zeigt blankes Entsetzen. Sie kennt diesen braven Hund seit vielen Jahren und weiß, daß Charly noch nie in seinem Leben gewildert hat. Ja, er gehe sonst nicht einmal in diese Richtung! Sofort greift sie zum Telefon und verständigt Charlys Besitzerin. Der Hund sei inzwischen von seinem abendlichen Spaziergang zurück gekommen und liege wie ein Unschuldslamm vor der Türe. Die Frau ist sprachlos. Sie mutmaßt, wir hätten ihren Hund dorthin gelockt, doch wir widersprechen energisch: »Er hat *uns* dorthin gelockt!« – Sie kenne die Bäuerin als eine schwierige, alte, streitsüchtige Frau, die jeder meide. Außerdem liebe sie ihre Hennen und riefe jede mit

Namen. Nein, sie wolle nichts mit dieser Frau zu tun haben! Es gehe sie nichts an, und sie wisse von nichts!

Mit tiefen Sorgenfalten auf der Stirn legt Josephine den Telefonhörer auf. Betroffen sehen wir einander an. Wir fühlen uns irgendwie verantwortlich und können und wollen die Sache nicht einfach auf sich beruhen lassen. Unsere Gewissen beruhigen sich erst, als wir vereinbaren, am nächsten Tag zu der alten Frau zu gehen und ihr die Geschichte zu beichten. Wir legen einen Geldbetrag zusammen, um ihr wenigstens den finanziellen Schaden zu ersetzen. Dieser wunderbare Tag endet nun so tragisch.

4

Dienstag

Auch heute weckt mich pünktlich um 5 Uhr 30 mein Herzschlag – und Robin, das Rotkehlchen, mit seinem herrlichsten Gezwitscher. Ich könnte vor Glück mitsingen, belasse es aber dabei, daß ich das Engelgebet spreche. Alle anderen schlafen noch, mich lockt, nach sternenklarer Nacht, ein Sonnenaufgang über der Bucht. Ich ziehe mich warm an und gehe gemächlich an den Strand. Der Morgen hält, was die Nacht versprach: In den geheimnisvollsten Farben erscheint der neue Tag und begrüßt ein Menschenkind, das vor Glück und Dankbarkeit weint. Als ich mich dem Meer zuwende, ist Jonathan, die Möwe, zur Stelle und »outet« sich als Josephines Engel.

Heute führt er mich in die entgegengesetzte Richtung, und so darf ich auch dieses Stück Strand kennen- und liebenlernen. Ich klettere über dunkle Felsen, bewundere seltsame Formationen mit seit Millionen Jahren eingewachsenen und ebenfalls zu Stein gewordenen Muscheln und Meerestieren. Und da stehe ich direkt unter der höchsten Erhebung dieser Küste, die steil über mir aufragt: Sie ist vierundvierzig Meter hoch! Ich spüre direkt neben mir eine fremde, liebevolle Energie, kann aber keinen Kontakt herstellen und erhalte weder von Jonathan noch von meinen Engeln einen Hinweis. »Wer bist du?« – Wieder darf ich mich in Geduld üben.

Gegen 8 Uhr kehre ich zurück, pünktlich zum köstlichen Frühstück. Prudens erinnert mich an meine neuen »kleinen Freunde« im Garten. Freudig gehe ich mit einer zweiten Tasse Tee in den Sonnenschein hinaus und teile mit ihnen Getränk und Vorfreude auf diesen Tag. Die Erinnerung an den gestrigen Abend und die unselige Begebenheit holt mich ein. Das tote Huhn liegt mir schwer auf der Seele.

Höchste Erhebung an Josephines Bucht

In dieser traurigen Stimmung öffne ich den nächsten Segenswunsch: »Loslassen. Laß die Dinge los. Laß dich selbst los. Hab keine Angst. Du kannst dich ganz auf Gott verlassen.« Danke, Seelenbruder Paul, du schenkst mir das richtige Wort zur richtigen Zeit. Jetzt ist mir leichter ums Herz.

Josephine und Susanne müssen heute in die Stadt, um Einkäufe zu erledigen, und Katrin und ich nutzen die Gelegenheit und fahren mit. Nach der Einsamkeit am Strand ist das Menschengewimmel ein großer, von mir nur schwer zu ertragender Kontrast. Ich sehne mich in die Ruhe der Bucht zurück, andererseits wollen wir aber einige Andenken kaufen. In einer Musikalienhandlung verliebe ich mich in eine mit keltischen Symbolen wunderschön bemalte irische Trommel, eine *Bodhran*, (sprich: Bouhran) und gönne mir dieses Geschenk. Auch einige aus Torf handgearbeitete St.-Bridgid-Kreuze wollen mit nach Deutschland genommen werden. Wir bummeln durch ruhige Parkanlagen und Rosengärten, bei denen das Verlassen der Wege ausdrücklich erwünscht ist, und landen vor einer imposanten Kirche. In ihrem Inneren stehen wir staunend und bewundernd vor den beiden lebensgroßen Engeln aus weißem Marmor, die den Weihwasserkessel halten. Mein Blick wird nach oben zum Dach gelenkt. Es ist ganz aus Holz gearbeitet und sieht aus wie ein umgedrehter Schiffsrumpf. Prudens erinnert mich an den heutigen Segensspruch: »Laß los, du kannst dich ganz auf Gott verlassen.«

Ja, ich stelle mir vor, daß dieses Schiff hoch über mir im Himmel segelt und meine Seele darin unterwegs ist – mit Gott als Kapitän und meinen beiden persönlichen Engeln als Lotsen! Und ich fühle: Alles ist gut!

Das anschließende Gedränge im Supermarkt, in dem wir uns mit Lebensmitteln für unsere nächsten Wanderungen eindecken, ist anstrengend. Ich bin froh, als wir die Stadt wieder hinter uns lassen und zur Bucht zurückfahren. Nach dem Mittagessen und einem ausgiebigen Sonnenbad im Garten mit Temperaturen um die 26 Grad schlägt Josephine einen Ausflug in südlicher Richtung vor. Wir könnten dort einen der höchsten Berge dieser Gegend besteigen. Seit unserer Ankunft wird mein Blick immer wieder von ihm angezogen. Er berührt auf eigenartige Weise mein Inneres – und läßt Gwenlynn erwachen. Mittlerweile ist es früher Nachmittag, und Bergwanderungen beginnen meiner Vorstellung nach bereits am frühen Morgen. Doch meine irische Freundin teilt meine Bedenken nicht. So fahren wir mit dem Auto los. Es wird eine abenteuerliche Fahrt, denn Katrin und ich sitzen wieder – verbotenerweise – nicht angeschnallt hinten im Auto und dürfen uns unterwegs sogar einmal wegen einer Polizeikontrolle unter einer Wolldecke verstecken.

Die Fahrt führt an der Westküste entlang und läßt uns eine herrliche Fernsicht genießen. Wetter und Gegend lassen uns glauben, in südlichen Gefilden unterwegs zu sein – und nicht auf der nördlichen Halbkugel unserer Erde. Immer weiter fährt Susanne in die Berge hinein; die Straße wird immer schmaler. Ein paar Mal kommt mir der Gedanke, daß dieser Weg in Deutschland für den Gegenverkehr sicher gesperrt wäre. Doch unsere Fahrerin mit ihren eisernen Nerven fährt unbeirrt weiter.

Es ist mittlerweile schon nach 15 Uhr, als wir schließlich unsere Bergbesteigung auf den über sechshundert Meter hohen Gipfel in Angriff nehmen. Für mich überraschend, geht es recht steil nach oben. Die Wegmarkierungen sind sehr dürftig; nur ab und zu ist ein Pfahl eingeschlagen, doch die meiste Zeit suchen wir uns den Weg durch sumpfiges Gelände selbst. Es ist herrliches Wetter, über uns ein strahlend blauer Himmel mit einer Sonne, die unbarmherzig auf unsere kleine Wandergruppe herabbrennt. Es gibt hier keinen einzigen Baum, nur niedriges Gras in vielen verschiedenen Grüntönen, die sich, je nach Sonnenstand und Bewölkung, verändern. Hunderte von Schafen grasen das ganze Jahr über in diesen Regionen, wie uns Josephine aufklärt. Ich frage nach den Wetterverhältnissen im Winter, nach Schnee und Frost. »Schnee«, lacht sie, »ist bei uns eine Naturkatastrophe. Keiner hat Winterreifen, der Verkehr bricht zusammen, für den einen Tag, an dem der Schnee liegen bleibt. Und Frost? Wir leben am Golfstrom.«

Ich sehe, daß meine Vorstellungen von Irland bisher auf Vorurteilen beruhten, und ändere schnell meine falschen Programmierungen im Gehirn.

Der Aufstieg kostet uns große körperliche Anstrengung, der Schweiß rinnt in Strömen, wir atmen schwer, gehen langsam, Schritt für Schritt. In den mir gewohnten Bergen beginne ich den Anstieg meist bei über tausendzweihundert Metern und finde diese karge Vegetation erst in viel höheren Regionen. Unterwegs begegnen wir nur einem älteren Pärchen, das uns freundlich grüßt und sich bereits wieder auf dem Abstieg befindet.

Endlich erreichen wir das Hochplateau. Ich fühle mich abgekämpft, als hätte ich einen Zweitausender bestiegen. Doch die Anstrengung hat sich gelohnt! Meine irische Freundin stellt begeistert fest, daß es nur einen oder zwei Tage im Jahr gebe, die eine solche Fernsicht böten wie heute! Welch ein Geschenk! In drei Richtungen sehen wir auf das Meer, nördlich von uns können wir sogar Josephines Bucht entdecken! Schauen wir in die vierte Richtung, so reicht der Blick weit ins Land hinein. Man könnte meinen, daß man ganz Irland überblickt! Der Himmel über uns und das Wasser tief unten haben dieselbe Farbe ... und dazu dieses Grün, diese vielen verschiedenen Grüntöne. Doch am meisten beeindruckt mich ein vor uns verlaufender gigantischer Steinwall. Er zieht sich weit über diese Hochebene, ist mehr als einen Meter dick und noch um einiges höher, und Josephine erklärt, daß es sich um eine Festung aus der frühen Eisenzeit handele.

»Wie viele tausend Jahre liegt das zurück? Wie viele Menschen waren damit beschäftigt, dieses Mauerwerk aufzutürmen? Wen oder was wollten sie wovor schützen? Wie viele lebten hier und unter welchen Bedingungen?«

Fragen über Fragen, auf die ich keine Antwort bekomme. Über ein eingestürztes Mauerstück betreten wir ehrfürchtig und schweigend das Innere dieses Schutzwalles und ruhen uns von den Strapazen des Aufstiegs aus. Es drängt mich, allein zu sein, und so entferne ich mich von den anderen. Ich gehe gut hundert Meter innerhalb dieser Mauern in Richtung Süden, bis vor mir der Berg steil abfällt. Bruder Wind begrüßt mich, vom Atlantik her wehend. Ich stehe da, mit geschlossenen Augen, und fühle mich allein mit einer Vergangenheit, an die ich mich nicht erinnern kann – und die nichts von ihren Geheimnissen offenbart. Eine tiefe innere Ruhe und Verbundenheit mit dem menschenverlassenen Ort ... und mit Gwenlynn ... erfüllen mich. Ich habe einen Segenswunsch mitgebracht, den ich vor dieser tief beeindruckenden Kulisse öffne. Wieder ein irischer Reisesegen:

>»Möge dein Weg freundlich dir entgegenkommen,
Wind dir den Rücken stärken,
Sonnenschein deinem Gesicht viel Glanz und Wärme geben,
der Regen möge sanft dir deine Felder tränken,
und bis wir beide, du und ich, uns wiedersehen,
halte dich Gott in seiner schützenden Hand.«

»Danke, Schwester Davorka. Bis auf den Regen ist dein Segen schon in Erfüllung gegangen.«

Im Westen nähert sich die Sonne langsam dem Horizont. Mittlerweile ist es 18 Uhr geworden und höchste Zeit für den Abstieg. Es fällt mir schwer, diesen geschichtsträchtigen Ort, an dem wohl auch gekämpft und gestorben wurde, zu verlassen. Schweigend marschieren wir hinter einander her den Berg hinunter, eine jede von uns hängt ihren Gedanken nach.

Auf halber Höhe begegnen wir einem jungen Mann, der ebenfalls die Anstrengung des Aufstiegs auf sich nimmt – und das zu so später Stunde. Ich spüre Yaspers Energie und höre ihn sagen: »Alle, die früher dabeiwaren, kommen irgendwann einmal wieder hierher.«

Alle? Dann waren wir, Josephine, Susanne, Katrin und ich, damals ebenfalls dabei? Ich erzähle den anderen davon, und so verläuft die anschließende Rückfahrt zu Josephines Haus ziemlich schweigend und nachdenklich.

Nach dem Abendessen begeben wir uns zu viert auf den schweren Gang nach Canossa – zur alten Bäuerin. Yasper bittet mich, die geweihte Marienkerze mitzunehmen. In meiner Vorstellung sah ich sie ja eigentlich auf einem bestimmten Grab stehen, doch mein innerer

Lehrer besteht darauf. Schweigsam und mit gemischten Gefühlen gehen wir zu dem alten Bauernhof, der auch heute wie verlassen daliegt. Josephine läutet an der Haustüre. Wütendes Hundegebell antwortet ihr, die Türe wird jedoch nicht geöffnet. Sie ruft in den halbverfallenen Stall hinein, und aus dessen Dunkelheit heraus antwortet die alte Bäuerin, die gerade ihre Hühner und Katzen versorgt.

Wir anderen halten uns im Hintergrund und sehen und hören zu, wie Josephine gestenreich und mit echter Betroffenheit das gestrige Geschehen schildert. Schweigend lauscht die alte Frau dem Geständnis und nickt langsam dabei. Ja, sie habe das Huhn am nächsten Morgen auf dem Weg gefunden und geglaubt, der Fuchs sei der Übeltäter gewesen. Doch sie macht uns keinerlei Vorwürfe, sondern blickt uns freundlich und neugierig an und fragt Josephine, woher wir kämen. Zwischen den beiden Frauen, die sich heute zum ersten Mal gegenüberstehen, entwickelt sich ein langes, typisch irisches Gespräch: Immer mehr gemeinsame Bekannte kommen zur Sprache. Jeder kennt jeden, fast jeder ist mit fast jedem irgendwie um tausend Ecken verwandt!

Ich habe unterdessen Zeit, mir diese Frau und ihr Zuhause näher anzuschauen. Sie ist ärmlich gekleidet, an der Wäscheleine hinter uns hängt eine Bluse, die anstelle fehlender Knöpfe mit Sicherheitsnadeln geschlossen ist. Unzählige Katzenkinder spielen miteinander, doch sie sind scheu und lassen sich nicht von uns streicheln. Eine ältere Katze mit lahmem Bein humpelt zwischen ihnen herum. Es ist eine Idylle, und im runzligen, wettergegerbten Gesicht der alten Frau spiegeln sich trotz dieser Armseligkeit eine große Zufriedenheit und Lebensklugheit. Einiges von dem, was die beiden miteinander sprechen, verstehe ich: Josephine fragt, wer für sie sorge, wer ihre Einkäufe erledige, und erhält zur Antwort, daß einmal in der Woche eine Nichte vorbeischaue. Die Bäuerin selbst wolle hierbleiben, solange sie ihre Gedanken beisammenhabe und sich einigermaßen selbst versorgen könne. »Ich hoffe, ich wache eines Morgens auf und merke, daß ich tot bin«, ist ihr großer Wunsch. Ich verstehe sie so gut. Wir gehen als Freundinnen auseinander, es kommt gar nicht in Frage, daß sie Geld von uns nimmt! Als die anderen sich schon verabschiedet haben, wende ich mich ihr zu und kratze mein Schulenglisch zusammen: »This is a little present for you. It's a candle from Germany.«

Was heißt »geweiht«? Ich weiß es nicht: »It's a holy candle for healing your eyes.«

Sie ist überrascht, nimmt die Kerze, freut sich über das Bild von Maria mit dem Jesuskind und hält es ganz nah vor die Augen. »Healing my eyes, oh, that's good. Thank you so much.«

Was sagen die Leute über diese Frau? Sie sei schwierig und unfreundlich? Sie ist ein über achtzigjähriger Engel!

5

Mittwoch

Robin, das Rotkehlchen, und mein Herzschlag, der im selben Takt schlägt wie Urgroßmutter *Eire's* – wecken mich wieder. Noch im Bett liegend öffne ich einen der Segenswünsche meiner Seelengeschwister. Mein Lieblings-»Bruder« Ernst hat ihn geschrieben:

>»Engel wissen, daß es keine Zeit gibt. So können sie auch ihre Kreise aus einem ihrer anderen Leben schließen. Sie können diesen Teil von sich heilen und ans Licht führen. Ich segne dich in Liebe.«

Morgen ist Vollmond. Bevor ich ins Nachdenken kommen kann, lädt mich Prudens zu einem gemeinsamen Sonnenaufgangs-Spaziergang ein. Er besteht darauf, daß ich statt der Gummistiefel meine Wanderschuhe anziehe. Ich bin verwundert, denn in der Bucht wird noch Flut sein. Doch er führt mich nicht zum Meer, sondern in die entgegengesetzte Richtung, zur Hauptstraße hin. Dort biegen wir nach rechts ab und wandern der nächsten Ortschaft entgegen. Es sind schon Menschen unterwegs um diese Zeit, und ich bin überrascht und erfreut, daß jeder, dem ich begegne, freundlich winkt, lächelt und grüßt. Nach einigen Kilometern erreiche ich den Ortsrand, an dem ein Friedhof liegt.

Bei seinem Anblick erinnere ich mich an Yaspers Aussage beim letzten Vollmond. Sollte das der Ort sein, den ich morgen Nacht aufsuchen würde? Durch die schmiedeeiserne Türe, die nicht versperrt ist, betrete ich mit gemischten Gefühlen diesen stillen, abgeschiedenen Ort.

Die Sonne geht gerade auf und läßt meinen Blick zur Mauer im Osten wandern. Nein, sie sieht anders aus als diejenige, die mir Yasper zeigte. Außerdem ist dieser Friedhof hier zu neu. Ein Blick auf die Grabinschriften zeigt, daß die Verstorbenen erst seit höchstens vierzig Jahren hier ruhen. Langsam wandere ich durch die Reihen, betrachte die Gräber, lese die Daten und ziehe unwillkürlich einen Vergleich zu den gärtnerisch gestalteten Gräbern in Deutschland, die sich gegenseitig übertreffen wollen in Schmuck und Prunk und Ordentlichkeit. Hier dürfen Gras, Wildblumen und Unkraut (»Was ist eigentlich Unkraut?« fragt Yasper) wachsen. Eines der Gräber sieht besonders verlassen aus. Hier hat eine junge Frau mit dem Namen Christine ihre letzte Ruhestätte gefunden. Eine innere Verbundenheit, eine Seelenverwandtschaft spüre ich, als ich vor diesem Grab stehe. »Hast du niemanden, der dich vermißt? Der an dich denkt und dir Blumen bringt?«

Ein paar Meter weiter wachsen auf der Grünfläche Wildblumen, die ich pflücke und ihr schenke. Auch ein Dankgebet zum Vater spreche ich – ich danke für das Leben und Sterben dieser Frau. Ein paar Gräber entfernt liegt eine Verstorbene mit italienischem Namen, Anfang des letzten Jahrhunderts geboren, in den siebziger Jahren verstorben. »Wie kommst du hierher? Welches Schicksal hat dich so weit von deiner Heimat weggeführt? Bist du auch der Stimme deines inneren Engels gefolgt?«

Wieder erinnere ich mich an das, was Yasper zu mir sagte: »Beim nächsten Vollmond wirst du auf dem Friedhof sein. Und du wirst dort dein Blut lassen.«

Ich kann mir immer noch keinen Reim auf diese Aussage machen. Doch so sehr ich auch in mein Inneres fühle, da ist keine Angst vor dem, was kommen wird.

Bevor ich mich auf den Rückweg mache, präge ich mir die Inschrift auf einem steinernen Buch, das auf einem der Gräber liegt, ein. Sie hat mich besonders berührt und bewegt:

»Son, every man can be a son.
But it takes special to be a friend too.”

Bei meiner Rückkehr ist der Frühstückstisch wieder fürstlich gedeckt. Langsam bekomme ich ein schlechtes Gewissen deswegen, doch keine der Frauen macht mir Vorhaltungen, weil ich so früh aus dem Haus schleiche. So übernehme ich den Abwasch.

Josephine fragt nach unseren Plänen für diesen Tag. Ich bin offen für jeden Vorschlag. Sie erzählt von der Ruine einer Kathedrale, von einem uralten Friedhof, der danebenliege, und einer Klosterruine in der Nähe. Ich werde hellhörig und mein Herz beginnt wie wild zu klopfen …

Katrin und ich packen einen Rucksack und machen uns auf den Weg. Nach einstündigem Fußmarsch bei herrlichem Sonnenschein auf engen, mit Brombeerhecken gesäumten Wegen erreichen wir das kleine Dorf. Saubere bunte Häuschen werden von uns bewundert, Gärten, in denen Palmen, meterhohe Rhododendronsträucher, Blumen und Pflanzen in einer Vielfalt und Farbe wachsen, die uns staunen macht. Wir schauen in alle Richtungen und sind völlig von dem Anblick überwältigt, der sich am Ende der Straße unseren Augen bietet: die Ruine einer steil aufragenden Kathedrale. Dunkel und wie eine Burg mit Zinnen bewehrt, steht sie vor uns. Ehrfurcht ergreift mich – und ein Schaudern geht durch meinen Körper. Ich spüre wieder dieses innere Drängen, stärker als je zuvor. »Gwenlynn?«

Wir besichtigen die Kathedrale von innen und betreten dann, von der Straßenseite her, den alten Friedhof. Dabei benutzen wir nicht das schmiedeeiserne Tor, sondern schlüpfen durch eine Öffnung in der alten Mauer. Die Sonne steht direkt über mir, als mein Blick über die alten, schiefen, zum Teil schon auf dem Boden liegenden keltischen Grabkreuze, Grabsteine und die Grüfte schweift, die in einer Reihe dazwischenstehen. Das innere Drängen nimmt noch zu, treibt mich vorwärts, an den mit Gras bewachsenen Grabstellen vorbei, zur gegenüberliegenden Friedhofsmauer. Einige Meter davor befinden sich keine Gräber mehr. Ich trete bis an die Mauer und lasse meinen Blick in die freie Landschaft dahinter gleiten: Weite, flache Wiesen und Felder, in der Ferne kleinere Ortschaften, eine Burgruine. Dann wird mein

Friedhof mit Teilansicht der Kathedrale

Blick wieder von der Mauer vor mir angezogen – und plötzlich ist die Erinnerung da. Genau diesen Blick schenkte mir Yasper, als er den Satz sprach: »Beim nächsten Vollmond wirst du auf dem Friedhof sein.«

Ich schaue mich um, hier sind keine Gräber. Deshalb dachte ich also, Gwenlynn sei aus irgendeinem Grund außerhalb der Mauer begraben worden. Die Himmelsrichtung stimmt; die Mauer liegt gen Osten. Ich frage Yasper: »Wo?«

Und er antwortet: »Du stehst genau drauf!«

Ein unbeschreibliches Gefühl durchströmt mich. Es kommt von unten, durch meine Fußsohlen, bahnt sich den Weg durch meinen ganzen Körper, bis in die Haarspitzen. Langsam, wie in Trance, bücke ich mich, berühre den Boden unter mir und stoße unter dem dichten Graswuchs auf Stein! Aufgeregt wische ich mit der linken Hand das Gestrüpp zur Seite. Da ziehe ich schmerzhaft zusammenzuckend meine Hand zurück: Etwas hat mich in meinen linken Mittelfinger gestochen. Wenn ich nicht wüßte, daß St. Patrick alle Schlangen aus Irland vertrieben hat, würde ich glauben, es hätte mich soeben eine gebissen. Dicke, dunkelrote Blutstropfen quellen heraus und fallen direkt auf den freigelegten Stein. »Und du wirst dort dein Blut lassen!« höre ich Yasper sagen.

»Ich habe Gwenlynn gefunden, ich habe mich gefunden!«

Tränen strömen aus meinen Augen. Ich sitze mitten auf dieser Steinplatte und weine um eine Frau, die seit Jahrhunderten hier begraben liegt. Und die damals ein Versprechen gab, das ich jetzt einlösen kann – und werde. Katrin steht plötzlich neben mir und schaut mich erschrocken und fragend an. »Ich habe Gwenlynn gefunden«, sage ich.

Viel habe ich ihr nicht darüber erzählt, doch in diesem Moment weiß sie, was zu tun ist. Sie zieht mich sanft von der Grabplatte herunter und beginnt, unendlich zärtlich und voller Ehrfurcht, alles Gestrüpp und Unkraut zu entfernen. Dann pflückt sie Blumen, die wild wachsen und legt sie auf den oberen Teil des Grabes. Auch Plastikblumen, die der Wind von anderen Gräbern an die Mauer geweht hat, sammelt sie ein und legt sie dazu. Voller Dankbarkeit und Liebe beobachte ich sie, und mir bleibt Zeit, mich zu fassen … Nun weiß ich, was ich zu tun habe. Ich öffne meinen Rucksack und hole das kleine Bergkristallkreuz heraus, das ich aus Deutschland mitgebracht habe. Ehrfurchtsvoll lege ich es auf Gwenlynns Grab, suche zwei Steine und befestige mit ihnen den Segenswunsch, den ich heute morgen geöffnet habe: »Engel wissen, daß es keine Zeit gibt …«

»Gwenlynn, ich bin hier, um dein, um mein Versprechen einzulösen … das ich noch nicht einmal kenne. Wer immer du warst, jetzt darf ich dich ehren.«

Es beginnt ein langes Gespräch, voller Liebe, voller Verbundenheit. Eigentlich ist es eher ein Monolog, denn ich bekomme keine Antwort von ihr. Noch kann ich den Kontakt zu diesem Teil meines Selbst nicht herstellen. Ich verspreche wiederzukommen. Morgen ist Vollmond …

Franziskaner-Kloster (Friary)

Wir wollen weiterwandern zur *Friary*, zur Klosterruine der Franziskaner. Als wir den Friedhof verlassen, fällt mir ein Dolmen auf, der vor der Kathedrale steht. Ich bin fasziniert: Haben die Iren einen keltischen Grab- und Einweihungsstein direkt vor einer katholischen Kathedrale aufgestellt, oder haben sie ihn aus früheren Zeiten stehengelassen? Egal, in Deutschland jedenfalls wäre eine solche Nachbarschaft undenkbar. Neugierig trete ich näher. Ich stehe mit dem Rücken nach Norden, das Gesicht nach Süden gewandt, ehrfurchtsvoll vor diesem uralten Denkmal. Da höre ich Yasper sagen: »Kriech unten durch.« Doch der Durchgang ist voller Spinnweben. Yasper spricht weiter: »Du mußt noch viel kleiner werden, um durch die nächste Tür zu kommen.«

Ich weiß, was er meint. Er verlangt Demut von mir. Also bücke ich mich und krieche darunter hindurch, drehe mich um und schaue nun nach Norden. Meine Hände legen sich wie von selbst auf den in Brusthöhe querliegenden Stein und – versinken darin: Erstaunt hebe

57

ich sie wieder hoch und sehe, daß an den Stellen, die ich intuitiv berührt habe, Vertiefungen für zwei Hände sind. »Wie viele Menschen haben ihre Hände ebenso wie ich an diese Stellen gelegt? Und warum?«

Ich weiß so wenig über diese Kultur. Katrin drängt zum Weitergehen. Nur schwer kann ich mich von diesem Relikt aus der Vergangenheit lösen … einer Vergangenheit, die Gwenlynns Gegenwart war.

Nach einer halben Stunde Fußmarsch erreichen wir die Klosterruine. Als ich durch eine Lücke in der sie umgrenzenden Steinmauer trete, empfinde ich wieder ein Gefühl des Heimkommens in mir. Ein beeindruckendes Bauwerk ragt neben uns in den Himmel. Eine sonderbare Stille liegt über dem Ort. Wir sind ganz allein hier; großes Interesse scheint bei den Touristen nicht zu bestehen, diese Ruine zu besichtigen. Der Turm ist noch gut erhalten. Wir steigen schweigend hinauf, so weit es möglich ist, schauen durch die kleinen Luken in den gut einen Meter dicken Steinmauern nach draußen. Vor wem mußten sich die Mönche durch eine solche Festung schützen? Vorsichtig tasten wir uns die ausgetretenen Steinstufen wieder nach unten.

Die angrenzende Klosterkirche zieht uns nun in ihren Bann; ihre Seitenwände sind gut erhalten, doch über uns leuchtet der blaue Himmel und zeigt eine strahlende Sonne. Der Boden ist mit einem Teppich aus Rasen bedeckt, und im vorderen Teil der Kirche steht noch der Altar, als wolle er die Unzerstörbarkeit des Glaubens demonstrieren! Ein steinerner Altar auf grünem Grasboden. Ein Schauer durchläuft mich bei diesem Anblick. Es hat etwas seltsam Bewegendes, Vergangenheit und Gegenwart verschmelzen miteinander, werden zur Ewigkeit. Rechts und links an den Seitenmauern sind noch Reste der Steinbänke erhalten. Hier saßen die Mönche, in Gebet und Meditation versunken. Es ist still um uns herum, wir spüren die Erhabenheit dieses Ortes. Wie von selbst stimmen wir beide einen Kanon an: *Dona nobis pacem*. Nie habe ich das Lied inniger gesungen. Schweigend, um diese Stimmung nicht zu »zerreden«, gehen wir weiter zu den einstigen Wirtschafts- und Schlafräumen. Im ersten Stock sehen wir die

Grundmauern der kleinen Zellen. Eine von ihnen berührt mich besonders. Aus dem schmalen Mauerdurchlaß habe ich, ebenso wie der Mönch damals, einen freien Blick auf die Kathedrale und den Friedhof. Ebenerdig laufen wir durch den guterhaltenen, teilweise immer noch überdachten Kreuzgang, genauso wie es vor Jahrhunderten die Mönche taten –betend und meditierend.

Die Wanderung hat uns hungrig gemacht, und nur von Ehrfurcht allein kann der Mensch nicht leben! Wir suchen einen schattigen Platz im Klosterhof, setzen uns auf die Mauer des Rundganges und lassen die Füße in den Klostergarten hängen. Ich erinnere mich an Woe-shi-was Empfehlung und bitte vor Betreten des Gartens die »kleinen Leute«, die hier wohnen, um Erlaubnis. Eine freundliche und liebevolle Schwingung antwortet mir und heißt uns willkommen. Katrin beobachtet mich neugierig und will mehr darüber wissen. Ich spüre, daß jetzt die richtige Zeit ist, ihr von den Begegnungen mit den Elementargeistern zu erzählen. Interessiert hört sie zu, stellt Fragen, nimmt meine Wahrheit ernst. Wie dankbar bin ich um das Geschenk, diese großartige Seele auf meiner Reise dabeizuhaben. Als ich mich anschicke, meine Brotzeit mit den »kleinen Leuten« zu teilen, tut sie dasselbe. Sie macht kleine Häppchen, obwohl ich erkläre, daß die Elementargeister nur die Essenz aus den Speisen ziehen und sich das Essen für unsere Augen nicht verändert. »Das ist deine Wahrheit«, meint sie. Recht hat sie – das Recht auf ihre eigene Wahrheit.

Wir essen voller Appetit, genießen das Hier-Sein – die Ruhe, die besondere Schwingung dieses Ortes. Da lauscht Katrin plötzlich mit schräg gehaltenem Kopf und angehaltenem Atem und wendet sich dem Rundgang hinter uns zu. »Mama, ich höre Gregorianische Gesänge!? Kann das sein?«

Ich freue mich neidlos für sie, dieses Geschenk erhält sie ganz allein. Voller Neugier und wohl auch Skepsis hört sie zu, als ich ihr erkläre, daß auf geistiger Ebene Zeit nicht existiere. Im »ewigen Jetzt« gehen die Mönche singend im neuerbauten Rundgang, während wir beide »gleichzeitig« in der verfallenen Klosterruine sitzen und essen. Es wäre nicht meine Katrin, würde sie nicht sofort einen Versuch wagen, Kontakt aufzunehmen: Sie hält ihr leckeres Schinken-Käse-Sandwich in den Gang und fragt schelmisch: »Können die jetzt mein Käsebrot riechen?«

»Kann schon sein …«

Wenig später wird die ehrwürdige Klosterruine von einer deutschen Touristenfamilie gestürmt: Für uns ist dies der richtige Zeitpunkt, aufzubrechen und zurückzugehen. Wir beide sind in den vergangenen Stunden durch das innere Erleben, das uns tief berührte, zusammengewachsen auf eine bislang nie gespürte Weise. Hand in Hand gehen wir den Weg zurück, und mit Tränen in den Augen sage ich zu dieser großartigen Seele an meiner Seite:

»Daughter, every woman can be a daughter.
But it takes someone special to be a friend too.«

Als wir zu Josephines Haus zurückkommen, bin ich innerlich noch zu bewegt, um mit ihr über Gwenlynn zu sprechen. So ziehe ich mich auf mein Zimmer zurück, um Klarheit über meine Gefühle zu bekommen. Am Spätnachmittag schlägt Susanne vor, an einen besonders schönen Strand zu fahren, um im Meer zu baden. Ich sehe das als willkommene Möglichkeit, Abstand zu gewinnen. Nach einer Schaukelfahrt im Van erreichen wir einen Platz, der mich an die Nordsee erinnert: eine hohe Sanddüne ist zu erklettern, dahinter erstreckt sich ein schmaler Streifen hellen Sandstrandes.

Die Wellen des Meeres rollen, mit weißer Gischt gekrönt, auf knapp hundert Menschen zu, die lachend dieses Vergnügen auskosten. Es sind ausschließlich Einheimische, die das ungewöhnlich schöne Wetter zu einem Badetag nutzen. Das Meer lockt auch mich mit seinen Wellen an, die mir keine Angst machen und doch eine Ahnung von der Kraft des Elements vermitteln. Immer wieder lasse ich mich in sie hineinfallen, von ihnen ein Stück ans Ufer tragen, springe ihnen erneut entgegen und lache und schreie dabei ausgelassen wie ein Kind. Es tut so gut, Gefühle offen zeigen zu können. Einiges an innerer Anspannung kann ich auf diese Weise loslassen. Die Sonne steht schon sehr tief, als wir dieses paradiesische Fleckchen Erde verlassen.

Zum Abendessen verwöhnt uns Josephine: Verführerische Düfte ziehen durch das Haus, um uns, die wir vom Schwimmen hungrig sind, auf eine harte Geduldsprobe zu stellen. Endlich stehen die Köstlichkeiten auf dem liebevoll gedeckten Tisch: eine knusprig gebratene Lammkeule, frisches Gemüse und irische Kartoffeln, die wunderbar mehlig sind und köstlich schmecken. Urgroßmutter *Eire* will dem nicht nachstehen und schenkt uns zum Nachtisch einen ihrer wundervollen Sonnenuntergänge. Sie färbt den Himmel orangerot und lockt uns nach draußen. Susanne möchte mit uns zum nahegelegenen Golfklub fahren. Dort gebe es einen Aussichtspunkt, der sich unübertroffen für derartige himmlische »Desserts« eigne.

Josephine scheucht uns schnell zum Auto, denn es dauert höchstens noch zehn Minuten, bis die Sonne im Meer versinkt. Sie erklärt uns, daß wir sie mit ihrer Lieblingsbeschäftigung »Küche aufräumen« ruhig alleinlassen könnten. Mit Vollgas geht es los Richtung Golfplatz. Auf halbem Weg taucht vor uns ein irischer Lehrer in Sachen »Geduld« auf, der in seinem breiten Auto auf der schmalen Straße im Schneckentempo unterwegs ist. Susanne wird auf eine harte Probe gestellt. Zu überholen ist nicht möglich – und als wir endlich auf dem Aussichtsplateau ankommen, ist die Sonne eben am westlichen Horizont im Meer versunken. Nur der Himmel glüht noch nach. Ein wenig enttäuscht begeben wir uns auf einen kurzen Verdauungsspaziergang, bevor wir die Heimfahrt antreten. Wir fahren eben um eine kleine Kurve, als ich meinen Augen nicht traue: Im Osten geht die Sonne wieder auf! Sie schwebt über dem Wasser der Bucht vor uns, ebenso leuchtend orange wie sie gerade im Westen unterging! Es dauert einen Augenblick, bis ich erkenne, daß es der Mond ist, der gerade aufgeht.

»Danke, Yasper. Deshalb also der Geduldsengel vor uns. Wir sollten einen konkurrenzlosen Mondaufgang bewundern können!«

Und wir tun es. Schnell verlassen wir das Auto, um uns gefangennehmen zu lassen von einem faszinierenden Anblick. – Der schon fast volle Mond spiegelt sich im Wasser der Bucht, sein helles Licht fließt durch eine Wasserströmung als breites Band auf uns zu und deutet wie ein breiter Pfeil direkt auf seine drei Bewunderinnen. Dieser einmalige Anblick will festgehalten sein. Meine beiden Begleiterinnen greifen zu ihren Photoapparaten und knipsen um die Wette. Ich öffne mein Herz und meine Seele weit, um Bild und Schwingung zu verinnerlichen. Da wird mir schlagartig klar, daß mein geistiger Lehrer Yasper mir wieder einmal eine Lektion erteilt hat. Ich hatte eine Erwartung, die nicht in Erfüllung ging, und fühlte mich enttäuscht. Erst als ich das losließ, waren meine Hände frei für ein neues großartiges Geschenk. »Danke Yasper, auch für die Geduld, die du mit mir hast.«

Mittlerweile ist die Küche aufgeräumt und eine unternehmungslustige Josephine erinnert mich an das Versprechen, das ich meiner Seelenschwester Jitka gab: ein Guinness für sie zu trinken. Meine irische Freundin kennt einen netten Pub in der Nähe, und Susanne bietet sich an, uns vier mit dem Auto dort hinzubringen. Es ist schon dunkel, der Mond ist fast voll und steht hell an einem wolkenlosen Himmel. Überrascht erkenne ich, wohin die Fahrt geht: an den Ort, an dem Gwenlynn begraben liegt. Seit dem Baden im Meer war das innere Bewegtsein verschwunden, jetzt kehrt es mit voller Kraft zurück. Ich sage leise zu Josephine: »Ich habe heute Gwenlynn gefunden.«

Sie schaut mich verstehend an und fragt: »Zeigst du es mir?«

Wir parken vor dem Pub und schicken die beiden anderen vor. Schweigend gehen Josephine und ich in Richtung Kathedrale. Jetzt, bei völliger Dunkelheit, läßt ihr Anblick mich erschaudern; dunkel und unheimlich ragt sie hinter den letzten bewohnten Häusern in den Himmel. Durch das Schlupfloch in der Friedhofsmauer betreten wir den stillen menschenleeren Ort, gehen an den Grüften und Gräbern vorbei bis ganz nach hinten, vor die östliche Mauer. Der Mond taucht alles in sein helles und doch unwirkliches Licht. Die von Katrin am Vormittag freigelegte Steinplatte liegt vor uns, auf ihr das Bergkristallkreuz, die Blumen und der Segenswunsch. Still und ergriffen stehen wir beide davor. Da taucht tief aus meinem Inneren wieder dieses Fordernde und Bittende auf. »Gwenlynn, was willst du von mir? Was hast du versprochen, das ich einlösen soll?«

Ich fühle, daß ich mich auf die Grabplatte stellen soll. Wieder spüre ich eine starke Energie, die durch meine Füße eintritt und meinen ganzen Körper durchströmt, bis hinauf in die Haarspitzen. Zusammen mit dieser Energie kommt die Erinnerung an das Versprechen:

»Ich will Menschenseelen zum Licht führen, heim zu Gott, zum Vater«, sagt Gwenlynn, und mit ihr spreche ich diese Worte laut aus.

Josephine schaut mich überrascht an.

»Willst du dabeisein?« Frage und Bitte zugleich sprechen aus meinen Worten. Sie nickt, ja, sie wird mir helfen, mir Kraft und Mut geben, mein Versprechen einzulösen. Langsam tritt auch sie auf die Steinplatte. Wie sehr fühle ich mich ihr verbunden, und wie dankbar bin ich ihr. Ich muß nicht allein bei Vollmond auf einem irischen Friedhof stehen!

Erlösungsarbeit zu leisten, indem ich Lichtbrücken baue, ist mir nicht fremd. Mein geistiger Lehrer Yasper hat es mich und meine Seelengeschwister gelehrt und uns auch schon öfters gebeten, daß wir auf diese Weise erlösungswilligen Seelen oder Energien den Weg zu Gott ermöglichen. Jetzt spüre ich, daß es heute tiefer gehen wird, einen Teil meines Selbst anrühren, der mir bisher verschlossen geblieben ist. Ich bitte die Elohim-Engel um Unterstützung, spreche die Worte, die Yasper mir eingibt. Rings um uns versinkt die Gegenwart, *ich* bin *all-eins*. Eine große, licht- und liebevolle Energie strömt durch das Kronenchakra in meinen Körper, fließt durch die Füße in den Boden unter mir ... und ich spüre, wie Gwenlynn in mir erwacht. Sie beginnt zu sprechen zu allen, die hier an diesem Ort warten und bereit sind, ins Licht zu gehen. Sie erinnert daran, dieses Angebot schon einmal gemacht zu haben, vor langer Zeit. Doch damals ist ihr kein Gehör geschenkt worden. Hier und jetzt bietet sie es noch einmal an. Zeit vergeht ... ich weiß nicht wieviel ... und die Richtung des Energiestromes kehrt sich um: Jetzt fließt er von unten aus dem Boden heraus, durch meinen Körper hindurch, nach oben und verläßt mich durch das Kronenchakra. Wie lange dauert das alles? Ich weiß es nicht, mein Raum- und Zeitgefühl ist völlig verlorengegangen. Ich bin Gwenlynn und Ingrid und all jene, die den Weg ins Licht gehen. Der Energiestrom läßt nach, wird immer schwächer und versiegt schließlich ganz.

Josephine und ich lösen uns aus unserer Erstarrung, treten, noch ganz benommen, vom Grabstein herunter und stehen minutenlang schweigend davor. Dann erst können wir kurz über das Geschehene sprechen. Auch sie hat diesen Energiestrom gespürt, doch die Verbindung zu Gwenlynn hat sie nicht gefühlt. Eine große Erleichterung überkommt mich: Ich habe mein Versprechen eingelöst. Ohne Vorbereitung durfte ich es schon heute tun, mit einer starken Seelenschwester an meiner Seite. Also habe ich morgen, bei Vollmond, Zeit für den Elfentanz. Josephine freut sich darüber ebenso wie ich.

Als wir wieder an den Grabreihen und Grüften vorbeigehen, sage ich voller Erleichterung: »Jetzt gehen wir in den Pub, und ich trinke ein Guinness!«

In diesem Moment klammert sich etwas unter meinen Knien an beiden Beinen fest und hindert mich am Weitergehen. Erstaunt und ein wenig erschrocken blicke ich nach unten: Es ist nichts zu sehen, und doch spüre ich deutlich diese Umklammerung! Josephine bleibt ebenfalls stehen und schaut mich fragend an. Ich erkläre: »Irgend etwas klammert sich an mir fest. Ich kann nicht weitergehen.«

»Oh, was willst du tun?« fragt sie erschrocken.

»Ich glaube, es ist jemand, der nicht bereit für die Lichtbrücke war – der aber gern in den Pub ginge, um ein Guinness zu trinken«, ist meine Antwort.

»Was sollen wir tun?« fragt sie noch einmal.

»Ich werde mit ihm reden.«

Ich bücke mich nach unten und spreche innerlich mit dieser Seele, erkläre ihr, daß sie warten müsse, bis sie wieder die Möglichkeit bekomme, ins Licht zu gehen. Denn – in den Pub würde ich sie bestimmt nicht mitnehmen! Mit beiden Händen streife ich an meinen Beinen nach unten, bis zum Boden hinab, und richte mich energisch auf. Erleichtert spüre ich: Ich bin frei! Bestimmten Schrittes verlassen wir den Friedhof, schlüpfen durch die Lücke in der Mauer und gehen erleichtert ins Dorf.

Katrin und Susanne warten im Pub schon ungeduldig und leicht verärgert auf uns. Für sie blieb die Zeit nicht stehen, sie fühlten sich sitzengelassen! Katrin schaut mich aus den Augenwinkeln irritiert an, stellt aber keine Fragen. Habe ich mich verändert? Ich versuche, mich möglichst »normal« zu verhalten. Josephine bestellt das Bier, damit ich endlich das Jitka gegebene Versprechen einlösen kann. Ich, die nie Bier trinkt, leere das dunkle, schwere Gebräu bis zum letzten Tropfen. Ich frage mich dabei nicht, wie und ob es schmeckt: Jitka trinkt es! Zum Beweis bekleckere ich den Bierdeckel mit dem letzten Rest des kühlen Nasses und stecke ihn ein. In diesem Moment wird mir bewußt, daß auch Jitka keine Biertrinkerin ist. Sollte sie den Wunsch nur geäußert haben, um mir die Begegnung mit der unerlösten Seele zu ermöglichen? Yasper bedient sich gern der anderen Seelengeschwister, um seine Lehrtätigkeit ausüben zu können.

So habe ich auch dieses Versprechen erfüllt. Wir verlassen den Pub, um am Stehimbiß gegenüber noch eine andere irische »Spezialität« zu genießen: *Chips with Vinegar.* »Was ist das, um Gottes Willen?« – Pommes aus frischen Kartoffeln, dick und knusprig, in einer Papiertüte, in die reichlich *Essig* gespritzt wird. Essig? Ja, und da sauer lustig macht, steigert sich meine »Bierseligkeit« noch. Es wird eine sehr, sehr lustige Heimfahrt. Wie froh bin ich, daß um diese Zeit wenig Gegenverkehr herrscht …

6

Donnerstag und die Vollmond-Nacht
Es ist 5 Uhr 25. Ich öffne den nächsten Segensspruch:

»Und der Herr sprach: Geh aus deinem Vaterland und von deiner
Verwandtschaft und aus deines Vaters Haus in ein Land, das ich dir
zeigen will. Ich will dich segnen. Und du sollst ein Segen sein.«

Vom Fenster aus betrachte ich den Vollmond, der am wolkenlosen
Himmel orange leuchtend noch kurz über der Bucht schwebt, um
langsam hinter den Bergen am Horizont zu verschwinden. Ja, ich bin
gesegnet.

Katrin und ich wollen den Sonnenaufgang unten am Meer
genießen. Wir kämpfen uns durch meterhohes Gras und Gestrüpp bis
zur höchsten Erhebung in der näheren Umgebung durch: vierundvierzig Meter über dem Meeresspiegel stehen wir und fühlen uns, als
wären wir die einzigen Menschen auf einer unbewohnten Insel. Wir
beobachten schweigend, wie die Sonne am östlichen Horizont langsam
erscheint und mit ihrem Feuer den Himmel und die Wolken zum
Glühen bringt. Innerlich tief bewegt stehe ich da, fühle mich Gwenlynn
tief verbunden. »Wie oft stand sie genauso staunend und dankbar vor
diesem morgendlichen Geschenk?« – Jahrhunderte verschmelzen im
Anblick derselben Sonne, die ich damals sah und heute sehe. Das
Klicken des Photoapparates holt mich in die Gegenwart zurück. Katrin
will die Stimmung, will das Fühlen und Denken dieses Augenblicks
einfangen.

Bei Josephine erwartet uns erneut ein ausgiebiges Frühstück.
Wenig später lockt das herrliche Wetter meine Tochter und mich zu

einer weiteren Wanderung die Küste entlang. Josephine hat uns von wunderschönen Felsformationen mit ganzen Kolonien von Miesmuscheln erzählt. Urgroßmutter *Eire* zeigt sich von ihrer schönsten Seite: der Himmel und das Meer sind von einer nicht zu beschreibenden Bläue. Wir fühlen uns nicht im Norden Europas, sondern eher in die Südsee versetzt. Der Strand ist fast menschenleer, die Welt gehört uns. Amerika scheint direkt hinter dem westlichen Horizont zu liegen. Ich sende Liebesgedanken hinüber, weiß ich doch, daß von dieser Küste Irlands aus unzählige traurige Blicke und Millionen von Tränen in diese Richtung geschickt wurden …

Wir wandern, bis die Sonne direkt über uns steht, und suchen uns ein schönes Plätzchen (was schwierig ist, denn alle Plätzchen hier sind schön!). Hier packen wir unsere Mittagsmahlzeit aus. Natürlich teilen wir mit den »kleinen Leuten«, die am Strand wohnen. Es ist ein paradiesischer Ort: Hinter uns ragen zerklüftete Felsen auf, an denen das Meer seit Tausenden von Jahren nagt, vor unseren Augen breitet sich ein kilometerlanger und breiter Strand mit feinstem Sand aus. Nur ein einziger Mensch ist außer uns zu sehen. Ich kneife meine Augen zusammen. Weit draußen, direkt dort, wo die Meereswellen zum Strand hin auslaufen, erkenne ich Josephine. Sie sieht uns nicht, denn wir sitzen im Schatten der Felsen; sie fühlt sich völlig unbeobachtet. Ihre Bewegungen sind reinste Lebensfreude: Sie springt in die Wellen hinein, wirft ihre Arme hoch, dreht sich im Kreise, wirbelt mit dem Wasser herum – es ist ein Tanz mit Urgroßmutter *Eire*. Jonathan zeigt über ihr seine Flugkünste. Wir sind gefesselt von diesem Liebesspiel zwischen Mensch und Natur. Mensch? Nein, in diesem Moment sehe ich Josephine anders: Sie ist eine Elfe – und sie weiß es! Ich sehe ihr nach, bis sie in der Ferne verschwindet, eins wird mit Urgroßmutter. Da treten auch wir den Rückweg an, begleitet von Jonathan.

Im Haus treffen wir die menschliche Josephine an, die uns einen vielversprechenden Vorschlag unterbreitet: Mit gut einstündiger Autofahrt sei ein sehenswerter Park zu erreichen, mit Pflanzen und Bäumen, die man in diesen nördlichen Gefilden nicht erwarten würde. Außerdem befinde sich in der Nähe dieser Stadt ein Steinkreis aus der Keltenzeit – das erweckt natürlich meine Neugier. Prudens erinnert mich an die Segenswünsche. Was wird mir jetzt zur Seite gestellt?

»Sieh Gott als deinen stillen Wegbegleiter und Berater. Erkenne in Ihm den lieben Vater, der dich leitet und beschützt, der für alle deine Bedürfnisse sorgt und dich bei allen Entscheidungen erleuchtet.«

Eine abenteuerliche Autofahrt steht uns bevor. Katrin und ich sitzen wieder hinten. Zweimal dürfen wir uns unter einer Decke verstecken, weil die *Garda* Kontrollen durchführt und auch in Irland Anschnallpflicht besteht. Unsere beiden Freundinnen winken fröhlich durch die Scheibe, und die Polizisten winken freundlich zurück.

Am Ziel angekommen, fragt sich Josephine, die selbst noch nie diesen »Stone-Circle« besucht hat, durch. Wir werden zu einem Privatmann geschickt. Meine irische Freundin klärt uns auf, daß es zwei Arten von Heiligtümern gebe: Die einen seien in Karten eingezeichnet, damit sie auch von den Touristen gefunden würden. Dort seien Parkplätze angelegt, die Menschen würden aus dem Auto steigen, sich in den Steinkreis stellen, die obligatorischen Photos machen oder Hauptdarsteller in ihrem eigenen Videofilm sein, und sähen sogleich auf der Karte nach, wo sich der nächste »Drehort«befinde. Die anderen heiligen Orte seien in keiner Karte verzeichnet. Sie lägen meistens auf Privatgrund, seien in der Obhut einer irischen Familie, die die Verantwortung dafür übernommen habe, und stünden demjenigen offen, der um Erlaubnis frage. Nur – bei dem uns genannten Haus öffnet uns leider niemand. »Was sollen wir tun?« fragt Josephine ratlos.

Ohne Erlaubnis können wir diesen Ort nicht einfach betreten. Wir entschließen uns, auf gut Glück in Richtung Steinkreis zu gehen, in der Hoffnung, vielleicht unterwegs einen der »Hüter« dieses Platzes zu treffen. Josephine folgt ihrer Intuition und führt uns aus dem Ort hinaus. Beim Einbiegen in einen schmalen Seitenweg wird mein Blick auf den Boden gelenkt. Ein direkt vor meinen Füßen liegender Stein lacht mich an! Er lacht tatsächlich mit einem breiten Mund und schaut mich aus zwei Augen freundlich an. Sogar eine kleine Stupsnase sitzt in der Mitte des Gesichtchens. »Das ist der Hüter dieses Weges. Er gibt euch die Erlaubnis, weiterzugehen«, sagt Prudens und fügt hinzu: »Nimm ihn mit.«

Ich bücke mich, zeige ihn Josephine, die eben gehörten Worte an sie weitergebend. »Oh ja, wir haben die Erlaubnis!« ist auch sie überzeugt.

Es geht mitten durch den Hof eines kleinen uralten Bauernhauses. Bunte Wäsche flattert an einer Leine, doch es ist keine Menschenseele zu sehen. Ich fühle mich in eine andere Zeit hineinversetzt. Wir steigen über einen zusammengebrochenen Zaun, von dort führt ein fast zugewachsener Trampelpfad durch meterhohes Gras und mannshohes Farnkraut. Plötzlich bleiben wir überrascht und überwältigt stehen: Rechts und links vor uns ragen zwei große, mit Moos und Flechten bewachsene Findlinge auf: Wir stehen vor dem Eingang zum Heiligen Ort.

Wie von selbst formulieren sich in meinem Inneren Worte, die ich diesen beiden Wächtern weitergebe: Ich bitte um Erlaubnis, weitergehen zu dürfen; nicht nur räumlich, sondern auch gefühlsmäßig Eingang zu erhalten in eine andere Zeit, eine andere Kultur, eine andere Religion. Ich fühle, daß wir willkommen geheißen werden, ja: ich habe das Gefühl, von den meterhohen Felsbrocken erwartet zu werden. Ehrfurchtsvoll schreiten wir hindurch, nicht ohne die beiden zu berühren und zu begrüßen. Ein Kreis aus Buchen versperrt uns den Blick auf das Innere des Platzes. Schweigend treten wir ein, und da liegt er vor uns: der Jahrtausende alte keltische Steinkreis – sieben große, mit Moos, Efeu und Flechten bewachsene Steine im Rund und ein kleinerer in seiner Mitte, ein Altar. Wir spüren die Energie, die von diesem Kreis ausgeht,

Steinkreis

und wagen es nicht, ihn sofort zu betreten. »Welche Rituale wurden hier abgehalten? Wie viele Menschen suchten hier Schutz, Rat, Hilfe?«

Es ist still um uns. Erst später wird mir bewußt, daß ich nicht einmal Vögel singen hörte. Endlich fühle ich mich bereit, den Kreis zu betreten. Ich berühre die Steine, streichle sie, spreche mit ihnen. Der Größte von ihnen blickt mich an. Er hat ein unsagbar trauriges Gesicht, das ihm von Menschenhand vor langer Zeit eingemeißelt wurde: halb geschlossene, schräg stehende Augen; eine Nase und ein Mund mit nach unten gezogenen Mundwinkeln. Ich umarme ihn in tiefer Verbundenheit und spüre eine große Liebe zwischen uns strömen. »Wieviel Leid mußtest du schon sehen?«

Da erinnert mich Prudens an den lachenden Hüter des Weges, den ich immer noch in meiner Hosentasche habe. »Leg ihn auf den Altar«, weist er mich an.

Ich nehme den lustigen Stein in die Hand und betrachte ihn noch einmal. Er bringt mich mit seiner Freundlichkeit und Fröhlichkeit zum Schmunzeln. Bevor ich ihn auf den Altarstein lege, schaue ich mir diesen genauer an. In seiner Mitte sehe ich ein Kreuz aus Zweigen, kleine Steine, Rabenfedern und Kerzenreste. »Also werden auch in unserer Zeit noch Rituale hier abgehalten? Gibt es immer noch Druiden, die dem alten Glauben huldigen?«

Nun kommt ein weiterer Stein dazu, ein lachender! Ich plaziere ihn so, daß er dem Traurigen direkt ins Gesicht sehen kann. Josephine tritt neben mich und versteht, wieder einmal, alles ohne jede weitere Erklärung. »Ja,« meint sie, »lachen und weinen sind eins.«

Außerhalb des Steinkreises steht eine Eberesche. Ich betrachte sie mir näher. Auch hier sind Rabenfedern aufgehängt ... außerdem sind Freundschaftsbänder und kleine Zettel an den Zweigen befestigt. Neugierig will ich eines dieser Papiere in die Hand nehmen, um zu lesen, was darauf geschrieben steht. Da meldet sich Gwenlynn aus meinem Inneren: »Nicht berühren, sonst nimmst du die Sorgen mit, die der andere loswerden wollte.«

Schnell ziehe ich meine Hand zurück. »Danke für dein Wissen, Gwen.«

Katrin hat mich beobachtet und will nun ebenfalls wissen, was auf diesen mysteriösen Zetteln steht. Ich gebe die innere Warnung an sie weiter. »Woher willst denn du das wissen?« fragt sie.

»Das ist eben *meine* Wahrheit. Wenn du willst, mach deine eigene Erfahrung damit«, antworte ich.

Sie läßt es vorsichtshalber lieber bleiben.

Schweigend verlassen wir den heiligen Ort, gehen wieder zum Auto und fahren in die »Zivilisation« zurück. Die benachbarte Stadt mit ihren breiten Straßen, den vielen Autos und dem Lärm ist ein großer Gegensatz, mit dem ich nur schwer zurechtkomme. Am liebsten wäre ich jetzt allein, um die Gefühle zu verarbeiten, die dieser uralte Platz in mir ausgelöst hat. Doch Josephine schwärmt von dem großartigen »Garten«, den wir unbedingt sehen müßten. Und sie hat recht:

Obwohl hier unzählige Menschen unterwegs sind, zieht mich der riesengroße Park sofort in seinen Bann. Ich suche vergeblich nach einem Eingang mit Kassenhäuschen. Nein, erklärt Josephine, ein Eintritt sei hier nicht zu bezahlen. Der Park gehöre allen Menschen.

Das erste, das unsere Aufmerksamkeit erweckt, ist ein hochherrschaftliches Gebäude, das man fast schon Schloß nennen könnte. Davor dehnt sich ein großflächiger sattgrüner Rasen aus, auf dem Jugendliche Fußball spielen. Fußball spielen? Das wäre in Deutschland an einem solchen Ort undenkbar! Liebens- und beneidenswertes Irland! Doch noch mehr als das Gebäude nimmt mich ein Baum gefangen: Riesengroß ragt er vor dem von Menschenhand gebauten, eben noch von mir als groß bezeichneten Schloß auf und läßt es wie ein Puppenhaus erscheinen. Sein Stamm mit eigenartig rotbrauner Rinde hat einen Umfang von mehreren Metern! Ich will auf ihn zugehen, da ist Woeshiwa neben mir und erinnert mich: »Frage immer um Erlaubnis, bevor du einen Ort betrittst, an dem »kleine Leute« wohnen. Wenige tun dies; und tut man es nicht, so wird man als Eindringling angesehen – und auch so behandelt.«

Ich tue es, denn hier muß es von Feen, Elfen und Gnomen nur so wimmeln! Eine freudige Schwingung hüllt mich ein. Spontan bekomme ich die mir schon bekannte innere Antwort: »Feen und Elfen bleiben nichts schuldig.«

Nun kann ich den Baum begrüßen, berühren, fühlen. Ich stelle mich genau unter ihn, lege meine Hände auf seine rauhe, dicke Haut und blicke nach oben. Er scheint direkt in den blauen Himmel hineinzuwachsen. Seine Lebenskraft zeigt sich in einer riesigen Krone, deren mit gesunden Nadeln bespickten Zweige von Bruder Wind sanft bewegt werden.

Eine starke, erhabene und sehr beruhigende Energie fließt durch seinen Stamm – und nun auch über meine Hände durch mich hindurch. »Wie viele Hundert Jahre stehst du schon an diesem Ort, mein Freund? Ob Gwenlynn dich auch gesehen, bewundert und berührt hat?«

Park mit Riesenbaum

Stundenlang könnte ich so stehenbleiben und auftanken, doch die anderen sind schon weitergegangen. Ich danke diesem Giganten für seine Liebe und seinen Jahrhunderte währenden Dienst an der Umwelt und wende mich zum Gehen. Da wird mein Blick nach unten gezogen. Direkt vor meinen Füßen liegt ein Herz: ein rotbraunes Herz aus der Rinde meines Baumfreundes, so groß wie eine Handfläche und mehrere Zentimeter dick. »Für mich?«

»Ja, Feen und Elfen bleiben nichts schuldig«, kommt die Antwort.

Dankbarkeit und Freude durchströmen mich. Josephine teilt beides mit mir und verrät, daß auch sie beim Betreten des Gartens um Erlaubnis gefragt habe. »Dann bekommst auch du ein Geschenk«, bin ich überzeugt.

Staunend gehen wir durch dieses Paradies: acht Meter hohe Rhododendronbüsche, die in voller roter Blüte stehen. Wir können darunter hindurchgehen, ihre dicken Stämme streicheln und kommen uns vor wie Zwerge. Daneben finden wir uns in einem schier undurchdringlichen

Bambuswald wieder, durch den schmale Wege geschlagen sind. Wir treten aus ihm heraus, um vor ganzen Feldern blühender Hortensien zu stehen, die in allen Farben und Größen erstrahlen. Dazwischen gedeihen Affenbäume, Palmen und Pflanzen, die ich noch nie gesehen habe und nie in diesem Breitengrad vermutet hätte. Nur eines ist im ganzen Park nicht zu finden: Ein Schild mit der Aufschrift: »Betreten verboten«. Der Ort gehört allen, die sich hierhergezogen fühlen. Wir wandern begeistert über eine Stunde durch dieses Paradies und können uns nicht sattsehen an der Farben- und Artenvielfalt. Kurz vor der Rückkehr zum Parkplatz bekommt auch Josephine ihr Elfengeschenk: vier Montbretien-Zwiebeln liegen vor ihr auf dem Boden. »Für jede von uns eine. Wir wollen sie gemeinsam in meinem Garten einpflanzen.«

»Ja, das ist der würdige Ort dafür.«

Bevor wir wieder zurückfahren, suchen wir noch den *Arts- and Crafts-Shop* in dem herrschaftlichen Haus auf, das im 19. Jahrhundert von reichen Leuten aus England in diesem wundervollen Garten erbaut wurde. Handarbeiten aus Irland werden hier angeboten: Strick- und Websachen, aus Torf hergestellte St.-Bridgid-Kreuze und andere keltische Symbole, Töpferwaren und vieles mehr. Ich kaufe einige Andenken, darunter auch eine kleine keltische Skulptur aus Torf: ein Liebespaar, das eng umschlungen *eins* ist – ein Mund, zwei Augen, zwei Körper. Es ist für meinen Mann, der mir diese Reise ermöglicht, auch wenn es ihm schwerfällt. Voller Liebe denke ich an ihn. Auf dem Boden der Figur klebt ein Zettel mit einem Vers:

»Some day after we have mastered the winds,
the waves, the tides and gravity,
we will harness for God the energy of Love;
then for the second time in the history of
the world, we will have discovered fire.«
Teilhard de Chardin

Ich lasse ihn mir von Josephine übersetzen. Er bewegt mich tief und rührt mich zu Tränen:

>Eines Tages, wenn wir den Wind, die Wellen,
die Gezeiten und die Schwerkraft überwunden haben,
werden wir die Kraft der Liebe für Gott einsetzen.
Dann werden wir zum zweiten Mal in der Geschichte
der Welt das Feuer entdecken.<

Katrin ruft mich zu sich, um mir etwas in der Kinderecke zu zeigen: Es ist derselbe kleine Bär, den ich in Deutschland bei meinem ersten Schritt auf dieser Reise geschenkt bekam. Wieder schließt sich ein Kreis …

Gegen Abend sind wir zurück in Josephines Haus. Nachdem wir uns etwas frischgemacht haben, spreche ich eine Einladung an die anderen drei aus: ein Abendessen in einem typischen irischen Pub. Die Wahl des Lokals überlasse ich unserer Irin.

Wundere ich mich noch, daß die Fahrt wieder in Gwenlynns Heimatort geht? – Nein. Wir sind um 19 Uhr in einem alten, sehr dunklen, sehr gemütlichen Pub, um sehr freundlich abgewiesen zu werden: Vor 21 Uhr sei leider kein Tisch frei. Wir reservieren ihn und – ganz beiläufig – erwähnt Josephine, daß es in der Nähe einen alten, frühchristlichen Versammlungsort gebe. Die Frage, ob Katrin und ich dorthin wollten, erübrigt sich! Wir fahren zuerst zu der Familie, der dieser Platz anvertraut ist. Sie erteilt Josephine freundlich die Erlaubnis, den Ort aufzusuchen. Wir lassen das Auto stehen und gehen zu Fuß. Gleich hinter den letzten Häusern führt ein schmaler Pfad über eine sattgrüne Wiese. Auch hier versperrt ein kleines Wäldchen den Blick. Wir durchschreiten das Rund der Bäume und betreten schweigend den Heiligen Ort. Er zeigt so viel Seltsames, daß ich gar nicht weiß, wohin ich zuerst gehen soll:

In der Mitte der großen freien Fläche steht ein steinerner Altar. Auf seiner vorderen Steinplatte sind drei Figuren eingemeißelt: ein Bischof, ein Mönch und eine Frau. Josephine weiß, daß es sich um Bischof Erc handelt und die Frau eine irische Heilige ist: St. Ita. Der Mönch ist ihr Ziehsohn St. Brendan, ein Seefahrer, der lange vor Kolumbus Amerika entdeckte! (Josephine läßt eine Widerrede ihrer deutschen Freundinnen hier nicht gelten!) Als sie ganz selbstverständlich erzählt, daß die Heilige Ita hier, an diesem Ort begraben liegt, verschlägt es uns fast den Atem! Das erklärt natürlich den Hügel hinter dem Altar, der mir bisher Rätsel aufgab. Sein Durchmesser beträgt mehrere Meter – und in seiner Mitte steckt ein einfaches, weißgestrichenes Holzschild mit blauer Aufschrift: *St. Ita's Grave.* »Oh Urgroßmutter *Eire*, wie bist du liebenswert, du und deine Menschen!«

Ehrfurchtsvoll stehen wir vor dem Grab. Könnte eine Gruft in einer prunkvollen Kirche wirkungsvoller und würdiger sein als dieser abgeschiedene Ort? Und da ist noch etwas, das unsere Aufmerksamkeit erregt: Vor dem Altar liegt ein tiefer Brunnen. Josephine erklärt, daß es sich um eine Heilige Quelle handele. Einige Stufen führen direkt zum Wasser hinunter – einem Wasser, das von einer dicken, grünen Algenschicht überzogen ist. Auf den ersten Blick sieht es nicht sehr heilig aus. In Deutschland würde hier sicherlich ein großes Schild darauf hinweisen, daß dies »Kein Trinkwasser« sei.

Neben dem Brunnen haben Gläubige vor langer Zeit eine kleine Kapelle aus Stein erbaut. Ich muß mich bücken, um durch die offene Türe zu gelangen. An den Seitenwänden hängen Sorgenzettel, ähnlich wie an dem heiligen keltischen Ort. Daneben sind Rosenkränze und Dankbriefe aufgehängt – und eine »Gebrauchsanweisung«, die Auskunft gibt, wie das heilige Wasser zu entnehmen sei!

Ja, es sind bestimmte Rituale und Gebete einzuhalten. Das erinnert mich wieder sehr an die einengenden Vorschriften der Institution »Kirche«. Josephine liest es mir vor und übersetzt: Am Grab von St.Ita sind im Knien einige Gebete zu sprechen. Anschließend muß, während man um den Hügel geht, der Rosenkranz gebetet werden. Die nächsten Gebete sind auf dem Weg zum Altar zu sprechen, vor

dem schließlich noch einmal ein Rosenkranz gebetet werden muß. –
»Lieber Gott im Himmel und Heilige Ita, verlangt ihr wirklich all das
von den Menschen, die hier Hilfe und Heil suchen?«

Ich frage innerlich nach und bekomme die erlösende Antwort
durch Prudens: »Wenn Katrin und du schön singen, gilt es genauso.«

Ich gebe diesen Satz an die anderen weiter, und meine Tochter
erklärt sich einverstanden. Josephine hat »zufällig« eine kleine Wasser-
flasche dabei, und erfüllt somit die einzig noch verbleibende Voraus-
setzung, in den Besitz des Wassers zu kommen. Wir stehen vor dem
Hügelgrab der Heiligen Ita und widmen ihr unser erstes Lied: *Dona
nobis pacem* schallt es im Kanon über den ehrwürdigen Ort. Die Vögel
rings um uns her singen mit und bilden den Hintergrundchor. Als die
letzten Töne verklungen sind, fühlen wir uns hineingenommen in eine
große Stille und Liebe.

Danach treten wir vor den steinernen Altar und schenken den Heiligen ein israelisches Friedenslied. Großer Friede und stille Freude hüllen
uns ein. Schweigend gehen wir zur Quelle. Josephine reicht mir die
Schöpfkelle, die in der Kapelle an der Wand hing. Vorsichtig steige ich
die ausgetretenen Stufen hinunter und will gerade die Flasche füllen, da
höre ich in meinem Inneren Yaspers Worte: »Trink von diesem Wasser!«

Es ist voller Algen, mit Schaudern denke ich an Durchfall und
Schlimmeres! »Trink. Vertraue.«

Widerstrebend streife ich mit der Schöpfkelle die dicke Algenschicht
zur Seite und sehe überrascht, daß darunter klares, reines Wasser fließt.
Ich kann bis auf den Grund sehen! Ich fülle die Kelle, schaue vorsorg-
lich nach, daß keine Tierchen darin schwimmen, rieche kurz daran
und trinke. Es schmeckt ein wenig modrig und doch auf eine besondere Art gut. Katrin ist entsetzt, sie wird nicht davon trinken! Doch
Josephine nimmt mir die Kelle aus der Hand und nimmt ebenfalls,
sehr bewußt und langsam, einen tiefen Schluck. Jetzt erst fülle ich die
Flasche. Meine irische Freundin erzählt währenddessen die Geschichte
dieses Ortes:

Als die Engländer in frühchristlicher Zeit Irland besetzten, verboten sie den Iren, katholische Messen zu feiern. Doch die Menschen setzten sich über das Verbot hinweg, errichteten außerhalb der Ortschaften, den Blicken Außenstehender verborgen, Altäre, um Gott zu ehren und ihm zu dienen. Heimlich feierten sie ihre Gottesdienste. In diesem Dorf hier gab es eine Verräterin, die den Engländern den Zeitpunkt der Messe verriet. Die Besatzer schlichen sich bewaffnet an und stürmten das Wäldchen und den Versammlungsplatz. Doch alles, was sie hier vorfanden, war ... eine Schafherde! Eine andere Irin hatte wiederum den Verrat ihrer Landsmännin verraten. Wundersames und geschichtenreiches Irland!

Man erzählt sich, daß der Schafbock die Briten wütend bis ans Meer getrieben und erst Ruhe gegeben habe, als der letzte Feind in den Fluten verschwunden sei. An diesem Tag sei die Quelle entsprungen und folge mit ihrem Lauf dem Fluchtweg. An bestimmten Tagen sei, nach Einhaltung der vorgeschriebenen Riten, auch heute noch am Grund der Quelle der Kopf des tapferen Widders zu sehen!

Eine andere Geschichte überliefert, daß die Engländer den Altar hätten entfernen wollen. Doch auf dem Weg dorthin sei ein Wagenrad gebrochen. Es habe eine Weile gedauert, bis sie Ersatz beschafft und den Versammlungsplatz erreicht hätten. Doch siehe – der Altar war nicht mehr da! Die irischen Christen hatten Zeit bekommen, ihn in Sicherheit zu bringen.

Erfüllt mit tiefen Eindrücken verlassen wir diesen schicksalsträchtigen Ort. So durfte ich an einem Tag zwei unterschiedliche Religionen berühren, und beide haben mich gleichermaßen bewegt. Ein Blick auf die Uhr zeigt, daß es Zeit ist, zurückzufahren und den Tisch zu besetzen. Kurze Zeit später bestellen wir im immer noch vollbesetzten Pub unser Abendessen. Ich sehe mich im Gastraum näher um. Genauso habe ich mir einen irischen Pub vorgestellt: dunkel, verraucht, laut, mit vielen freundlichen und lachenden Menschen, die dichtgedrängt an einer langen Theke und an vielen Tischen sitzen. Eine Nische oben in der Wand über der Theke erregt meine Neugier. In ihr steht ein kleiner Holzstuhl mit geflochtener Sitzfläche, daneben steht ein uraltes kleines Akkordeon. Josephine bemerkt meinen fragenden Blick und erklärt: »Der Platz für die ›kleinen Leute‹.«

Liebenswertes Irland. Es ist mittlerweile kurz nach 21 Uhr und wir verspüren großen Hunger, der angesichts der neben uns sitzenden und mit großem Appetit essenden Gäste noch verstärkt wird. Doch unsere Geduld und unsere knurrenden Mägen werden auf eine harte Probe gestellt. Die Zeit vergeht, Gäste, die nach uns kamen, erhalten noch vor uns ihre Speisen. Wir werden ein wenig ungeduldig. Es geht nun schon auf 22 Uhr zu, und wir sitzen immer noch ungestillt da. Haben sie uns vergessen? Endlich wird der erste Teller an unserem Tisch serviert – meine Bestellung. Und da wird mir schlagartig klar, weshalb diese Verzögerung stattfindet! Mein Wunschgedanke, ich hätte meinen Auftrag bereits gestern zusammen mit Josephine erfüllt, zerfließt. Wie sagte Yasper beim Vollmond im Juli? »Beim nächsten Vollmond wirst du auf dem Friedhof sein.«

Heute ist genau um 22 Uhr 29 irischer Zeit Vollmond! Trotz dieser Erkenntnis bin ich innerlich völlig ruhig, verspüre keinerlei Aufregung, keine Angst. Es ist so, wie es ist, und es ist gut. Ich beginne gelassen und mit großem Appetit zu essen. Endlich bekommen auch die anderen am Tisch ihre Mahlzeit. Kurz nach 22 Uhr 15 bin ich fertig und weihe Josephine ein, daß ich noch einmal auf den Friedhof gehen werde.

»Allein? Ist das für dich in Ordnung?« fragt sie.

»Ja, es ist gut.«

Sie geht mit mir vor die Türe und zeigt mir den Weg, schaut mir lange nach. Ich weiß, daß mich ihre Segenswünsche, ihr Licht und ihre Liebe begleiten. Es tut gut, das in meinem Rücken und meinem Herzen zu spüren. Und ich weiß, daß heute Abend viele meiner Seelengeschwister zu Hause an mich denken und jetzt an meiner Seite sind!

7

Es verwundert mich, daß es so dunkel ist. Gleich ist Vollmond, er müßte alles mit seinem sanften Licht erhellen. Doch es ist bewölkt, und die Mondin kommt nicht durch, um mich zu begleiten. Anfangs ist die Straße noch belebt, aus den Fenstern der Häuser und von den Straßenlampen herab scheint das Licht. Aber je weiter der Weg aus dem Dorf herausführt, desto dunkler und ruhiger wird es. Bald ist kein Mensch mehr zu sehen und zu hören. Unvermittelt ragt die Ruine der Kathedrale dunkel und majestätisch vor mir auf. Genauso hatte ich es mir ausgemalt, ich war mir jedoch nicht sicher gewesen, ob ich Angst spüren würde. Doch das war überflüssig gewesen: Innerlich völlig ruhig, getragen von der Liebe und Fürsorge meiner Engel und aller, die jetzt an mich denken, gehe ich an der Kathedrale vorbei, die Friedhofsmauer entlang bis zum Durchschlupf.

Es scheint mir, als würde ich erwartet. Langsam und bewußt das »Außen« zurücklassend, trete ich durch die Maueröffnung. Wie vertraute Freunde stehen die Grabsteine, -kreuze und die hohen Grüfte rechts und links neben dem Weg, den ich beschreite. Ein unsichtbarer Magnet zieht mich zu Gwenlynns Grab, zieht mich zu mir selbst. Genau in dem Moment, in dem ich die Steinplatte betrete, öffnen sich die Wolken, und die Mondin steht voll, rund und leuchtend am Himmel. *Es ist.* Für diesen Moment bin ich hierhergekommen. All das innere Drängen und Fordern findet jetzt seine Erfüllung. Ich singe nur für Gwen mein Friedenslied und werde von Yasper gebeten, noch einmal die Lichtbrücke zu bauen. Die Seele von gestern, die so gern in den Pub mitgegangen wäre, kommt mir in den Sinn, und so tue ich mein Werk voll inneren Friedens. Wieder spüre ich eine große Lichtkraft von oben in mich einströmen und nach kurzer Zeit einen Gegenstrom

Die Kathedrale

von unten nach oben. Ich darf Werkzeug sein, ich darf Kanal sein für
die Liebe des Vaters. Still und voller Dankbarkeit für dieses Geschenk
stehe ich da. Als der Strom von unten nachläßt, empfange ich eine andere
Strömung von oben, eine sanftere, liebevolle, und ich weiß ohne jeden
Zweifel: Es ist Gwenlynn, es ist dieser Teil meines Selbst, mit dem ich
jetzt *eins* sein darf. Eine nie gespürte Liebe und Dankbarkeit erfüllt
mich ... Und ich erinnere mich ... an Gwenlynns Geschichte:

Meine Geschichte beginnt vier Jahre vor meiner Geburt. – An einem
stürmischen und regnerischen Tag im Spätherbst, an dem selbst die
Einheimischen unseres kleinen Dorfes nur ins Freie gehen, wenn es
sich absolut nicht vermeiden läßt, schleppt sich eine fremde Frau mühsam auf dem aufgeweichten Weg zum ersten Bauernhaus. Sie trägt
ein kleines Bündel über der Schulter und drückt sich einige Minuten,
um zu Atem zu kommen und ihren vom Regen triefenden Kopfschal
auszuwringen, eng an die Hausmauer. Unendlich müde sind ihre

81

Bewegungen und es vergehen noch einmal lange Minuten, bis sie sich durchringt, an die Türe zu klopfen. Endlich wird ihr geöffnet. Der Bauer steht vor ihr und mustert sie feindselig. Schon wieder eine dieser Zigeunerinnen? Doch als er in ihre bittenden blauen Augen sieht, wird sein Blick freundlicher. Er betrachtet die Frau genauer: Sie ist noch sehr jung, noch nicht einmal zwanzig und trotz des erbärmlichen Zustandes, denn das Wasser rinnt immer noch von ihrem Kopf, eine bildschöne Frau. Die vollen, schwarzen Haare sind im Nacken zu einem dicken Zopf geflochten, das Gesicht ist blaß und ebenmäßig und ihre zarte Gestalt deutet darauf hin, daß sie keine schwere Landarbeit gewohnt ist. Das durchnäßte Gewand, das sie trägt, ist edel und vornehm. Schüchtern beginnt die Fremde zu reden. Ihr Dialekt verrät ihm, daß sie nicht aus der näheren Umgebung stammt. Sie drückt sich gewählt aus – und stellt eine Frage, die überhaupt nicht zu dem Bild paßt, das sich der Mann in dieser kurzen Zeit von ihr gemacht hat. »Habt ihr Arbeit für mich, egal ob auf dem Feld, im Stall oder im Haus? Ich verlange keinen Lohn, nur ein Dach über dem Kopf und Essen.«

Die wenigen Sätze kosten ihre ganze Kraft, sie sinkt noch mehr in sich zusammen. Mitleidig öffnet der Bauer die Türe mit einer einladenden Handbewegung nun ganz. Da tritt aus dem Inneren des Hauses seine Frau hinzu, schiebt ihn energisch zur Seite und mustert »das junge Ding« abschätzig. Der Bauer erklärt verlegen mit wenigen Worten den Grund des Besuches. Mißtrauisch geht der Blick der Bäuerin von ihm zu diesem jungen Mädchen. Auch sie registriert die zarte und schöne Ausstrahlung: Nein, so ein verführerisches Weib will sie unter ihrem Dach nicht haben. Sie kennt ihren Gemahl! … Unwirsch schleudert sie der jungen Frau die Worte entgegen: »Du siehst nicht aus, als wärest du eine Magd. Wir brauchen keinen Schmarotzer. Such dir einen anderen Dummen, der dich durchfüttert!«

Der Hausherr zuckt bei diesen Worten ebenso zusammen wie die Angesprochene. Als ihn die junge Frau um Unterstützung flehend anblickt, schlägt er verlegen und schwach seine Augen nieder. Da fällt auch schon die Türe ins Schloß, hinter ihr hört sie die Frau laut keifen: »Das hätte dir so gepaßt!«

Die Worte sind so verletzend, so demütigend, daß die Fremde in Tränen ausbricht. Es ist in diesen kurzen Minuten noch dunkler geworden. Sie braucht ein Dach über dem Kopf, bevor die Nacht hereinbricht. Kraftlos schlingt sie sich das tropfnasse Tuch um den Kopf, wuchtet ihr Bündel über die andere Schulter und schleicht, müde wie eine uralte Frau, die Straße entlang zum nächsten Hof. Hier wird sie bereits vom angeketteten Hund in die Flucht geschlagen. Fast ist sie froh darüber, erspart ihr dies vielleicht ja eine ebenso große Erniedrigung wie eben.

Das nächste Haus macht einen freundlicheren Eindruck. Sie wagt zu klopfen und wird von einer alten Frau mit offenem Blick begrüßt. Diese hört sich die Frage der Fremden ruhig an und will als erstes deren Namen wissen: »Kathy ...«

Sie bittet sie ins Haus, bietet ihr ein Glas warmer Milch und ein Stück selbst gebackenen Brotes an. Wie gut tut die Wärme an dem mit Torf beheizten offenen Feuer. Die nasse Kleidung beginnt zu dampfen. Nun bemächtigt sich die Müdigkeit ganz des Körpers. Die Augen fallen Kathy zu, und sie hat Mühe, sich auf dem Holzstuhl zu halten. »Du kannst gern die Nacht über bei mir bleiben, doch länger kann ich dich nicht behalten. Ich habe selbst nur das Nötigste zum Leben. Mein Sohn ist im Kampf gegen die Briten gefallen, ich habe nur noch eine einzige Kuh und bin froh, wenn ich von den Nachbarn ab und zu etwas zugesteckt bekomme. Aber ich weiß, daß der Weber erst vor kurzem eine Arbeiterin entlassen hat, weil sie ihn bestohlen hat. Du kannst es bei ihm versuchen, vielleicht lernt er dich am Webstuhl an.«

In die blassen Wangen der jungen Frau kehrt etwas Farbe zurück. Hoffnung erfüllt ihr Herz, und sie fällt der alten Witwe weinend um den Hals. Tränen der Rührung stehen nun auch der Alten in den Augen. Sie richtet ein Schlaflager für »mein armes Kind«, wie sie sich ausdrückt, gibt ihr ein rauhes, aber sauberes Leinennachthemd, legt noch ein großes Stück Torf im Feuer nach und wartet, bis Kathy sich umgezogen und hingelegt hat. Liebevoll und fürsorglich deckt sie ihren Schützling zu und betrachtet einige Minuten lang das schöne Gesicht. Fast augenblicklich ist das Mädchen in einen tiefen Schlaf gefallen. »Wo kommst du her? Wovor läufst du davon? Werde ich es jemals erfahren?« fragt sich die Alte.

Sie wringt die nassen Sachen aus, hängt sie neben den Ofen und begibt sich selbst zur Ruhe. Wie tief hat sie in der letzten Stunde dieses fremde Mädchen in ihr Herz geschlossen! Wenn ihr Sohn noch leben würde, so eine Frau hätte sie ihm gewünscht. Verwundert über diesen Gedanken, bläst sie die Kerzen aus. »Ich werde langsam wunderlich. Wie kann ich eine Streunerin so gernhaben und ihr so vertrauen?« Und doch ist es so.

Nachts hört sie Kathy stöhnen, schluchzen und stammelnde Worte sprechen. Sie versucht zu verstehen, was die junge Frau so gehetzt hervorstößt, wird aber nicht klug daraus. Tiefes Mitleid erfaßt sie.

Der nächste Morgen beginnt mit einem herrlichen Sonnenaufgang. Der neue Tag verspricht so viel: Licht, Sonne, Wärme, Freude! Als Kathy ihre Augen öffnet, dauert es einige Zeit, bis sie weiß, wo sie sich befindet. Da kommt die Alte in den Raum, lächelt sie liebevoll und vertraut an und reicht ihr einen Becher frischer Milch. Jetzt erinnert sich Kathy wieder ... auch an die Möglichkeit, Arbeit zu finden. Die Alte schaut ihr zu, wie sie sich den Schlaf aus den wunderschönen blauen Augen reibt, einige vorwitzige schwarze Haarsträhnen zurück in den Zopf schiebt. Kathy steht auf und faßt die andere voll jugendlichen Ungestüms um die Taille. Die Junge ist einen guten Kopf größer; lachend drehen sich beide voller Lebensfreude zu einem ausgelassenen Morgentanz. Ja, dies wird ein guter Tag und ein guter Neuanfang! Kathy glättet ihre trocken gewordene Kleidung und zieht das unförmige Nachtgewand aus. Sie nimmt dankbar die Schüssel warmen Wassers entgegen und beginnt, sich ohne Scheu zu waschen. Gwenlynn, so heißt die Alte, betrachtet bewundernd den schönen Körper dieser in voller Blüte stehenden Frau. Da entdeckt sie auf ihrem Rücken einige rote Striemen. Ein Entsetzensschrei entfährt ihr. Kathy dreht sich zu ihr um und wird rot. Sie hatte es ganz vergessen, dieses Andenken an zu Hause. »Zu Hause?« Bei diesem Gedanken bricht sie in Tränen aus. Sie hat kein Zuhause mehr. Gwenlynn springt auf, um die Weinende tröstend in ihre Arme zu nehmen. »Wenn du beim Weber nicht unterkommst, versprich mir, zu mir zurückzukommen. Irgendwie werden wir beide satt.«Langsam beruhigt sich Kathy wieder. Sie zieht aus ihrem Bündel einen Hornkamm, öffnet den langen Zopf in ihrem Nacken und kämmt sich die tiefschwarzen und glänzenden Haare. Ihr Blick geht in die Ferne, wird verträumt, ihre Hand streicht sich zärtlich über den Kopf. Gwenlynn versteht ... Die junge Frau erinnert sich an die liebevolle Berührung eines Mannes. Der Zauber dieses Augenblicks wird durch das wütende Gebell des Nachbarhundes zerstört. Kathy läßt sich von der Alten auf deren Bitte hin den Zopf flechten, zieht ihr Kleid an, packt ihr Bündel zusammen und verabschiedet sich. Die beiden Frauen sehen sich minutenlang in die Augen und umarmen sich wortlos. Beide können nicht sprechen, doch die Tränen, die über ihre Wangen rollen, sagen alles. Als Kathy Gwenlynn den Rücken zukehrt, ruft ihr diese noch nach: »Sag zum jungen Tuohig (sprich: Tjuhi), du kämst auf meine Empfehlung. Ich würde dich schon seit einer Ewigkeit kennen, und er könne keine bessere bekommen.«

Die Sonne strahlt vom Himmel, als eine vor Dankbarkeit tief bewegte Kathy die Dorfstraße beschreitet und den Weg zum Weber einschlägt. Bei sonnigem Wetter sieht der Ort einladend und sauber aus. In einigen Höfen, an denen die Fremde vorbeikommt, wird schon gearbeitet, und neugierige, von Männern auch unverhohlen bewundernde Blicke streifen sie. Sie schaut offen zurück und grüßt freundlich.

Das Haus des Webers macht einen gepflegten, ja wohlhabenden Eindruck. Der Garten ist liebevoll angelegt, nicht nur Gemüse und Kräuter wachsen hier, auch Blumen haben ihren Platz. Wie farbenfroh muß der Garten erst im Frühjahr und Sommer blühen! Trotz der frühen Stunde wagt es Kathy, an der Haustüre zu klopfen. Fast im gleichen Moment wird diese von innen aufgerissen. Beide Menschen, die junge Fremde und ein junger Mann, zucken erschrocken zusammen, starren sich einen Moment lang sprachlos an, um dann laut loszulachen. Der Mann wollte augenscheinlich gerade das Haus verlassen und rechnete nicht mit Besuch.

Genauso abrupt brechen beide das Lachen ab und mustern sich verlegen. Der junge Mann ist so verzaubert von der Erscheinung seines Gegenübers, daß seine Augen zu leuchten und zu strahlen beginnen und sein Mund offensteht. Kathy dagegen senkt nach einer kurzen Musterung erschrocken ihre Augen. Vor ihr steht ein Krüppel! Vor wenigen Sekunden sah sie nur in sein lachendes Gesicht, doch jetzt wird dieses Angenehme vom Anblick seines Körpers verdrängt. Das linke Bein ist ein ganzes Stück kürzer als das rechte. So macht der ganze Mensch einen verschobenen Eindruck, denn auch die linke Schulter hängt stark nach unten, sein Hals macht eine Krümmung, um den Kopf einigermaßen gerade halten zu können. Wäre er gesund, müßte sie zu ihm aufschauen, doch so blicken sie sich auf gleicher Höhe in die Augen. In diesem Moment erlischt der verklärte Ausdruck in seinem Gesicht. Er wird sich des Entsetzens in den Augen der Frau bewußt und senkt nun ebenfalls aufs Tiefste verletzt seinen Blick. Kathy wird von großem Mitleid erfaßt. Sie ergreift seine kraftlos herabhängende linke Hand und schließt sie in ihre beiden Hände. Er hebt langsam das Gesicht, über das Tränen laufen. Tränen der Traurigkeit und der Wut auf diesen Körper, der ihn daran hindert, ein glücklicher junger Mann zu sein; daran hindert, von einem hübschen Mädchen einfach nur angelächelt zu werden.

Auch Kathys Augen sind mit Tränen gefüllt. Sie schauen sich eine endlose Ewigkeit an. So viel wird in dieser Zeit zwischen ihren beiden Seelen besprochen. An so viel dürfen sich die beiden, ohne daß ihr Verstand daran beteiligt ist, erinnern. Schließlich läßt die Fremde, die ihm so vertraut ist und die er vom ersten Moment an liebt, seine Hand los und bittet darum, den Weber sprechen zu können. Er antwortet lächelnd: »Ich bin der junge Tuohig. Seit mein Vater starb, führe ich das Geschäft.«

Kathy schaut ihn überrascht an. Dann bringt sie ihre Bitte um Arbeit und die Empfehlung der alten Gwenlynn vor. Die Augen ihres Gegenübers beginnen wieder zu leuchten, und aufgeregt führt er sie in das Innere des Hauses. In der Stube bereitet eine Frau mittleren Alters das Frühstück. Er stellt sie als seine Mutter vor und erfährt erst jetzt den Namen der Fremden. Noch einmal wiederholt Kathy ihre Bitte um Arbeit. Der Blick der Mutter geht von ihrem Sohn zu dieser jungen Frau. Sie erkennt sofort, daß er sein Herz verloren hat. Zuerst erschrickt sie, denn sie glaubt, daß sich seine Hoffnungen niemals erfüllen werden. Dann jedoch erfaßt sie die Situation des Mädchens – ohne Überlegung, ganz intuitiv. Der Tonfall, in dem ihr Sohn sagt, daß er unbedingt eine Weberin brauche, um die Aufträge fristgerecht ausführen zu können, bringt sie innerlich zum Schmunzeln. Sie tut, als sei dies ein überzeugender Grund, und stimmt zu. Doch in ihrem Herzen keimt eine Hoffnung auf ...

So kommt meine Mutter in das Haus der Tuohigs. Sie wird von der Witwe freundlich aufgenommen und von ihrem einzigen Sohn mit unverhohlener Bewunderung behandelt. Er genießt es, dicht neben ihr am Webstuhl zu stehen und sie einzuarbeiten. Die Arbeit macht ihr Freude und geht ihr gut von der Hand. Sie stellt sich geschickt an und ist stolz, wenn das Tuch sichtbar wächst. Sie darf ihrer Phantasie freien Lauf lassen und entwickelt schon nach wenigen Tagen neue Muster, für die sie sogar von der Hausherrin gelobt wird. Eine eigene Kammer steht ihr zur Verfügung, und von Tuohigs Mutter bekommt sie einige Kleider, die geeigneter für die Arbeit in der Weberei sind. Außer ihr ist noch ein junges Nachbarmädchen am Webstuhl beschäftigt. Oft hört die Witwe fröhliches Lachen aus der Webstube zu sich dringen. Mit Freude sieht sie, daß auch ihr Sohn aufblüht.

Kathys anfangs so blasse Wangen überziehen sich mit einem sanften Rot. Ihre zarte, wie zerbrechlich erscheinende Gestalt wird um die Hüften ein wenig fülliger. Es steht ihr gut, und bei der Sonntagsmesse fallen ihr die begehrlichen Blicke der männlichen und die mißgünstigen der weiblichen Dorfbewohner auf. Tuohig und seine Mutter begleiten sie zur Kirche, und sie spürt die stolzen Blicke der beiden, die diese den Neugierigen zurückwerfen. In solchen Augenblicken erwidert sie das schüchterne Lächeln des jungen Meisters. Sie spürt sehr wohl, daß der Mann eine unausgesprochene Hoffnung in sich trägt und ist bemüht, diese nicht weiter zu nähren. Die Blicke seiner Mutter kann sie nicht so leicht einschätzen. Wohlwollend ruhen sie auf ihr, doch in ihnen liegt eine stumme Frage ... Einmal wird sie von einem jungen Nachbarn zum Dorffest eingeladen. Sie lehnt ab und registriert das erleichterte Aufatmen ihrer Arbeitgeber.

Sooft es die Zeit erlaubt, stattet sie der alten Gwenlynn einen Besuch ab. Die beiden sind, trotz des großen Altersunterschiedes, Freundinnen geworden. Gwenlynn stellt mit Freude fest, daß die junge Frau mehr und mehr aufblüht – dasselbe gilt wohl auch für die Hoffnung, die sich Tuohig und seine Mutter machen. Einmal entschlüpft Gwenlynn eine unvorsichtige Bemerkung darüber, doch Kathy erschrickt sehr, und die Alte erkennt, wie belastend dieser Gedanke für das Mädchen ist.

Wochen vergehen. Die Arbeit macht Kathy Freude, sie erntet Anerkennung und bekommt neben freier Unterkunft und Verpflegung auch einen guten Lohn. Trotzdem wächst in ihr eine Unruhe; immer wieder ertappt sie der junge Meister, wie sie aus dem Fenster blickt und in die Ferne starrt. Das beunruhigt auch ihn. Mit Sorgenfalten auf der Stirn registriert er die Veränderung im Verhalten der von ihm heimlich geliebten Frau.

Eines Morgens erscheint sie nicht an ihrem Webstuhl. Besorgt und von einer inneren Ahnung getrieben klopft er an ihre Kammertür. Als keine Antwort kommt, öffnet er die Tür in Panik und erfaßt die Situation mit einem Blick: Kathy hat das Haus verlassen – bei Nacht und Nebel, ohne »Auf Wiedersehen« zu sagen! Fassungslos sinkt er auf ihrem Schlaflager in sich zusammen und beginnt hemmungslos zu weinen. Sein Kopf sinkt auf das Strohkissen, auf dem noch die Mulde zu sehen ist, in der ihr geliebtes Gesicht ruhte. So findet ihn Minuten später seine Mutter. Als sie die Zusammenhänge erkennt, steigt eine tiefe Wut in ihr hoch auf diese Frau, die ihren Sohn so unglücklich zurückläßt. Doch dann besinnt sie sich auf die Notlage, in der Kathy steckt, und schöpft Hoffnung. Sie fordert ihren Sohn auf, Kathy zu folgen. »Sie kann noch nicht weit sein. Spann den Braunen vor den Wagen, und fahr ihr nach. Hol sie zurück, sie gehört zu uns, was immer auch war.«

Das Leben kehrt in Tuohig zurück. Er rennt in den Stall und muß sich zwingen, seine zitternden Hände zu beruhigen, um das Pferd vor den Wagen zu bringen. Ohne zu überlegen fährt er in Richtung Süden. Nach wenigen Kilometern sieht er weit vor sich auf der Straße die geliebte Gestalt. Kathy dreht sich nicht um, als sie das Pferdefuhrwerk hinter sich hört. Es ist nicht ungewöhnlich, daß um diese Zeit schon Bauern unterwegs sind. Erst als Tuohig vor ihr anhält und vom Wagen springt, erkennt sie ihn und will über die Wiese davonlaufen. Er hinkt hinter ihr her, holt sie ein und packt sie an der Schulter. Vom Schwung werden beide zu Boden gerissen. Er fällt auf sie, klammert sich wie ein Ertrinkender an ihr fest und stammelt hilflos Worte der Liebe. Sie hält ihre Augen geschlossen, doch unter den dunklen Wimpern quellen Tränen hervor; es ist ein lautloses, aber ebenso verzweifeltes Weinen. Endlich sind ihrer beiden Tränen geweint, beide sind so leer, daß sie minutenlang kraftlos nebeneinander im kalten, nassen Gras liegen.

Der Mann faßt sich als erster, entschuldigt sich bei Kathy, hilft ihr auf, klopft ihr unbeholfen den Schmutz vom Kleid, demselben Kleid, das sie trug, als er sie das erste Mal sah. »Kathy, bleib bei mir, bleib bei uns. Ich liebe dich. Ich weiß, daß ich ein Krüppel bin, daß ich nicht erwarten kann, von dir jemals geliebt zu werden. Aber vielleicht kannst du mich wenigstens achten und mit der Zeit ein wenig lieb gewinnen. Ich stelle keine Forderungen an dich, niemals. Mein einziger Wunsch ist es, dich an meiner Seite zu haben und ein wenig glücklich machen zu können.«

Die Frau hat mit geschlossenen Augen und hängenden Armen zugehört. Unendlich mühsam heben sich nun ihre Lider, der Schmerz in ihren blauen Augen durchfährt Tuohigs Herz. Doch auch Dankbarkeit und Zuneigung liegen in diesem Blick, der unverwandt auf ihm ruht. Sie beginnt zu sprechen: »Ich danke dir für deine Liebe. Doch ich verdiene sie nicht. Ich habe euch verschwiegen, daß ich ein Kind erwarte, das Kind eines Mannes, der nie mein Mann sein wird. Meine Eltern jagten mich aus dem Haus. Die Geliebte eines Geächteten sei nicht mehr länger ihre Tochter. In eurem Haus habe ich Achtung und Liebe gefunden. Doch nun läßt sich mein Zustand nicht mehr länger verbergen. Ich werde keine Schande über euch bringen. Nur aus diesem Grund schlich ich mich wie eine Verbrecherin davon. Verzeih mir, laß mich gehen, und bitte auch deine Mutter für mich um Verständnis und Vergebung.«

Sie hebt ihre rechte Hand, um zärtlich über die Wange des Mannes zu streicheln, der fassungslos zugehört hat. Dann bückt sie sich, hebt ihr Bündel auf und läßt ihn allein zurück. Er hört ihre Schritte auf der Straße, spürt eine Leere in sich. So viel geht ihm durch den Kopf. Er will sterben, denn ein Leben ohne sie kann er sich nicht mehr vorstellen. Ein Ruck geht durch seinen Körper. Nein, er will leben, mit ihr und mit diesem Kind! Er wird diesem Bastard seinen guten Namen geben. Auch wenn es ihm nie gelingen sollte, dieses Kind zu lieben – er wird versuchen, gut und gerecht zu ihm zu sein. Das ist der Preis, den er bereit ist, für ein Leben mit Kathy zu zahlen. Er strafft seine hängende Schulter, humpelt der geliebten Frau nach, überholt sie, zwingt sie, stehenzubleiben und ihn anzuschauen. »Ich bitte dich, meine Frau zu werden. Ich verspreche dir, ein fürsorglicher Ehemann und deinem Kind ein guter, gerechter Vater zu sein. Bitte, komm nach Hause zurück.«

Lange sehen sie sich an – bittend der Mann und hilflos die Frau. Wieder findet ein innerer Dialog statt, an dessen Ende Kathys unausgesprochenes Ja steht. Er nimmt ihr das Bündel aus der Hand, legt den anderen Arm um ihre Schultern und führt sie zum Wagen zurück. Fürsorglich und liebevoll hilft er ihr hinauf, wendet und lenkt das Fuhrwerk ins Dorf zurück. Sein linker Arm umfaßt liebevoll ihre Taille, ihr Kopf ruht an seiner verkrüppelten Schulter. Einige Menschen begegnen ihnen und schauen ihnen verwundert nach. Noch an diesem Tag wird das Gerücht die Runde machen, daß der junge Weber und seine Arbeiterin Kathy wohl ein Paar seien. Wie dieser beliebte und geachtete junge Mann trotz seiner körperlichen Behinderung ein solch hübsches und fleißiges Mädchen erobern konnte, ist vielen ein Rätsel.

Tuohigs Mutter steht in der Türe und schaut den Zurückkommenden mit Tränen in den Augen entgegen. Als sich die beiden Frauen gegenüberstehen, wird Kathy klar, daß die andere von Anfang an um ihren Zustand wußte. Voller Dankbarkeit umarmt sie die Ältere. Sie ist sich in diesem Augenblick voll bewußt, daß seine Mutter von ihr erwartet, ihren Sohn glücklich zu machen. Das ist der Preis, den Kathy zu zahlen hat!

8

Schon vier Wochen später wird Hochzeit gefeiert. Neben Tuohig, der strahlend zum Altar humpelt, schreitet Kathy. Ihre Schwiegermutter hat ihr ein wunderschönes neues Kleid schneidern lassen, und die junge Braut wird von allen Anwesenden ebenso bewundert, wie der Bräutigam um seine blühende Frau beneidet wird. Ein stilles Lächeln liegt auf ihrem Gesicht, und als sie beim Verlassen der Kirche ihren Ehemann ansieht, spüren die anderen in diesem Blick Achtung und Dankbarkeit. Sie wollen den Brautkuß sehen und können die Verlegenheit der Frischvermählten nicht verstehen. Es scheint, als müßten sich beide dazu überwinden.

Tuohig behandelt seine Frau in den folgenden Monaten wie seinen größten Schatz. Er liest ihr jeden Wunsch von den Augen ab, bringt die feinsten Sachen, den schönsten Schmuck nach Hause und ist überglücklich, wenn sie ihm dafür ein dankbares Lächeln schenkt. Es zerreißt ihr schier das Herz, zu sehen, wie sehr er sich um ihre Liebe bemüht. Er bedrängt sie nie, seit dem kurzen, oberflächlichen Kuß vor der Kirche hatten sie keinen intimeren Kontakt miteinander. Sie empfindet Schuld, doch ihr Mann scheint allein durch ihre Anwesenheit glücklich zu sein. Bald läßt sich ihr Zustand nicht mehr verheimlichen, und als die ersten Nachbarn und Freunde dem jungen Ehemann anerkennend auf die Schulter klopfen und zu seinem »Erfolg« beglückwünschen, erkennt Kathy sogar so etwas wie Stolz in seinen Augen. Eines Abends bittet sie ihn, seinen Kopf in ihren Schoß, in dem das Kind des anderen heranwächst, zu legen. Liebevoll und dankbar streichelt sie sein Gesicht und trocknet die Tränen, die ihm übers Gesicht rinnen. Sie bittet ihn um Geduld, um Zeit, mit ihren Gefühlen ins reine zu kommen. Er verspricht es ...

Wenige Monate später wird im Hause des Webers ein Kind geboren, Craig wird es genannt. Es ist ein Junge, genau so schwarzhaarig wie seine Mutter und für ein »Siebenmonatskind« außergewöhnlich groß und kräftig, wie die Nachbarn feststellen. Mit stolz geschwellter Brust läßt sich der Vater im *Teach Tábhairne* (sprich: Täch Towerne, Pub) feiern. Als er spät nachts heimkommt, steht er weinend vor seiner schlafenden Frau und dem neben ihr friedlich schlummernden Kind, das seinen Familiennamen tragen und ihn von nun an immer an den anderen erinnern wird – den anderen, den die Frau liebt, die er liebt. In diesem Moment haßt er sie, haßt dieses winzige Menschlein und sich selbst am meisten! Wie ein geprügelter Hund schleicht er sich aus der Schlafkammer und übernachtet im Stall bei seinem Pferd. So schmerzlich hatte er sich den Preis für sein Glück nicht vorgestellt.

Drei Jahre vergehen, in denen der kleine schwarzhaarige Craig heranwächst. Auf diesen Namen bestand Kathy, und ihrem Mann wird immer klarer, daß der kleine Junge nicht nur den Vornamen seines leiblichen Vaters trägt; er wird ihm auch täglich ähnlicher. Tuohig selbst war ein stilles Kind, vom Äußeren her unscheinbar und farblos, durch seine Behinderung von den anderen Kindern oft ausgeschlossen und ausgelacht. Doch dieser Junge ist ein Wirbelwind und wird von allen geliebt. Er ist überall und nirgends, neugierig auf alles und sehr temperamentvoll. Dazu besitzt er einen ausgeprägten Willen, den Tuohig meistens »Sturheit« nennt und durch Bestrafungen zu brechen versucht.

Craig wächst sehr zwiespältig auf: Von seiner Mutter wird er zärtlich geliebt und liebevoll behandelt – solange der Vater nicht in der Nähe ist. Sobald dieser dazukommt, spürt der Junge ein Erkalten im Verhalten seiner Mutter. Er versteht das nicht, und gibt unbewußt dem Mann die Schuld. Sein Benehmen ihm gegenüber wird trotzig und böse, was wiederum Bestrafungen nach sich zieht. Die *Seanmhathair* (sprich: Schanwaher; »Großmutter«) väterlicherseits verwöhnt ihn, wo immer sie kann. Sie ist stolz auf das perfekt gewachsene Kerlchen und wird nicht müde, mit ihm im Dorf spazierenzugehen und den Leuten ihren schönen, klugen Enkel vorzuführen. Und dann gibt es noch »*Mhamo* (sprich: Wamo; Kosewort für ›Großmutter‹) Gwenlynn«, zu der seine Mutter eine tiefe Liebe empfindet; diese *Seanmhathair* mag er am liebsten, denn sie liebt ihn so, wie er ist.

Das Verhalten des Webers seiner Frau gegenüber ist in den ersten Jahren der Ehe verständnisvoll und zurückhaltend. Kathy ahnt, daß er seine männlichen Bedürfnisse anderweitig stillt. Sie empfindet keine Eifersucht, nur quälende Schuldgefühle, daß sie ihrem Mann, der sie und ihren Sohn so gut versorgt, nicht die Ehefrau sein kann, die er sich wünscht. Doch sie spürt auch seine wachsende Unzufriedenheit, und eines Tages läßt er sich mit den so seltenen Streicheleinheiten nicht mehr abspeisen. Er stellt sie vor die Wahl, ihm endlich Ehefrau zu sein oder mit dem Kind zu gehen. Sechs Wochen später ist seine Frau schwanger. Sie bezahlt einen neuen Preis dafür, daß sie und ihr Sohn versorgt sind …

Wieder erfüllt Kindergeschrei das Haus des Webers. Ein Mädchen ist geboren, und Kathy besteht darauf, daß es den Namen ihrer alten Freundin bekommt: Gwenlynn. Ich bin da!

Das erste, an das ich mich bewußt erinnere, ist Craig. Er ist immer neben mir, beschützt mich, trägt mich, zieht mich in einem kleinen Holzwägelchen hinter sich her; er ist mir Bruder, Freund, Prinz, Hund, Pferd, alles, was ich von ihm verlange. Später fragte ich mich einmal, warum er keine Eifersucht auf mich, die vom Vater so offensichtlich bevorzugt wurde, verspürte. Die Antwort darauf war einfach: Ich war, neben unserer *Mhamo* Gwenlynn, die einzige, die ihn so liebte, wie er war.

Auch ich bemerke die wankelmütige Liebe meiner Mutter zu meinem Bruder. Sind wir allein, herzt und küßt sie ihn, daß ich manchmal eifersüchtig werde und mich dazwischendränge. Doch sobald Vater ins Zimmer kommt, stößt sie Craig von sich. Wir können das nicht verstehen, denn außer meinem Vater, seiner Mutter und Mamas

Freundin Gwenlynn weiß niemand, daß Craig nicht Tuohigs Sohn ist. Wir beide sollten es erst viele Jahre später erfahren ...

Die Nachbarn bestätigen immer wieder, daß die kleine Gwenlynn eine ebensolche Schönheit wird wie ihre Mutter. Mein Vater ist unglaublich stolz auf mich und liebt mich abgöttisch. Von jedem Markttag bringt er mir die schönsten Sachen mit. Nicht einmal da spüre ich Craigs Neid. Er freut sich mit mir und ist überglücklich, wenn ich heimlich die Süßigkeiten mit ihm teile. Wir beide sind unzertrennlich. Er ist mein einziger Spielgefährte, wacht eifersüchtig über mich und läßt die anderen Kinder nicht an mich heran. Unsere Mutter schimpft ihn deswegen, andererseits ist sie froh, daß er zuverlässig auf mich aufpaßt und ihr so Zeit gibt, am Webstuhl zu sitzen.

Es vergehen die Jahre. Als Craig stundenweise zu einem Lehrer geht, um Schreiben und Rechnen zu erlernen, bekomme ich das erste Mal näheren Kontakt zu anderen Kindern, zu Gleichaltrigen. Doch es fällt mir schwer, mich unterzuordnen, einzufügen in eine Gemeinschaft. Craig tut alles, was ich will, den anderen macht das keinen Spaß. Es ist ein schmerzhaftes Erkennen, daß nicht alle nach meiner Pfeife tanzen, daß nicht alles so geht, wie ich es mir in den Kopf setze. Zumindest nicht in der Zeit, in der Craig Unterricht hat. Am Nachmittag ist er wieder da – und ich bin wieder seine Prinzessin. Vater will, daß Craig mit den anderen Jungen im Dorf spielt, doch Mutter überzeugt ihn davon, daß er das beste Kindermädchen sei, das sie sich vorstellen könne.

Es wird schwieriger für die anderen Menschen, mit Craig zurechtzukommen. Er ist aufsässig. »Nein« ist sein Lieblingswort. Vater greift immer öfter zum Stock und wird nur um so wütender, wenn Craig mit zusammengebissenen Zähnen die Schläge über sich ergehen läßt und trotzdem nicht nachgibt. Ich liebe meinen Vater, doch diese Züchtigungen sind das Schlimmste, was ich in meiner Kindheit miterleben muß. Mutter und ich klammern uns dann aneinander und weinen lautlos, wissend, daß es Vater nur noch wütender macht, wenn meine Mutter sich einmischt oder dazwischengeht. Einmal kann mein Bruder fast nicht mehr gehen, solche Schmerzen hat ihm mein Vater zugefügt. Da stürme ich voller Wut auf den Peiniger zu, trommle mit meinen kleinen Fäusten gegen seinen Bauch und schreie ihn, mit meinen vielleicht fünf Jahren, haßerfüllt an: »Ich wollte, du wärest tot. Du bist ja nur neidisch, weil Craig nicht so häßlich ist wie du!«

Mein Vater hebt den Stock und holt aus, doch ich bleibe aufrecht stehen und sehe ihm in die Augen. Da läßt er ihn fallen und schaut mich mit einem Blick an, den ich nie vergessen kann: Wie ein Tier, das zu Tode verletzt wurde und nur noch sterben will. Meine Mutter tritt hinzu und führt ihn wie ein kleines Kind aus der Kammer. Ich sehe Craig das erste Mal weinen ...

Eine andere Erinnerung prägt mich, auch körperlich, für alle Zeit: Ich bin mittlerweile zehn Jahre alt geworden und mein großer Bruder (ich habe nun noch zwei kleinere Geschwister) ist mit seinen vierzehn Jahren schon fast ein Mann. Er arbeitet in der Weberei mit und hat ein besonderes Geschick dafür, Wolle anzukaufen. Durch seine energische Art wird er auch von Erwachsenen ernstgenommen, und nachdem er einige Male mit Vater bei den Schafzüchtern war, läßt ihn dieser selbständig mit den Bauern verhandeln. Ich bin stolz auf meinen Bruder, wenn sich auch unser enges Verhältnis ein wenig gelockert hat. In den letzten Jahren habe ich Freude am Spiel mit anderen Mädchen gefunden. Sie haben Verständnis für Puppenspielen und Handarbeiten, während mir Craig viel lieber das Schießen mit Pfeil und Bogen beibringen würde.

Eines Nachmittags, ich bin auf dem Nachhauseweg von einer Freundin, halten mich fünf junge Burschen in Craigs Alter auf. Sie stoßen mich herum, machen sich über das Mädchen, das immer am »Hemdzipfel« seines Bruders hängt, lustig; als sie Craig ein »verweichlichtes Kindermädchen« nennen, sehe ich Rot. Meine Angst ist verschwunden und macht einer ungeheuren Wut Platz. Ich stürze mich auf den Anführer, den Größten und Berüchtigsten von allen, packe ihn mit einer Hand an den Haaren und kratze ihm mit meinen Fingernägeln übers Gesicht. Er macht eine abwehrende Handbewegung, etwas Metallisches blitzt vor meinem Gesicht auf und im selben Augenblick verspüre ich einen rasenden Schmerz an meinem Kinn. Ich schreie laut auf und fühle, wie etwas warm an meinem Hals herabrinnt. Entsetzt schauen mich die Burschen an und laufen davon. Meine Hand, die die Ursache des Schmerzes sucht, greift in warmes Blut und in eine klaffende, tiefe Wunde. Ich presse die Hand darauf und renne schreiend nach Hause. Craig steht im Hof, sieht mich blutverschmiert auf sich zukommen und fragt mit starrem Blick nur nach dem Namen dessen, der mir dies angetan hat. Ich presse ihn heraus, er läßt den Ballen Stoff, den er eben auf den Wagen aufladen wollte, mitten in eine Pfütze fallen und stürmt davon. Meine Mutter kommt aus dem Haus und nimmt sich meiner an.

Wenig später ist die Wunde notdürftig versorgt, die Narbe soll mich lebenslang an diesen Tag erinnern. Ich sitze am Fenster und halte Ausschau nach Craig, meine Wunde schmerzt. Die anderen sind zu fünft! Endlich kommt er zurück, hält sich ebenfalls eine Hand auf die linke Wange. Blut rinnt zwischen seinen Fingern hindurch. Meine Mutter verarztet auch ihn, ohne Fragen zu stellen. Craig und ich sitzen uns gegenüber – aus unseren Augen spricht all die Liebe, die wir füreinander empfinden. Unsere Blicke sagen: »Ja, wir würden für den anderen nicht nur kämpfen, sondern auch für einander sterben.« Dieses Versprechen steht in unseren beiden Gesichtern das ganze Leben lang geschrieben …

Wenig später klopfen mehrere aufgebrachte Frauen an die Türe. Sie erzählen meinem Vater, der bis jetzt nichts von der ganzen Sache mitbekommen hat, wie übel sein Sohn ihre armen Kinder zugerichtet habe. »Er gehört eingesperrt, er ist eine Gefahr für die anderen!«

Mutter und wir Kinder sitzen ängstlich im Nebenraum. Ich blicke Craig an und sehe, wie er wütend seine Lippen zusammenpreßt.

Mutter wird bleich und erwartet wieder einen der gefürchteten Ausbrüche ihres Mannes. Da reißt dieser auch schon die Türe zur Kammer auf und ruft Craig zu sich. Mein Bruder steht langsam auf und will hinübergehen. Da springe auch ich auf, erfasse seine Hand und gehe an seiner Seite zu Vater und den Müttern der Halbwüchsigen. Vaters Blick, der eben noch voller Wut auf den Sohn gerichtet war, sieht die Verletzung in meinem Gesicht. Er stürzt auf mich zu und will wissen, was geschehen sei. Ich erzähle alles von Anfang an; die Vorgeschichte haben die anderen Burschen ihren Müttern nicht erzählt – auch nicht, daß Craig selbst eine Verletzung davongetragen hat. Eine der Mütter ringt sich zu einem »Dann seid ihr ja quitt« durch, dann gehen sie grußlos hinaus. Mein Vater untersucht die Wunden in unseren Gesichtern. Ich spüre seine große Angst und auch Wut darüber, daß seine Tochter vielleicht für immer entstellt sein wird. Mutter beruhigt ihn: Sie besuche später *Mhamo* Gwenlynn, die sich mit keltischer Heilkunst auskenne und die Wunden bestens versorgen werde. Er atmet auf und wendet sich Craig zu. Herausfordernd blickt ihm dieser direkt in die Augen. Er ist mittlerweile einen Kopf größer als Vater und wesentlich kräftiger. Wenn der Jüngere wollte, hätte Touhig keine Chance, ihn zu züchtigen. Zum ersten Mal wird uns das bewußt, und beschämt senkt der Ältere seinen Kopf. »Danke, Craig«, sagt er, »danke, daß du Gwenlynn verteidigt und gerächt hast.«

Zum ersten Mal spüre ich Achtung in der Stimme des Vaters.

Diese Episode ist für unsere Eltern das Zeichen, daß wir uns mehr in die Dorfgemeinschaft integrieren müssen. Sie melden Craig und mich zum Tanzunterricht an. Mein Bruder weigert sich, dieses »unnötige Zeug« zu erlernen, doch auf meine Bitte hin begleitet er mich. Er steht, während die anderen mühsam die komplizierten Schrittfolgen lernen, an der Wand und gibt sich völlig gelangweilt und unbeteiligt. Bald zeigt sich, daß er der geborene Tänzer ist. Allein durch das Zusehen gelingen ihm zu Hause die schwierigsten Schrittkombinationen, die er seiner weniger begabten Schwester unermüdlich und mit großer

Geduld beibringt. Die kleineren Geschwister stehen staunend daneben. Ein einziges Mal packt auch unsere Mutter das Tanzfieber, und sie wagt mit uns einen Gruppentanz. Als Vater dazukommt und traurig danebensteht, senkt sie beschämt den Kopf und geht hinaus. Vater folgt ihr, auch Craig und mir ist die Freude vergangen.

Als kleines Kind war für mich die Behinderung meines Vaters selbstverständlich. Erst als ich älter werde und Vergleiche mit den Vätern meiner Freundinnen anstelle, versuche ich von Mutter Antwort auf meine neugierigen Fragen zu bekommen. Sie erklärt mir, daß *Seanmhathair* während der Schwangerschaft einen schweren Unfall gehabt habe und ihr Sohn danach krank zur Welt gekommen sei. Einzelheiten erfahre ich nicht.

Ich habe Mitleid mit meinem Vater, der so vieles durch seine Behinderung nicht machen kann. Als ich einmal mit *Seanmhathair* darüber spreche, verfinstert sich ihr Gesicht. Ich bekomme von ihr die Antwort: »Ein Gutes hat es. Ich werde meinen einzigen Sohn nie im Krieg verlieren. Gott bewahre, daß meine Enkelsöhne kämpfen müssen.«

Krieg? Die Erwachsenen sprechen in unserer Gegenwart selten davon. Und doch ist da eine versteckte Angst zu spüren. Craig interessiert sich mehr dafür, und als jetzt Fünfzehnjähriger wird er in die oft hitzigen Gespräche der Männer mit einbezogen. Voller Begeisterung schließt er sich einer Gruppe Jugendlicher an, die an der Waffe und im Kampf Mann gegen Mann ausgebildet werden. Mit stolz geschwellter Brust erzählt er mir eines Tages, daß ihn die anderen und der Ausbilder »Rebell« nennen. »Ja, der Name paßt zu dir«, ist meine Antwort.

Eine weitere von Craigs Leidenschaften sind die Pferde. Mutter sagt einmal zu ihm, daß er das von seinem Vater geerbt habe. Dabei ist unser Vater gar kein Pferdenarr! Wir haben zwar einen Braunen, der vor den Wagen gespannt und für Fahrten zum Markt und zu den Schäfern gebraucht wird, doch mit seiner Behinderung könnte Vater gar nicht reiten. Dieses Pferd ist für Craig bald zu behäbig und zu langsam. So verdingt er sich in seiner Freizeit bei einem reichen Gutsbesitzer in der Nähe, der mehrere Reitpferde sein eigen nennt. Mein Bruder reinigt die Ställe und darf im Gegenzug ab und zu eines der edlen Pferde reiten. Der Besitzer ist von seinem Talent bald so überzeugt, daß er ihm immer öfter das Bewegen der Tiere anvertraut.

Einmal beobachte ich ihn dabei. Es scheint, als sei er eins mit dem Pferd: Es gehorcht ihm auf den kleinsten Druck seiner Schenkel, auf den leisesten Zuruf. Ich kann meinen Blick nicht von ihm wenden: So einen Bruder hat keine meiner Freundinnen. Er strahlt über das ganze Gesicht, als er meine Bewunderung und Begeisterung bemerkt.

Craig ist zu einem gutaussehenden jungen Mann herangewachsen. Er ist von kräftiger Gestalt, dazu flink und geschmeidig in seinen Bewegungen. Seine Haare hängen schwarz und wild bis auf die Schultern herab. Ein verwegener Achtzehnjähriger, der bei den Dorfschönen die besten Chancen hat. Ich bin eifersüchtig, wenn er mit leuchtenden Augen vom Tanz zurückkommt. Doch immer wieder versichert er mir, daß er mit keiner so tanzen könne wie mit seiner »Prinzessin«.

Wie fiebere ich meinem vierzehnten Geburtstag entgegen. Mutter hat aus einem selbstgewebten Stoff ein wunderschönes Kleid nähen lassen. Auch das Muster dazu hat sie selbst entworfen. Als ich es zur Anprobe anziehen darf und mich darin betrachte, sehe ich den Ausspruch meines Vaters bestätigt: »Gwenlynn ist noch schöner als ihre Mutter.«

Auch Craig betrachtet mich mit glänzenden Augen und ist stolz auf seine Schwester. Immer wieder üben wir die Schrittfolge der Tänze, denn ich darf nach meinem Geburtstag das erste Mal mit zum Dorffest. Ich kann es kaum erwarten.

Endlich ist der 1. Mai da, wir feiern *Beltaine*, den keltischen Sommeranfang. Obwohl wir Christen sind, feiern wir die alten Feste. Unser Ort ist von den Franziskanern geprägt, die außerhalb des Dorfes ihr Kloster haben. Doch sie sind tolerant und kommen ab und zu sogar selbst als Zuschauer zu unseren seit Jahrhunderten überlieferten Festen und Ritualen.

Meine Eltern, Craig und ich gehen im Festgewand zu diesem Fest; wir wollen den Sommer begrüßen. *Seanmhathair* erklärt sich bereit, zu Hause bei den jüngeren Geschwistern zu bleiben. Ich bin aufgeregt, es ist mein erster öffentlicher Tanz. Seamus, ein Nachbarjunge in Craigs Alter, wollte mich dazu einladen, doch Vater bestand darauf, daß ich das erste Mal mit der Familie ginge. »Du wirst noch früh genug einen Verehrer haben«, meint er und mustert mich mit einem Blick, aus dem ich nicht schlau werde.

Aufgeregt sitze ich neben meinen Eltern. Craig steht etwas abseits bei seinen Freunden. Sie stecken übermütig die Köpfe zusammen, lachen und begutachten die Mädchen, die nach und nach eintreffen. Einmal bemerke ich, daß einer der Freunde mit der Hand auf mich zeigt und eine eindeutige Handbewegung macht. Craig stürzt sich auf ihn und nimmt ihn in den Würgegriff. Die anderen lachen und ziehen meinen Bruder weg. Ich sehe an seinem Gesicht, daß er wütend ist und es nicht, wie seine Freunde, als Spaß ansieht.

Nach der üblichen Zeremonie, die mich eher langweilt, beginnt endlich die Musik zu spielen. Ich bin aufgeregt; »Wer wird mich zu meinem ersten Tanz führen?«

Es ist üblich, daß dies der Vater tut – doch in meinem Fall wird es nicht so sein. Ich habe Vater noch nie tanzen sehen. Mir wird weh ums Herz, denn ich erkenne, daß er nur mir zuliebe heute mitgekommen ist. Wieder spüre ich Mitleid mit ihm, das ausgelassene Tanzen konfrontiert ihn bestimmt besonders schmerzlich mit seiner Behinderung.

Meine Überlegungen werden unterbrochen, denn ich sehe den Nachbarjungen auf mich zukommen. Doch noch bevor er mich zum Tanz auffordern kann, wird er von hinten schwungvoll zur Seite geschoben und – Craig steht vor mir, mit seinem frechen unwiderstehlichen Lachen. Er zieht mich einfach hoch, ignoriert den Einspruch meines Vaters und das Schimpfen des anderen Jungen, und wir beide springen lachend Hand in Hand auf den Tanzboden. Die Musik spielt, Craig steht mir gegenüber und wir zeigen allen anderen, was tanzen heißt. Der Holzboden dröhnt unter unseren Tritten! Anfangs sind noch mehrere auf der Tanzfläche, doch sie treten nach und nach zur Seite, um uns zuzusehen. Wir steigern uns gegenseitig in einen Tanzrausch hinein, nehmen die Welt um uns herum gar nicht mehr wahr. – Es gibt nur noch ihn und mich, mich und ihn.

Als die Musik abbricht, bleiben wir keuchend voreinander stehen. Applaus, Pfiffe und Bravorufe ertönen, doch wir beide sehen uns nur an. Da umfaßt mein Bruder übermütig mit beiden Händen meine Taille, hebt mich hoch, wirft mich ein Stück in die Luft und fängt mich wieder auf. Schreiend falle ich um seinen Hals, um ihm einen Kuß auf die Wange zu drücken. Genau in diesem Moment dreht er seinen Kopf ein wenig zur Seite und ich treffe seinen Mund. Unsere Lippen berühren sich, ein elektrischer Strom durchfährt mich, ich spüre, daß es ihm ebenso ergeht. Abrupt läßt er mich los und starrt mich mit weit aufgerissenen Augen an. Da werde ich von hinten brutal an der Schulter gepackt, herumgerissen und blicke überrascht in die wütenden Augen meines Vaters. Ich verstehe nicht, ich verstehe überhaupt nichts mehr. Die Dörfler bahnen erschrocken einen Weg für Tuohig, der sich wie ein Irrer aufführt und mich wortlos vom Tanzboden und vom Dorfplatz wegzieht. Es muß ein schreckliches Bild sein, wie dieser verkrüppelte Mensch seine weinende Tochter den ganzen Weg nach Hause zerrt. Meine Mutter kommt schluchzend hinter uns nach. Vater schließt mich in meine Kammer ein und ich höre, wie er meine Mutter anbrüllt: »Ich bring ihn um, den Bastard!«

Seanmhathair kommt hinzu, doch Vater erzählt ihr nichts. Verstört zieht sie sich wieder zu den jüngeren Geschwistern zurück. Wenn ihr Sohn so aufgebracht ist, hält man sich am besten heraus. Eine Türe schlägt zu. Es wird still und nach einer Weile merke ich, wie sich leise der Schlüssel im Schloß bewegt. Meine Mutter tritt weinend zu mir. Wie zwei unschuldig zum Tode Verurteilte klammern wir uns aneinander. Wie hatte ich diesem Tag entgegengefiebert, er sollte der schönste Tag meines jungen Lebens sein. »Was war nur geschehen? Was hat unseren Vater so aufgebracht? Der ausgelassene Tanz? Der verunglückte Kuß? Es kann doch nicht so schlimm gewesen sein – oder doch?«

Mutter gibt mir keine Antwort. In unserer Festkleidung liegen wir auf meinem Bett und weinen uns, eng umschlungen, in einen unruhigen Schlaf.

Was sich weit nach Mitternacht zuträgt, habe ich nicht miterlebt. Erst viele Jahre später erzählt Craig es mir, erst da kann ich alles verstehen. Doch das ist auch *seine* Geschichte. Ich erzähle sie deshalb aus seiner Sicht:

Craig versteht die wütende und für ihn überzogene Reaktion unseres Vaters ebensowenig wie ich und die anderen Anwesenden. Nachdem wir außer Sichtweite sind und sich die Aufregung über diesen unschönen Zwischenfall gelegt hat, beginnt die Musik wieder zu spielen. Er entschließt sich, dazubleiben und uns nicht nach Hause zu folgen. Mutter ist uns nachgegangen, das beruhigt ihn. Und er weiß, daß Vater mich abgöttisch liebt und mir nichts zu Leide tun wird. Warum sollte er sich den Abend verderben lassen? Doch auch in ihm bohrt die Frage, was dieser Kuß zwischen uns bedeutete. Er schiebt die Antwort von sich ...

Weit nach Mitternacht kommt er, ein wenig angeheitert, nach Hause. Eben will er in seine Kammer gehen, da packen ihn im Dunkeln hinterrücks zwei kräftige Hände und schleudern ihn zu Boden. Er kommt nicht dazu, sich zu wehren, denn ein brutaler Faustschlag mitten ins Gesicht raubt ihm fast die Besinnung. Seine Lippe platzt auf, er schmeckt salziges, warmes Blut. Weitere Faustschläge treffen sein Gesicht. Er kann nicht einmal seine Hände schützend vor den Kopf halten, denn der Angreifer hat sich auf seinen Oberkörper und seinen Hals gekniet. Craig schnappt keuchend nach Luft, glaubt ersticken zu müssen. Als er sich nicht mehr rührt, kommt das Gesicht des anderen ganz nahe an seines. Er schaut entsetzt in diese Fratze –

und erkennt seinen Vater. »Bastard, verfluchter! Du bist wie dein Vater! Wenn du meine Tochter noch ein einziges Mal berührst, ja, wenn du sie nur anschaust, bring ich dich um! Ich schwöre es, ich erschlag dich wie einen räudigen Hund!«

Tuohig spuckt den Sohn seiner Frau angewidert an – den Sohn seines Rivalen, gegen den er nie eine Chance hatte und nie haben wird –, dann erhebt sich mühsam und humpelt hinaus.

Minutenlang liegt Craig wie bewußtlos da. Die Worte des Mannes, den er bis jetzt für seinen Vater hielt, dröhnen in seinem Kopf. Wie im Krampf wird sein junger Körper geschüttelt. In diesem Moment wird ihm so vieles klar: Er versteht den Schmerz im Blick seiner Mutter, wenn sie ihn betrachtet, ihr verletzendes, ablehnendes Verhalten ihm gegenüber, wenn ihr Mann dazukommt. Er versteht ihre verstohlenen Bemerkungen, er sei seinem Vater ähnlich, wenn sie ihn tanzen, reiten und lachen sieht. Er versteht Tuohigs Wut, als dieser mit ansehen muß, wie der »Bastard« seine Tochter küßt ... Und er versteht die Liebe zu seiner Halbschwester, eine Liebe, die über das Erlaubte hinausgeht. Doch wenn Tuohig, von dem er sich nie geliebt fühlte, nicht sein leiblicher Vater ist, wer ist es dann?

Das Zwitschern eines Rotkehlchens weckt mich am nächsten Morgen aus einem Albtraum. Meine Glieder fühlen sich wie zerschlagen an, hinter den Augen wütet ein stechender Schmerz. Wie froh bin ich, aus diesem schlimmen Traum aufwachen zu können ... Mühsam öffne ich die Augen, um im gleichen Moment entsetzt zu registrieren, daß ich noch immer mein Festkleid trage. Mir wird schmerzlich klar, daß alles Wirklichkeit war. Ich drehe mich zur Seite, meine Mutter liegt nicht mehr neben mir. Benommen setze ich mich auf. Tief aus meinem Inneren steigt ein unbändiger Haß auf: Ich hasse meinen Vater, der es nicht ertragen kann, junge und gesunde Menschen ausgelassen tanzen zu sehen, der einen so großen Neid auf seine eigenen Kinder in sich trägt. Ich hasse meine Mutter, die diesen Krüppel geheiratet und uns zur Welt gebracht hat. Ich hasse Gott, der das alles zuläßt. Ich hasse mich selbst für dieses Gefühl, das mir die Kehle zuschnürt und einen eisernen Ring um meine Brust legt.

Craig – beim Gedanken an ihn wird der Haß in meinem Herzen zur Seite gedrängt von einem Gefühl der Sehnsucht und Liebe. Ja, mein Bruder ist der einzige, den ich liebe. Auf der Stelle werde ich zu ihm gehen und mit ihm über alles reden. Ich springe aus dem Bett, reiße die Türe meiner Kammer auf und pralle fast mit meinem Vater zusammen. Wie lange schon steht er davor? Er erschrickt ebenso wie ich, als wir uns so unvermittelt Auge in Auge gegenüberstehen. Beschämt senkt er den Kopf und stammelt: »Verzeih, Gwenlynn, bitte verzeih mir. Eines Tages wirst du mich verstehen.«

Langsam hebt er seinen Blick, um sogleich schmerzhaft zusammenzuzucken. Denn aus meinen Augen springt ihn der ganze Haß an, den ich in mir trage. Und ich spreche es aus: »Ich hasse dich, Tuohig! Ich werde dich hassen, solange ich lebe!«

Uns beiden wird bewußt, daß ich ihn das erste Mal nicht Vater nenne. Ich kann es nicht.

Er schaut mich an mit dem Blick eines waidwunden Tieres, sein krummer Körper sinkt noch mehr in sich zusammen, wird von einem Weinkrampf geschüttelt. Angewidert lasse ich ihn stehen, stürme aus dem Haus zum Anbau, in dem sich neben der Weberei auch Craigs Kammer befindet. Ich reiße die Türe auf und spüre sofort, daß Craig fort ist. Das Bett ist unberührt, der Kasten, in dem seine Kleidung untergebracht ist, steht offen. Es sieht aus, als hätte er in aller Eile seine wenigen Sachen gepackt. »Craig – warum läßt du mich allein?«

Alle Kraft verläßt mich, ich lasse mich auf sein Bett fallen und weine. Da entdecke ich auf der Bettdecke und dem Fußboden Blutspuren. Panische Angst befällt mich. Was ist heute Nacht geschehen? Wo ist mein Bruder? Ich ziehe einen grobgestrickten Pullover, den er zurückgelassen hat, über mein Festkleid, das mir jetzt so verhaßt ist, erinnert es mich doch an das gestrige Geschehen. Seine Reitstiefel sind nicht mehr da. Nun weiß ich, wo ich ihn suchen muß.

Niemand hält mich auf, als ich barfuß unser Grundstück verlasse und die Dorfstraße entlangrenne. Ich komme an *Mhamo* Gwenlynns Haus vorbei. Ohne zu überlegen, stürme ich in ihre Kammer. Betroffen schaut sie mich an – mit einem Blick, der mir sagt, daß auch Craig hier war, daß sie mehr weiß. Wortlos nimmt sie mich in ihre Arme und wiegt mich wie ein kleines Kind hin und her. Es tut so gut; noch einmal fließen die Tränen des Schmerzes aus mir heraus. »*Mhamo*, sag mir, wo Craig ist. Sag mir, warum mein Vater so handelt!«

Doch sie schüttelt nur den Kopf und antwortet: »Ich darf nicht. Es ist Sache deiner Mutter, dir alles zu erklären! Doch ich soll dir von Craig ausrichten, daß er dich liebt, auch wenn er weggegangen ist und ihr euch nie mehr sehen werdet.«

Was redet sie da? Warum sollten wir uns nicht mehr sehen? Ein Gedanke, eine Idee taucht in mir auf: »Warum sollten Craig und ich nicht gemeinsam weggehen? In unserem Dorf lebt ein altes Geschwisterpaar zusammen. Sie haben nie geheiratet, führen den Hof gemeinsam und machen auf mich einen zufriedenen und glücklichen Eindruck. Warum sollte das nicht auch uns beiden möglich sein? Wir könnten die erste Zeit als Weber arbeiten. Wenn wir uns dann genug Geld verdient hätten, könnten wir uns irgendwo ein kleines Stück Land kaufen und es gemeinsam bewirtschaften. Craig könnte sich sogar eines Tages ein eigenes Pferd kaufen. Wir wären glücklich und würden miteinander alt werden.«

Diese Gedanken lassen mich nicht mehr los, beflügeln mich. »Ich werde Craig finden, er wird genauso begeistert davon sein. Mutter wird uns zwar vermissen, doch ich bin sicher, daß sie uns versteht. Und Vater? Er wird froh sein, durch unseren gesunden Anblick und unsere jugendliche Unbekümmertheit nicht mehr mit seiner Behinderung konfrontiert zu werden.«

Mhamo schaut mich fragend an. Sie kann diesen plötzlichen Gefühlsumschwung nicht verstehen. Ich habe jetzt keine Zeit, ihr alles zu erklären. Ich muß Craig sprechen. Ein letztes Mal drücke ich die alte Frau, küsse sie liebevoll und will hinausrennen. Sie hält mich zurück, drückt mir wortlos ein Paar fester Schuhe in die Hand und segnet mich mit dem Kreuzzeichen auf der Stirn. »Gott sei euch beiden gnädig«, flüstert sie mit Tränen in den Augen.

Erstaunte Blicke begegnen mir von allen, die mich unterwegs treffen. Ich sehe ja auch merkwürdig aus in meinem festlichen Kleid, mit dem groben Männerpullover darüber und an den Füßen Schuhe, die mir zu groß sind. Über eine Stunde dauert der Fußmarsch. Die frische Luft tut mir gut; die Kopfschmerzen verschwinden ebenso wie das bleierne Gefühl in den Knochen. Gegen Mittag erreiche ich endlich den Gutshof. Ich frage die Stallknechte nach Craig und ernte erstaunte Blicke. Einer zeigt mit der Hand nach Westen zum Strand.

Mein inneres Drängen läßt keine Müdigkeit zu, schnellen Schrittes lege ich den kurzen Weg zurück. Am Strand angekommen halte ich Ausschau nach seiner vertrauten Gestalt, kann ihn aber nirgends entdecken. Da höre ich ganz in der Nähe ein Geräusch, das wie ersticktes Schluchzen eines Mannes klingt. »Craig?«

Innere Angst kriecht in mir hoch: Angst vor dem, was ich vorfinden werde. Trotzdem gehe ich langsam auf das Weinen zu. Nach wenigen Schritten finde ich meinen Bruder. Zusammengekrümmt liegt er im hohen Schilfgras. Er hat mich nicht kommen hören und zuckt erschrocken zusammen, als ich neben ihm niederknie und ihn sanft berühre. Sein Körper spannt sich an, er fährt herum und reißt die Fäuste hoch. Mein Magen krampft sich zusammen beim Anblick seines Gesichtes. Die Lippen und seine Augenbrauen sind aufgeplatzt und blutverkrustet. Ein Auge ist so zugeschwollen, daß er es nicht öffnen kann. Mir wird übel, ich übergebe mich im Gras. Er kniet neben mir, hält mir den Kopf und läßt es zu, daß ich kraftlos an seine Brust sinke. Ganz zart streichelt er mir den Rücken, die Haare, das Gesicht. »Wer hat dir das angetan?« presse ich zwischen meinen Lippen hervor.

Er senkt den Blick. Ich weiß es: Vater. Wie sehr ich diesen Menschen hasse. »Craig, laß uns zusammen weggehen. Wir können wie die alten Malhoonys zusammen einen Hof führen. Wir können ...«.

Da stößt er mich mit brutaler Gewalt von sich, so daß ich unsanft im Gras lande. Entsetzt schaue ich ihn an, denn sein eben noch so liebevoller Gesichtsausdruck hat sich gewandelt. Die schiere Verzweiflung spricht aus ihm, als er mich anschreit: »Laß mich endlich in Ruhe! Verstehst du denn nicht, daß wir nie zusammensein können?«

Nach diesen Worten springt er auf, rennt wie gehetzt davon und läßt mich einfach zurück. Ich verstehe gar nichts.

Lange liege ich da, sehe nicht den Himmel über mir, höre nicht das Meer vor mir. Leere ist in mir ... ich empfinde nicht einmal mehr Haß. Ich will nicht mehr leben. »Ein Leben ohne Craig? Lieber sterbe ich!«

Unendlich mühsam erhebe ich mich, gehe ohne zu überlegen dem Wasser entgegen. Ja, wie schön muß es sein, mich von der Strömung des vorbeifließenden warmen Wassers, von dem die Leute sagen, es komme ganz aus dem Süden der Erde, mitnehmen zu lassen – in eine bessere Welt. Ich lasse *Mhamos* Schuhe im Sand stehen, streife im Weitergehen Craigs Pullover ab, ziehe auch das verhaßte Kleid aus. Das Wasser lockt mich, ruft mich, will mich wiegen ...

Ein Schaudern durchfährt mich, als ich die kalten Wellen an meinen Beinen spüre. Ich gehe weiter ... Die anrollenden Wellen schlagen über meinem Kopf zusammen, weiter ... Ich spüre keinen Boden mehr unter den Füßen und beginne zu schwimmen, der Strömung entgegen. Endlich erfaßt sie mich und zieht mich mit sich. Ich lasse mich tragen, ziehen, fallen ... Es wird schwarz um mich.

Ich ersticke, ich ertrinke. Atemnot zwingt mich, aufzutauchen und gegen das Wasser zu kämpfen. Nein, ich will nicht sterben. Ich bin zu jung zum Sterben. Ich will leben, lachen, tanzen, heiraten, eine Familie haben. Ich brauche Craig nicht. Auch er ist es nicht wert, für ihn zu sterben.

Es kostet mich alle Kraft, die noch in mir steckt, dem gefährlichen Sog des Meeres zu entkommen. Ein großes Stück von der Stelle entfernt, an der ich ins Wasser ging, taumle ich mit letzter Anstrengung ans Ufer. Keuchend liege ich im Sand, bis ich endlich die Kraft habe, zurückzugehen, die Kleidung zu suchen und mich wieder anzuziehen. Meine Zähne klappern, lange kauere ich am Boden, um zu Atem zu kommen und warm zu werden. Eine Stunde später bin ich auf dem Heimweg. Ich mache einen großen Bogen um den Gutshof.

Spät am Nachmittag komme ich völlig entkräftet zu Hause an, torkle in meine Kammer, falle wie tot aufs Bett. Mutter setzt sich neben mich, wickelt mich in warme Decken, streichelt mich, ohne Fragen zu stellen. Einmal betritt Vater den Raum. Unsere Blicke treffen sich. Ich sehe in ihnen einen so tiefen Schmerz, daß sich mein Haß auflöst, einer Gleichgültigkeit Platz macht, die mich viele Wochen gefangenhalten wird.

Unsere Familie hat das Lachen verlernt. Sogar meine jüngeren Geschwister schleichen betrübt durchs Haus. Mutter fällt in eine tiefe Trauer, die durch das zunehmend unberechenbarer werdende Verhalten meines Vaters noch verstärkt wird. Er schwankt zwischen unbändiger Wut und großer Traurigkeit. Wir beide gehen uns, so gut es geht, aus dem Weg. Ist ein Gespräch nicht zu vermeiden, beschränken wir uns auf das Nötigste. Ich arbeite wie gewohnt in der Weberei mit, Mutter gelingt es aufgrund ihrer psychischen Verfassung nur stundenweise, mich dabei zu unterstützen. Das zwingt uns, eine junge Frau aus dem Dorf einzustellen, um die Aufträge einigermaßen pünktlich ausführen zu können. Die Arbeit macht mir keine Freude mehr. Craig fehlt überall. Vater kommt mit den Bauern und den Frauen, die die Wolle spinnen, nicht zurecht. Immer mehr Käufer gehen zu anderen Webern in die Nachbarorte. Auch die Kunden werden weniger. Es ist mir gleichgültig …

Eines Morgens sehe ich, wie meine Mutter das Haus verläßt und mit einem Bündel über der Schulter die Dorfstraße entlanggeht. Angst packt mich: Wenn sie uns auch noch im Stich läßt, was wird dann aus meinen jüngeren Geschwistern, was wird aus Vater, der immer öfter zum Alkohol greift? Ich renne ihr nach und falle ihr weinend um den Hals. Sie versteht mein Gestammel nicht, bis ihr bewußt wird, welch unsagbare Angst ich davor habe, auch noch von ihr verlassen zu werden, und wie sehr ich sie liebe. Zum ersten Mal seit vielen Wochen empfinde ich ein anderes Gefühl als Gleichgültigkeit. Wir klammern uns aneinander und spüren, wie der große Eispanzer in unseren Herzen zu bersten beginnt. Hand in Hand gehen wir schließlich bis zu *Mhamo* Gwenlynn, sitzen bei ihr in der Stube und sind dankbar für den Tee, den sie uns anbietet. Schweigend betrachtet sie uns, doch ihre weisen Augen verstehen so viel. Endlich, nach so langer Zeit, gelingt es Mutter und mir, über Craig und den unseligen Tanzabend zu sprechen. Auch jetzt klärt sie mich nicht über die Hintergründe auf, obwohl *Mhamo* sie darum bittet: »Gwenlynn hat ein Recht darauf, alles zu erfahren«, meint sie.

»Sie würde es noch nicht verstehen, später ...«, antwortet Mutter.

Ich frage sie, was in dem Bündel ist, das neben ihr liegt. »Ich werde Craig seine Sachen bringen. Er wird sie brauchen.«

Mit diesen Worten steht sie auf, umarmt *Mhamo* und mich und geht hinaus. Mein Herz brennt, es sehnt sich so sehr danach, mitzugehen. Doch die Wunde, die mir Craig zugefügt hat, als er mich von sich stieß, ist zu tief. Nicht einmal einen Gruß an ihn bringe ich über die Lippen. Nachdem Mutter das Haus verlassen hat, nimmt mich *Mhamo* in ihre Arme, und ich darf weinen, denn sie versteht mich.

Vater stellt keine Fragen, als ich zurückkomme. Aber in seinem Blick liegt dieselbe Angst, die mich vor einer Stunde ergriff. In diesem Moment schmilzt der Rest des Eispanzers in meinem Herzen durch das Gefühl des Mitleids, das ich endlich, endlich wieder für meinen

Vater empfinde. »Was habe ich diesem Mann in den letzten Monaten angetan?«

Ich kann ihm nicht mehr böse sein, er ist nur noch ein Schatten seiner Selbst. Er spürt die Veränderung in mir. Wir blicken uns schweigend minutenlang in die Augen, bis ich endlich sprechen kann: »Vater, hab keine Angst. Mutter kommt zurück, und ich bin auch da.«

In seinen Augen glimmt ein kleiner Hoffnungsschimmer auf, Hoffnung auf ein wenig Glück in diesem Haus, in seiner Familie.

Spät abends kehrt Mutter zurück. Sie sieht meinen fragenden Blick, verliert aber kein Wort über ihre Begegnung mit Craig. In ihren Augen und in ihrem Gesicht erkenne ich ein stilles, zufriedenes Lächeln. Die jüngeren Geschwister sind schon im Bett, nur Vater, Mutter, *Seanmhathair* Tuohig und ich sitzen am Tisch und betrachten still die flackernde Kerze, die zwischen uns brennt. Steht sie für die Hoffnung, die jeder von uns in sich fühlt?

9

Langsam kehrt das Leben in unser Haus zurück. Der Name »Craig«
fällt nicht, es scheint, als hätte es ihn nie gegeben. Nachts wache ich
oft auf, liege auf einem tränennassen Kissen und spüre eine große
Sehnsucht nach meinem großen Bruder. Mein Verstand jagt dieses
Gefühl jedesmal schnell davon.

Wenig später ist wieder ein Dorffest. Tage vorher sehe ich meinen
Vater zum Nachbarn hinüberhumpeln. Als er wenig später zurück-
kehrt, erkenne ich in seinem Blick Zufriedenheit. Am nächsten Tag
steht schüchtern der Nachbarjunge vor mir und bittet mich, ihn zum
Tanz zu begleiten. Was ich dabei fühle? Ich kann es nicht beschreiben,
es ist zu widersprüchlich: Ich bin gleichzeitig wütend auf meinen
Vater, und ich bin ihm dankbar; ich lehne den jungen Mann ab und
freue mich über seine Einladung; ich freue mich auf das Fest und
spüre Trauer, wenn ich an meinen ersten Tanz denke. »Craig ...«

Meine Mutter richtet das Festkleid her, das ich »damals« trug und
seither nicht mehr berührte. Ich weigere mich, es anzuziehen. Soll sie
es für meine jüngere Schwester aufheben. Nie mehr werde ich tragen.
Einen Tag vor dem Fest legt sie mir ein anderes Kleid auf das Bett. Ich
liebe sie ...

Der Junge holt mich mit schüchternem Blick ab. Schweigend
gehen wir nebeneinander zum Dorfplatz. Ich habe das Gefühl, daß
alle Augen auf mich, auf uns gerichtet sind. Trotz steigt in mir auf.
»Ich bin Gwenlynn, ich bin jung und ich will leben und glücklich
sein!«

Die Musik beginnt zu spielen. Ein unsagbarer Schmerz durchzuckt
mein Herz, raubt mir fast den Atem. Craig ... Nein, Seamus! Er reicht
mir schüchtern seine Hand, und ich folge ihm auf den mit Brettern

ausgelegten Tanzboden. Er ist kein besonders guter Tänzer. Ich schließe meine Augen und tanze für mich allein. Nein, ich tanze mit Craig. Tränen laufen über meine Wangen, ich stampfe die ganze Trauer, das schmerzhafte Gefühl des Verlustes aus mir heraus, in den Boden unter mir. Plötzlich steigt ein unbändiges Lachen in mir auf, das ich nicht mehr unter Kontrolle halten kann. Ich lache und weine gleichzeitig. Die Musik hört auf zu spielen, nur ein irres Lachen ist zu hören. Ich öffne die Augen, erkenne mit Erstaunen, daß mich alle anstarren. Meine Beine haben keine Kraft mehr, mich zu halten. Seamus fängt mich auf, trägt mich vom Tanzboden, breitet seine Jacke auf dem Grasboden aus und kümmert sich fürsorglich um mich. Ich bin ihm so dankbar. Verstohlene Blicke treffen uns immer wieder. Er hält meine Hand, streichelt mir über das Haar, redet beruhigend auf mich ein. Ein letzter Schmerz durchzuckt mich, dann fühle ich: *Ich bin frei!*

Seamus weiß nicht, wie ihm geschieht, als ihn einen Augenblick später eine lachende, aufgedrehte Gwenlynn um den nächsten Tanz bittet! Er strahlt über das ganze sommersprossige Gesicht, kann das Glück kaum fassen, mir gegenüberzustehen und zu tanzen. Und: So schlecht tanzt er gar nicht. Wenn wir öfters gemeinsam üben, werden wir ein passables Pärchen sein …

Es gelingt Vater, vom Alkohol wegzukommen. Die Aufträge werden mehr, und Mutter ist in der Lage, wieder voll mitzuarbeiten. *Seanmhathair* kümmert sich um die Geschwister. Die Leute im Dorf begegnen uns nach und nach offener. Seamus besucht mich, sooft es seine Arbeit erlaubt. Er ist Torfstecher und arbeitet oft einige Tagesreisen entfernt. Einmal erzählt er mir, daß er meinen Bruder getroffen habe. Ein Mädchen sei bei ihm gewesen. »Du kennst sie, es ist die Zigeunerin Bridged. Man sagt, die beiden seien ein Paar.«

Ein tiefer Schmerz schnürt meine Kehle zu. Ich schließe die Augen, sehe Craig vor mir und diese *Tinker* (Zigeunerin). Jetzt fällt mir auf, daß ich sie schon seit einigen Wochen nicht mehr hier gesehen habe.

Sie stammt aus unserem Dorf, ist nur zwei Jahre älter als ich. Ihr Vater ist ein Trunkenbold, der sich mit Gaunereien über Wasser hält und schon im Gefängnis saß. Und ihre Mutter? Sie ist eine Zigeunerin, die irgendwann im Dorf bei diesem Mann hängenblieb und nicht den besten Ruf hat. Man erzählt sich, daß andere Männer bei ihr ein- und ausgingen, wenn ihr Mann in der Festung wieder einmal eine Strafe absitze. Trotz ihres mittleren Alters ist sie immer noch eine attraktive Frau. Ihre weiblichen Formen, ihr volles rotes Haar, ihre sprühende Lebenskraft haben sogar in den Augen meines Vaters ein begehrliches Funkeln hervorgerufen. Ich sah es selbst einmal, als wir ihr beim Kirchgang begegneten. Und ausgerechnet mit deren Tochter soll mein Bruder zusammensein? Auch über Bridged wird geredet. Sie hat das Aussehen ihrer Mutter geerbt, und obwohl wir so unterschiedlich sind – sie rothaarig und grünäugig und ich mit meinen schwarzen Haaren und den blauen Augen meiner Mutter, verspürte ich in der Vergangenheit eine Eifersucht auf sie. Ich konnte es mir nicht erklären. »Hatte sie damals schon ein Auge auf meinen Bruder geworfen? Sie paßt gar nicht zu ihm, er hat eine Bessere verdient.«

All das geht mir durch den Kopf, meine Laune ist gründlich verdorben, und der arme Seamus muß es ausbaden.

In dieser Nacht wache ich wieder einmal, nach langer Zeit, mit tränenüberströmtem Gesicht auf. Meine Wut hat einen Namen bekommen: Bridged. Ich werde nicht zulassen, daß diese Frau meinen Bruder unglücklich macht. Es liegt doch auf der Hand, daß sie nur mit ihm spielt ... und er fällt in seiner Einsamkeit auf sie herein.

Mein Entschluß steht fest: Ich werde Craig, der immer noch beim Gutsbesitzer arbeitet, aufsuchen und mit ihm reden; versuchen, ihm die Augen zu öffnen. *Mhamo* Gwenlynn, der ich erbost davon erzähle, will mich von dieser Idee abbringen. »Bridged ist nicht so schlecht, wie die anderen von ihr reden. Viele Männer würden gern mit ihr die Nacht verbringen, doch sie läßt sich mit niemandem ein. Aus Enttäuschung erzählen sie dann die tollsten Geschichten. Sie leidet darunter, mehr noch als unter dem schlechten Ruf ihrer Eltern. Ich kenne sie und mag sie. Laß die beiden glücklich miteinander sein, und werde du es mit Seamus.«

Nein, ich will das nicht hören.

Am darauffolgenden Sonntag mache ich mich auf den Weg zu Craig. Ich lege mir unterwegs genau zurecht, was ich ihm sagen werde. Es ist Herbst geworden, fast auf den Tag genau ist ein halbes Jahr vergangen, seit ich ihn weinend im Schilf fand ... und verlor. Und dann stehe ich ihm gegenüber, so unvermittelt, daß ich alles vergesse. Nur ein Gefühl und ein Gedanke beherrschen mich: »Craig, ich vermisse dich so sehr.«

Zuerst lese ich in seinen Augen ein Erschrecken, dann eine Zärtlichkeit und Liebe, die mir das Herz zerreißt. Wir schauen uns an, eine Ewigkeit lang – oder eine Minute? Da tritt von hinten Bridged hinzu, legt ihren Arm um Craigs Taille und grüßt mich. Ihre besitzergreifende Geste steht im Widerspruch zu dem Blick aus ihren grünen Augen: Ich sehe Angst und eine unausgesprochene Frage.

»Craig, ich muß dich sprechen. Allein.«

Sie schlägt die Augen nieder, läßt meinen Bruder los und geht wortlos weg. Eine rasende Eifersucht steigt in mir hoch. Ihr sinnlicher Körper, ihre langen roten Haare, die offen über Schultern und Rücken fallen, ihr wiegender Gang. Kein Wunder, daß sie bei den Männern – und bei Craig – leichtes Spiel hat.

Ich drehe mich ebenfalls um und schlage den Weg zur Bucht ein, Craig folgt mir. Ganz von allein finden meine Füße die Stelle, an der ich ihn damals fand, an der er mich voller Liebe ansah ... und dann wegstieß. »Craig, du hast ein besseres Leben verdient als das, das du jetzt führst. Bist du glücklich als Stallbursche und mit dieser Frau, die dir wahrscheinlich einredet, daß sie dich liebt?«

Eine Zornesfalte erscheint auf seiner Stirn. Angriffslustig fährt er mich an: »Du kennst sie überhaupt nicht, ebensowenig wie du mich kennst! Lebe du dein Leben, Prinzessin, und laß mich meines leben!«

So schnell gebe ich nicht auf. Noch einmal versuche ich, ihm die Zigeunerin auszureden. Da wird er richtig böse: »Entweder du akzeptierst sie an meiner Seite, oder du hast mich zum letzten Mal gesehen. Ihr kennt sie alle nicht. Weißt du, wie ich sie kennenlernte? Ich war in der ersten Zeit, nachdem ich von zu Hause weggegangen war, abends oft heimlich in unserer Bucht, starrte stundenlang voller Heimweh aufs Meer oder auf unser Haus. Eines Tages hörte ich eine Frau um Hilfe rufen. Im ersten Moment dachte ich, du wärest es, und rannte in die Richtung, aus der die Rufe kamen ... und jetzt nur noch ein Keuchen zu hören war. Ich sah einen Mann im Schilf liegen, der mit einer Frau, die er unter sich festhielt, kämpfte. Voller Wut riß ich ihn herum ... und sah in das erstaunte, dann sich zum Grinsen verziehende Gesicht eines Gleichaltrigen aus unserem Dorf. Du weißt schon, es war derselbe, der uns damals unsere Schönheitsmale ins Gesicht gravierte. Verschwörerisch sagte er zu mir: ›Ist doch nur die Zigeunerin, der Bastard.‹ Da brannten mir alle Sicherungen durch. Er wußte gar nicht, wie ihm geschah, als ich mich auf ihn stürzte und auf ihn einprügelte. Ich hatte mich nicht mehr unter Kontrolle, der ganze Haß und Schmerz hatte ein Ventil gefunden. Wenn Bridged mich nicht mit aller Kraft von ihm weggezogen hätte, wäre ich zum Mörder geworden. Hat man im Dorf nicht darüber gesprochen? Seit diesem Tag sind wir zusammen. Und wir sind glücklich, ob es dir paßt oder nicht.«

Nach einer kurzen Pause fügt er mit einer unbeschreiblichen Verbitterung in seiner Stimme hinzu: »Auch Bastarde haben ein Recht, glücklich zu sein.«

Ein letzter Blick aus seinen blauen Augen versinkt tief in den meinen, streichelt ein letztes Mal mein Herz. Dann dreht er sich um und läßt mich mit einem Gefühl des endgültigen Verlustes allein zurück. Ich gehe nach Hause.

Seamus bemüht sich um mich. Doch was er auch tut, er hat keine Chance gegen Craig, der in mir allgegenwärtig ist. Seamus erster

Versuch, mich zu küssen, ist gleichzeitig das Ende unserer Freundschaft. Noch einige andere junge Männer aus dem Dorf versuchen ihr Glück bei mir. Doch keiner tanzt so, lacht so, reitet so wie der Mann, der nie mein Mann sein kann.

Dann überstürzen sich die Ereignisse. Die Briten fallen in unser Land ein, überrennen ein Dorf nach dem anderen. Obwohl unsere Männer bewaffnet sind, wäre ein Widerstand unsinnig, zu groß ist die Übermacht der Feinde. Die Kirchenglocken läuten mitten in der Nacht und verkünden es von Dorf zu Dorf. Es ist das Signal zur Flucht. Frauen, Kinder und ältere Männer bringen sich in der Kathedrale in Sicherheit. Die kampffähigen jungen Männer ziehen sich mit den Waffen ins Bergland zurück, um von dort einen Widerstand aufzubauen und einen Befreiungsschlag vorzubereiten. Seamus und mit ihm einige andere junge Dorfbewohner verlassen Hals über Kopf ihre Familien. Tief in meinem Herzen weiß ich, daß auch Craig, der Rebell, unter ihnen ist.

Die Besatzer unterwerfen einige Provinzen unserer Insel. Die Nachrichten sind dürftig, doch wir haben Hoffnung, daß uns die im Norden lebenden Landsmänner zu Hilfe kommen. Vorerst heißt es: Ruhe bewahren, um unnötiges Blutvergießen zu vermeiden. Die Briten halten auch unser Dorf besetzt, verhalten sich aber der Zivilbevölkerung gegenüber menschlich. Das Leben normalisiert sich, soweit das möglich ist. Den Besatzern fällt wohl auf, daß keine jungen Männer hier sind. Bestimmt macht sie auch die fehlende Gegenwehr und die unerwartete Unterwerfung unserer Leute mißtrauisch. Wir wissen, daß unsere Männer im Untergrund die Vertreibung der verhaßten Besatzer vorbereiten.

Aus Sicherheitsgründen und um ihre Familien vor Vergeltungsschlägen zu schützen, geben sich die versteckten Kämpfer Tarnnamen. Immer öfter hören wir vom »Rebell«, der zum Anführer der Untergrundkämpfer wurde. Er sei ein unerschrockener Mann, der nicht einmal den Teufel fürchte. Über seine hinterlistigen Angriffe, die den

Briten große Verluste zufügen, wird hinter vorgehaltener Hand gesprochen. Der Rebell? Ich kenne ihn ... und sterbe fast vor Angst um ihn.

Wenn Craig in den Bergen ist, wo ist dann Bridged? In unserem Dorf ist sie nicht wieder aufgetaucht. Ich würde ihr zutrauen, daß sie ein britisches Soldatenliebchen ist. Allein wenn ich an sie denke, krampft sich mir der Magen zusammen.

Die Monate vergehen. Wir erfahren, daß in den Nordprovinzen unsere Befreiung vorbereitet wird. Auch den Besatzern wurde das wohl zugetragen, und sie verschärfen das Ausgehverbot. Nachts ist es lebensgefährlich, sich auf die Straße zu begeben.

Ich liege in einer Neumondnacht schlaflos in meinem Bett und denke an Craig: »Wo mag er jetzt sein? Lebt er überhaupt noch?«

Auch unter den Rebellen gab es Tote. Da klopft es leise an mein geschlossenes Kammerfenster. Erschrocken zucke ich zusammen. Noch einmal höre ich das leise Klopfen, und ich erkenne einen Rhythmus, der mir die Kehle zuschnürt: Craig! Als Kinder hatten wir dieses Erkennungszeichen. Wenn mein Bruder wieder einmal Stubenarrest hatte, weil Vater ihm seine Sturheit austreiben wollte, brachte ich ihm heimlich etwas zu essen. Dieses Klopfen war unser Zeichen.

Ich springe aus dem Bett, stürze zum Fenster und öffne es. Craig steht vor mir. Sein Gesicht ist mit Kohle geschwärzt, auch seine Kleidung ist schwarz. Ich höre ganz in der Nähe das leise Schnauben eines Pferdes. Mein Herz schlägt wie wild. Craigs Stimme klingt fremd, gehetzt: »Gwenlynn, bitte hilf uns. Du bist die einzige, der ich es zutraue. Bridged ... sie bekommt ein Kind, und niemand ist da, der ihr helfen kann. Gwenlynn, es ist mein Kind! Bitte, hilf ihr, um meiner Liebe zu dir willen!«

Mein Herz ist leer, so leer. Kein Haß mehr auf die andere, keine Angst vor der Nacht und dem langen Weg, der vor mir liegt. Nur Leere. Wie eine Marionette ziehe ich mir einen alten schwarzen Rock über, dunkle Oberkleidung, binde mir ein schwarzes Tuch um den

Kopf. Wortlos reicht mir Craig, der immer noch draußen steht, Kohle, damit auch ich mein Gesicht schwärze.

Nur ganz kurz taucht in mir die Frage auf, ob ich meinen Eltern Bescheid sagen soll. Craig ahnt den Gedanken und schüttelt langsam den Kopf. Da erst wird mir bewußt, was für ein »Himmelfahrts-Kommando« das ist, auf was ich mich hier einlasse. »Sobald ich das Haus verlassen habe, darf ich nicht mehr Gwenlynn Tuohig sein. Sollte ich in der Begleitung des Rebellen gefaßt werden ...«, ich denke den Satz nicht zu Ende.

Craig weiß genau, was in mir vorgeht. Seine Augen sind weit aufgerissen und schreien seine Bitte lautlos mitten in meine Seele. »Hilf, dem Kind zuliebe, das für nichts etwas kann.«

Entschlossen steige ich durch das Fenster, lasse mich von ihm auf das Reitpferd heben, spüre einen Moment später seinen starken, kraftvollen Körper nah an meinen gepreßt.

Unser Haus liegt am Ortsrand, direkt dahinter beginnt ein kleines Wäldchen. Er lenkt das Pferd auf weichem Boden langsam über das kurze Wiesenstück. Wenn jetzt eine britische Patrouille in der Nähe ist ... Wir atmen beide auf, als wir zwischen den schützenden Bäumen verschwinden.

»Craig ... « so hatte ich mir das Wiedersehen mit ihm nicht vorgestellt.

Wie groß war meine Angst in den letzten Wochen, weil ich nichts mehr vom »Rebell« hörte. Er lebt! Ich spüre seinen warmen Atem in meinem Nacken. Wir reiten die ganze Nacht hindurch, abseits von Straßen und Ortschaften, verbergen uns manchmal, wenn mein Bruder Gefahr wittert. Er spricht kein Wort, seine Sinne sind aufs äußerste konzentriert. Das Pferd gehorcht ihm bedingungslos, kein einziges Mal gibt es ein Schnauben oder Wiehern von sich. Wehmütig erinnere ich mich daran, wie ich ihn beim Gutsbesitzer mit dem Pferd verschmolzen reiten und über Hindernisse springen sah. »Wie lange ist das her? Eine Ewigkeit ... und doch erst vier Jahre.«

Eine große innere Unruhe treibt ihn vorwärts. Noch vor dem Morgengrauen verbergen wir uns im Stall eines Bauern. Er scheint Craig zu kennen, grüßt ihn voller Achtung, nimmt wortlos die Zügel des Pferdes und führt es in einen Stall. Uns schickt er auf den Heuboden, bringt wenig später Wasser, Brot, Käse und einige Decken. Mir wird klar, daß wir tagsüber hierbleiben werden, daß unser Ziel noch weiter entfernt liegt.

Schweigend essen wir. Eine eigenartige Fremdheit macht sich zwischen uns breit. Es liegt nicht nur an unseren schwarzen Gesichtern. Zuviel Unausgesprochenes steht zwischen Craig und mir. Keiner von uns beiden wagt es, in alten und noch so schmerzenden Wunden zu rühren. Wir drehen einander den Rücken zu und versuchen zu schlafen.

Ich werde von den Geräuschen auf dem Hof geweckt, öffne meine Augen und blicke direkt in Craigs geschwärztes Gesicht. Er liegt neben mir, hat das Kinn auf beide Hände gestützt und betrachtet mich. Ich muß lachen, er sieht zu komisch aus. Sein ernstes, nachdenkliches Gesicht entspannt sich, er lacht mit, denn ich muß sein Spiegelbild sein: hellblaue Augen, strahlend weiße Zähne in einem kohlrabenschwarzen Gesicht. Für einen kurzen Moment sind wir wieder die beiden unzertrennlichen Geschwister, die gemeinsam Streiche aushecken, für die Craig allein bestraft wird. Genauso schnell ist unsere Ausgelassenheit wieder verschwunden, verjagt von innerer Unruhe. Alle paar Minuten steht er auf, um nach dem Stand der Sonne zu schauen. »Wann ist es endlich Abend? Bridged, wird sie durchhalten?«

Es wundert mich, daß meine negativen Gefühle dieser Frau gegenüber nicht mehr so stark sind wie früher. Vielleicht weil sich die alte Verbundenheit zwischen ihm und mir langsam wieder einstellt?

Der Bauer versorgt uns noch einmal mit Nahrungsmitteln. Den ganzen Tag über haben wir keine britischen Soldaten bemerkt. Es ist ein friedlicher Ort, fast könnte man vergessen, daß das Land vom Feind erobert und besetzt ist.

Endlich ist es dunkel. Der Mond zeigt sich heute wieder als schmale Sichel und lockt den besorgten Blick meines Bruders zum Himmel empor: »Gott sei Dank: Es ist bewölkt, die Nacht wird dunkel bleiben.«

Der Bauer umarmt uns beim Abschied mit Tränen in den Augen, schickt Grüße an seinen Sohn mit. Wieder hilft Craig mir aufs Pferd, schwingt sich hinter mich und lenkt das Tier weiter in Richtung Berge. Es tut so gut, ihn zu spüren. Ich fühle keine Angst, nicht vor dem, was unterwegs passieren könnte, und auch nicht vor dem, was mich am Ziel erwartet. Im Moment gibt es nur ihn und mich. Meine Augen sind geschlossen, doch am vorsichtigen tastenden Gang des Pferdes merke ich, daß es unebener und wenig später steiler wird. Wir haben die Berge erreicht. Ein Gedanke taucht in mir auf: Wird mich Craig zurückbringen? Wenn Bridged ihn braucht, muß ich den Weg nach Hause vielleicht allein finden. Ich werde mir die Strecke genau merken, denn Craig darf sich und mich nicht noch einmal einer solchen Gefahr aussetzen. Aufmerksam präge ich mir die Umgebung ein.

Plötzlich ertönt ein scharfer Pfiff. Craig hält das Pferd an und antwortet auf ähnliche Weise. Da sind wir auch schon von mehreren Männern umringt. Sie helfen mir herunter, umarmen meinen Bruder, der ebenfalls abgestiegen ist und sie fragend anschaut. Betroffen senken sie den Kopf. Er läßt uns stehen und stürmt davon. Ich blicke in die Gesichter der Männer. Einige kenne ich, auch Seamus ist unter ihnen. In diesem Moment geht die Sonne auf und strahlt mit seinen Augen, die unverwandt auf mich gerichtet sind, um die Wette. Er ist in diesen wenigen Monaten älter geworden, männlicher, ernster. Ich halte seinem Blick stand und lächle zurück. Schüchtern faßt er meine Hand und führt mich in die Richtung, in die Craig davonstürmte. »Hoffentlich lebt sie noch. Die letzten Tage waren furchtbar. Sie hat keine Kraft mehr.«

Wir gehen auf eine kleine, aus aufgeschichteten Steinen bestehende Hütte zu. Vor der angelehnten Holztüre bleibt Seamus stehen und läßt meine Hand los. Ich zögere: »Was wird mich dahinter erwarten?« Da höre ich das Stöhnen zweier Menschen. Wenn ich helfen kann, werde ich es tun. Entschlossen trete ich ein. Es ist düster in diesem einzigen Raum, der die Hütte bildet. Meine Augen benötigen einige Zeit, bis sie sich daran gewöhnt haben und Einzelheiten erkennen. Das erste, was ich sehe, ist Craig, der auf dem Boden vor einem einfachen Lager kniet und die Arme um den Oberkörper einer Frau geschlungen hat. Ich trete näher ... und bleibe erschrocken stehen: »Ist das Bridged?«

Das Haar der Frau, die dort liegt, ist schweißverklebt, ihr Gesicht aufgedunsen, ihre Augen sind vor Schreck geweitet. Die Decke, die über ihren Körper gelegt ist, wölbt sich über dem Bauch, in dem das Kind meines Bruders darum kämpft, geboren zu werden, leben zu dürfen. »Willst du wirklich in diese Welt kommen?« frage ich es innerlich.

In diesem Moment bäumt sich die Gebärende auf und beginnt zu schreien. Craig stürzt auf mich zu, packt mich an den Schultern und schreit mich an: »Tu doch was, hilf ihr doch! Sie stirbt!«

Die Knie zittern, mein Herz schlägt mir bis zum Halse. Was erwartet er da von mir! Ich habe noch nie eine Geburt miterlebt. Da geschieht etwas Eigenartiges: In meinem Inneren taucht *Mhamo* Gwenlynn auf. Ich sehe ihr weises gütiges Gesicht, glaube ihre Stimme zu hören: »Hab keine Angst, Gwenlynn, ich leite dich an.«

Eine unendliche Ruhe kommt über mich. »Ja, *Mhamo* wird helfen. Sie kennt sich in keltischer Heilkunst aus und machte schon öfter die Andeutung, daß sie mich auch darin unterweisen wolle.« Heilkundige besitzen besondere Fähigkeiten, das weiß ich. Und ich weiß in diesem Moment, daß *Mhamo* hier ist, durch mich hier ist und helfen wird.

Craig bemerkt meine Veränderung und ist überrascht, als ich ihm jetzt mit fester Stimme Anweisungen gebe: heißes, abgekochtes Wasser; saubere Tücher; ein Messer. »Ein Messer?«

»Frag nicht.«

Ich knie neben Bridged, kühle ihre fieberheiße Stirn mit lauwarmem Wasser. Als die nächste Wehe kommt, drücke ich mit beiden Händen und mit aller Kraft von oben nach unten auf ihren Bauch. Ich knie fast auf ihr. Sie schreit vor Schmerzen auf, schaut mich entsetzt mit den Augen eines fast zu Tode gequälten Tieres an. Ich schreie sie an: »Preß, preß deinen Sohn heraus! Der Sohn des Rebellen wird leben.«

Ihre Augen beginnen zu glänzen. Craig kniet wieder neben ihr, ihre Hände krallen sich an seinen Schultern fest. Er leidet dieselben Schmerzen wie sie, läßt mich aber so handeln, wie es mir *Mhamo* vorgibt.

Eine unglaublich starke Wehe bäumt Bridged auf. Ich reiße die Decke von ihrem Körper, drücke ihre Beine auseinander und sehe das kleine Köpfchen, das wie ein Pfropfen feststeckt. Ohne weiter zu überlegen, nehme ich das Messer, um den notwendigen Dammschnitt zu tun. Ich höre Bridgeds Schrei, der nichts Menschliches mehr hat, umfasse das kleine Köpfchen, das in diesem Moment meinen beiden Händen entgegenkommt und drehe, winde, ziehe den weißverschmierten und blutbesudelten kleinen Körper heraus. Craig ist aufgesprungen, als ich das Messer zur Hand nahm; er hat wie gelähmt zugesehen und steht nun fassungslos vor seiner Schwester, die eben als Hebamme *seinem Sohn* ins Leben half. *Mhamo* zeigt mir innerlich, wie die Nabelschnur zu durchtrennen ist und wie ich dieses Menschlein »ins Leben zu klatschen« habe: Liebevoll und doch kraftvoll erteile ich ihm den ersten Schlag seines Lebens. Ich lächle dabei: Wenn alle Schläge, die du je bekommen solltest, mit derselben Liebe erteilt werden, wirst du ein glücklicher Mensch sein. Er bestätigt es mit einem krähenden, lauten Schrei. Bridged stöhnt wieder. Ich nehme das Neugeborene, gehe zu ihr, und lege es auf die Brust. »Bridged, du hast einem Sohn das Leben geschenkt. Schau, der Sohn des Rebellen!«

Sie öffnet unendlich mühsam ihre Augen, umfaßt ihr Kind mit einem zärtlichen Blick, sucht die Hand ihres Mannes. Die Zeit bleibt stehen. Ich gehöre nicht dazu und trete zur Seite. Craig legt seinen Kopf neben den kleinen Körper seines Sohnes auf die Brust der Frau und weint lautlos. Ich stehe am Fußende des Bettes und versuche, die Blutung mit Tüchern zu stillen. Bridged öffnet mühsam ihre Bluse, legt mit langsamen Bewegungen ihr Kind an die Brust. Der Kleine beginnt sofort hungrig zu saugen. Ein glückliches Lächeln kämpft im Gesicht der jungen Mutter gegen die größer werdende Schwäche. Mit Sorge registriere ich, daß die Blutung nicht aufhört. Doch *Mhamo* erteilt mir keine weiteren Anweisungen.

Bridged richtet sich ein wenig auf und flüstert fast unhörbar meinen Namen: »Gwenlynn?«

Ich trete neben sie. Es kostet sie so viel Kraft, weiterzusprechen: »Hab Dank. Ich bitte dich, für unseren Sohn zu sorgen. Ich werde es nicht können. Nennt ihn nach seinem Vater ›Craig‹ und erzählt ihm eines Tages, daß ihn seine Mutter unendlich liebte.«

Ich höre das laute Schluchzen meines Bruders, dessen Kopf immer noch nahe an ihrem Gesicht ruht. Tränen laufen auch über meine Wangen. Alle Eifersucht, aller Haß auf diese Frau sind verschwunden. Wir beide, sie und ich, sind verbunden durch die Liebe zu demselben Mann. Ich kann es zulassen, sie an seiner Seite zu sehen. Denn ich werde als seine Schwester ebenfalls neben ihm sein können. Eine tiefe Liebe zu Bridged durchströmt mich.

Immer noch ist ihr flehender Blick auf mich gerichtet. Ich kann nicht sprechen, doch ich nicke ihr zu und meine Augen antworten: »Ja Schwester, ich schwöre es dir.« Erschöpft sinkt sie auf das Kissen zurück.

Ich decke sie fürsorglich und liebevoll zu und gehe nach draußen. Diese Minuten gehören der jungen Familie. Seamus steht in der Nähe und kommt mir mit fragendem Blick entgegen. »Der Rebell hat einen Sohn«, sage ich stolz.

Sein Gesicht verzieht sich zu einem breiten Grinsen, er faßt mich an beiden Schultern und dreht sich mit mir im Kreis: »*Eire* wird ewig leben!« ruft er euphorisch.

Dann stürmt er davon, um den anderen Männern die frohe Botschaft zu überbringen.

Jetzt erst beginnen meine Knie zu zittern: »Was habe ich getan? Ich? Nein, es war *Mhamo* Gwenlynn, deren Gegenwart ich jetzt noch deutlich spüre. *Mhamo*, du weißt so viel, wirst du es mich lehren?«

Ich spüre ein inneres Ja. Die Freude, die mich dabei durchströmt, wird von Craig unterbrochen, der aus der Hütte stürmt und mich anschreit: »Sie stirbt, mein Gott, Bridged stirbt!«

Ich stürze hinter ihm her und erkenne mit einem Blick, daß er die Wahrheit spricht. Alle Kraft, alles Leben fließen aus ihr heraus. Ihre Wangen sind eingefallen, ihr Blick starr und trüb zur Decke gerichtet. Das Kind liegt immer noch, jetzt leise wimmernd, auf ihrer Brust. Wieder spüre ich *Mhamo*: »Du kannst nichts mehr tun. Es soll so sein.«

Ich höre mich selbst ihre Worte laut sprechen. Craig sinkt neben seiner Frau nieder und wird von einem haltlosen Weinen geschüttelt. Ich trete von der anderen Seite hinzu und schließe ihre Augen, die den geliebten Mann und das Kind nie mehr sehen werden.

Das Neugeborene weint lauter. Ich nehme es in meine Arme und trete hinter seinen Vater. »Craig, nimm deinen Sohn. Er braucht dich.«

Er dreht sich langsam um und schaut mich an. Der Schmerz in seinem Gesicht ist so tief, daß ich das Gefühl habe, ein Messer bohre sich auch durch mein Herz. Tonlos stößt er hervor: »Bring ihn weg von hier. Bitte, bring ihn weg!«

Mhamo meldet sich wieder. Ich gehe zu dem einfachen Holztisch, auf dem das warme Wasser steht, beginne den kleinen protestierenden Kerl zu waschen, wickle ihn in saubere Tücher und verlasse die Hütte mit dem Bündel auf dem Arm. Die anderen Männer stehen davor. Seamus kommt auf mich zu. Leise, mit niedergeschlagenem Blick flüstere ich: »Bridged ist tot. Ich nehme den kleinen Craig mit nach Hause. Paßt auf seinen Vater auf.«

Ohne daran zu denken, wie schwierig es werden würde, tue ich die ersten Schritte. Seamus hält mich zurück. In seinen Augen erblicke ich

mein Spiegelbild: Mit Kohle geschwärzt, hungrig und sterbensmüde.
»Ich bring dich zurück«, sagt er bestimmend.

Wir folgen den Blicken der anderen Männer zur Türe der Hütte. Craig tritt heraus. Seine schwarzen Haare hängen ihm in die Augen, die müde und glanzlos ins Leere starren. Die Männer treten auf ihn zu, umarmen ihn wortlos und voller Mitgefühl. Er läßt es regungslos über sich ergehen. Sein Blick sucht mich. Mit steifen Schritten kommt er auf mich und seinen Sohn zu. Er nimmt ihn mir aus den Armen, hält ihn vor sich hoch und betrachtet ihn lange und genau. Der Kleine öffnet erstaunt seine Augen. Es ist, als präge sich Craig jede Einzelheit dieses verschrumpelten roten Gesichtchens mit seinen himmelblauen Augen und den schwarzen Haaren ein und als würde der Kleine dasselbe bei seinem Vater tun. Wir anderen stehen ergriffen daneben, keiner der Männer schämt sich seiner Tränen.

Schließlich zieht mich Seamus zur Seite und führt mich zu einem Bottich mit warmem Wasser. Er hilft mir, die Schwärze aus dem Gesicht zu waschen. Einer der Männer kommt weinend aus der Hütte und reicht mir ein sauberes Kleid, das Bridged gehörte. Ich verstehe: Ordentlich gekleidet, mit einem Baby auf dem Arm, falle ich am wenigsten auf. Die Chancen, wohlbehalten heimzukommen, sind größer als in Begleitung eines jungen Mannes. Ich ziehe mich um und nehme dankbar den Teller mit Hühnerbrühe an, den man mir reicht. Die Wärme der Suppe bringt meine Kraft zurück.

Gestärkt gehe ich auf Craig zu, der ein wenig abseits mit dem Kind auf dem Arm steht. Der Schmerz überwältigt ihn, als er mich in ihrem Kleid sieht. Er kommt mir taumelnd ein paar Schritte entgegen. »Ich begleite euch ein Stück zurück.«

Doch zuerst zieht es mich noch einmal in die Hütte. Allein betrete ich sie, gehe langsam auf das Lager zu, um mich von Bridged zu verabschieden. Wie schlafend liegt sie auf der Felldecke, ihre Gesichtszüge sind entspannt. Craig hat ihre Kleidung und ihr Haar in Ordnung gebracht, und es wie einen roten Kranz um ihr Gesicht ausgebreitet.

Schön sieht sie aus, zufrieden und irgendwie stolz. Ja, sie strahlt einen Stolz aus, den sie im Leben nie hatte. »Du hast Grund, stolz zu sein. Bridged. Du hast dem Mann, den du liebst und der dich liebt, einen Sohn geschenkt. Ich werde mein Versprechen einlösen, ich schwöre es.« Noch einmal spüre ich *Mhamo* Gwenlynn in mir. Gemeinsam streicheln wir der Toten noch einmal zärtlich über die Wange. Wie groß muß die Liebe dieser Frau zu Craig gewesen sein, daß sie ihm an diesen unwirtlichen Ort folgte. Tief aus meinem Herzen kommt die Erkenntnis: Ich würde das gleiche für ihn tun. Entschlossen drehe ich mich um und gehe hinaus.

Die Männer stehen neben Craig, der immer noch seinen Sohn auf dem Arm hält. Seamus hängt mir eines von Bridgeds warmen Schultertüchern um und reicht mir einen Bauchgurt, an dem eine kleine Vorratstasche befestigt ist: »Wasser, Brot und Ziegenmilch. Mehr hab ich nicht.«

Dankbar schaue ich in seine Augen, aus denen so unverhohlen seine Liebe zu mir spricht. »Oh, Seamus.«

Craig drängt zum Aufbruch. Wir sind ausschließlich bei Nacht hergeritten, den Heimweg zu Fuß werde ich nun bei Tag antreten. Ich möchte ihm seinen Sohn abnehmen, doch er schüttelt den Kopf. Vorsichtig, Schritt für Schritt, geht er mit dem schlafenden Kind auf dem Arm den Weg ins Tal.

»Craig, ich habe Bridged Unrecht getan. Es tut mir so leid. Ich hätte ihr das gern gesagt … und auch, daß ich sie jetzt wie eine Schwester lieben könnte.«

Craig ist bei diesen Worten stehengeblieben. Ich drehe mich zu ihm um und sehe, wie er innerlich mit sich ringt. »Gwenlynn, Bridged *war* deine Schwester.«

»Was?« Was sagt er da!

Er sieht die Ungläubigkeit in meinem Blick und fährt fort: »Als Bridgeds Mutter erfuhr, daß wir beide zusammen sind, verbot sie ihrer Tochter den Umgang mit mir. Doch Bridged ließ sich unsere Liebe nicht verbieten. Schließlich gestand ihre Mutter, daß Bridged Tuohigs Tochter sei. Auch sie wurde als ›Siebenmonatskind‹ geboren. Der alte O'Toole war in dieser Zeit wieder einmal im Gefängnis, und Tuohig hat die Gelegenheit genutzt, sich Zärtlichkeit zu holen. Du weißt, daß Mutter ihn nie damit verwöhnt hat.«

Atemlos habe ich seinen Worten gelauscht. Es dauert eine Weile, bis mir die Tragweite dessen bewußt wird, was er da gerade gesagt hat: »Craig, wenn Bridged meine Schwester ist, dann ist sie auch deine!«

Er schüttelt müde den Kopf: »Gwenlynn, Tuohig ist nicht mein Vater.«

Mein Kopf scheint zerspringen zu wollen. Ich verstehe gar nichts mehr – und gleichzeitig alles. Craig läßt mich nicht aus den Augen, vielleicht hat er Angst, daß alles zuviel für mich ist. Doch die Erkenntnis der Wahrheit gibt mir Kraft. »Wer ist dein Vater?«

Er senkt den Kopf: »Ich weiß es nicht. Das einzige, was mir Mutter erzählte, ist, daß er Craig hieß und für die Freiheit unseres Landes kämpfte. Mutter stammt aus einer wohlhabenden Kaufmannsfamilie. Ihr Vater machte während der damaligen Besatzungszeit lukrative Geschäfte mit den Briten. Craig, mein Vater, vereitelte eines dieser Geschäfte und brachte ihn so um einen großen Gewinn. Das machte ihn so wütend, daß er Craig an die Briten verriet. Was er nicht wußte war, daß Craig und unsere Mutter sich liebten ... und daß sie ein Kind von ihm erwartete. Die Briten nahmen Craig gefangen, deportierten ihn, und Mutter hörte nie mehr etwas von ihm. Als ihr Vater ihren Zustand bemerkte, prügelte er sie aus dem Haus. Tuohig nahm sie auf. Er sah in mir immer den verhaßten Rivalen. Gwenlynn, ich verstand es bis zu diesem unseligen 1. Mai nicht, warum ich zu dir eine so tiefe Liebe empfand. In dieser Nacht prügelte Tuohig die Wahrheit in mich hinein. Als Mutter mich Monate später aufsuchte und mir ihre Geschichte erzählte, sagte sie einen Satz, der in mir wie Feuer brennt: ›Deine Liebe zu Gwenlynn ist die Liebe deines Vaters zu mir, die nie gelebt werden durfte.‹«

Tränen rinnen über meine Wangen. Endlich, endlich verstehe ich alles: die tiefe Trauer meiner Mutter, warum mein Vater so unglücklich und voller Haß ist, warum er auf Craig derart eifersüchtig und ihm gegenüber so ungerecht war. Ich verstehe seine Schuld, die ihn in den Alkohol trieb – und meine Liebe zu diesem Mann, der nur zur Hälfte mein Bruder ist.

Wieder sehe ich an Craigs Blick, daß er meine Gedanken errät. Er reicht mir seinen kleinen Sohn und umfängt uns beide liebevoll mit seinen Armen. »Gwenlynn, ich verspreche dir: Wenn unser Land wieder frei ist, komme ich und hole euch beide. Wir gehen irgendwohin, wo uns niemand kennt, und werden meinem kleinen Sohn die Möglichkeit geben, in einer Familie aufzuwachsen.«

Unsere Blicke versinken ineinander. Der Schmerz der letzten Stunden wird für eine lange Minute beiseitegedrängt, macht einer kleinen Hoffnung auf eine gemeinsame Zukunft Platz. Unsere Lippen berühren sich, flüchtig und doch mit einer Innigkeit, die ich nie vergessen kann.

»Geh, in Gottes Namen und unter seinem Schutz. Ich liebe euch, vergiß es nie.« Er dreht sich um und stürmt bergauf, ohne sich noch einmal nach uns umzudrehen.

»Ja, Bridged, Schwester, ich löse mein Versprechen, das ich dir gegeben habe, ein. Ich bringe deinen Sohn in Sicherheit, ich schenke ihm die Liebe, die du ihm so gern schenken wolltest.«

10

Die Sonne steigt höher. Das Gehen ist anstrengend, und das Bündel mit dem Kind wird schwerer. Ich begegne niemandem, mache mehrmals kurz Rast, um zu trinken. Das Kind erwacht und beginnt zu weinen. Jetzt erst wird mir klar, daß ich keine Nahrung für das Neugeborene habe. Ich brauche Hilfe, muß so schnell wie möglich in den nächsten Ort gelangen. Der Marsch geht weiter. Der Kleine wird lauter. Da höre ich Pferdegetrampel vom Tal heraufkommen. »Soldaten?«

In panischer Angst sehe ich mich nach einem Versteck um. In der Nähe ist ein tiefer Graben, in dem sich nur wenig Wasser befindet. Es ist meine einzige Chance. Ich bin noch zu nah bei den Rebellen. Die Briten würden Verdacht schöpfen und Fragen stellen. Ich werfe mich förmlich in den Graben. Das Wasser ist eiskalt. Trotzdem kauere ich mich hinein. Das Kind hat einen Moment vor Schreck die Luft angehalten, doch nun beginnt es um so lauter zu brüllen. »Nein, sei still, um Gottes Willen, sei still!«

Ich drücke meine Hand ganz fest auf den kleinen Mund. Erschrocken reißt es seine Augen auf, blickt mich erstaunt an. Es liegt keine Angst in diesem Blick, nur eine stumme Frage. Wieder spüre ich *Mhamo* Gwenlynn, die mir zuflüstert: »Küß ihn, atme deine Luft in seinen Mund. So kann er nicht schreien, wird aber auch nicht ersticken.«

Ich tue es, höre unweit von mir Pferdehufe und Männerstimmen. Endlos kommen mir die Minuten vor, bis die britischen Soldaten hinter der nächsten Wegbiegung verschwunden sind. Immer noch blicken mich die himmelblauen Augen des kleinen Craig vertrauensvoll an. Ich muß schmunzeln, hat er doch nach dem ersten Schlag bei seiner Geburt nun von seiner Tante auch noch den ersten langen Kuß seines Lebens bekommen. »Ich liebe dich, kleiner Craig.« Doch er hat Hunger und beginnt wieder zu jammern. Es liegt schon Stunden zurück, daß ihn seine Mutter zum ersten und letzten Mal gestillt hat. Was soll ich nur tun?

Da fällt mir ein, daß mir Seamus Ziegenmilch mitgab. Besser als nichts! Ich krieche aus dem Graben, wringe das nasse Kleid an mir aus, so gut es geht, und setze mich auf den Boden. Der Kleine fängt zu brüllen an, als ich ihn neben mich lege. »Gleich, gleich.«

Die kleine Flasche ist schnell geöffnet, doch wie soll ich ihn daraus füttern? *Mhamo* weiß Rat: »Tauche den Zipfel seiner Decke hinein, und laß ihn daran nuckeln.«

»Danke. Es gelingt ... Ob er die Milch auch vertragen wird?«

Mir bleibt keine andere Wahl. Lange dauert es, bis er gesättigt ist und seine Augen zufallen. Ich packe zusammen und gehe weiter. Am Nachmittag verstecke ich mich noch einmal hinter einem großen Felsbrocken, als ich Stimmen näherkommen höre. Ich bin so müde, das Kind wird immer schwerer in meinen Armen. Es ist noch ein ganzes Stück bis hinunter ins Tal. Weiter. Meine Schritte werden unvorsichtiger. Ein paar Mal komme ich ins Stolpern und hätte den Kleinen beinahe fallenlassen. Ich kann nicht mehr. Die Ereignisse der letzten beiden Tage, der fehlende Schlaf fordern ihren Tribut. Meine Kraft geht zu Ende, auch meine Willenskraft, das Kind nach Hause zu bringen. Erneut höre ich Stimmen. Ich kann nicht mehr, ich will nicht mehr. Kraftlos sinke ich zu Boden. – Ein älteres Bauernehepaar kommt auf mich zu, stellt eine Frage in der vertrauten Sprache. Bevor es schwarz wird um mich, erkenne ich: Es sind Freunde!

Ein heißes, in der Kehle brennendes Gebräu wird mir eingeflößt. Ich verschlucke mich und huste. Eine starke Hand schlägt mir auf den Rücken. Wo bin ich? Eine freundliche Männerstimme gibt die Antwort: »Du bist in Sicherheit.«

Die Erinnerung kommt zurück. In panischer Angst sehe ich mich um. »Wo ist das Kind?« schreie ich und will aufspringen.

Besänftigend drückt er mich auf das Lager zurück. »In Sicherheit. Es hatte so großen Hunger und Durchfall. Meine Frau hat es zu einer Nachbarin gebracht, die noch stillt. Sie werden sich um dein Kind kümmern.«

Mein Kind? Ja, es ist mein Kind. Ich habe es Bridged und meinem Bruder versprochen.

An die nächsten beiden Tage fehlt mir jede Erinnerung. Hohes Fieber schüttelt mich, Träume quälen mich. Immer wieder sehe ich Bridged vor mir, höre ihre Schmerzensschreie. Dann wieder spüre ich *Mhamo* Gwenlynn neben mir, die mich liebevoll umsorgt.

Ein glucksendes Geräusch holt mich zurück aus dunklen Träumen. Ich öffne mühsam die Augen und sehe den kleinen Craig neben mir liegen. Er strahlt mich aus seinen himmelblauen Augen an. »Endlich«, sagt eine sanfte Frauenstimme.

Sie schickt den Mann hinaus und schaut mich fragend an. »Du bist nicht die Mutter dieses Kindes. Ich habe dich gewaschen und sah, daß du noch kein Kind zur Welt gebracht hast. Kommst du aus den Bergen? Wie geht es den Männern dort. Auch unser Sohn ist dabei.«

Weinend umarme ich sie. »Der Kleine ist der Sohn meiner Schwester und des Rebellen.«

Ihr Blick wird ungläubig, dann stolz. »Es ist eine Ehre für uns, den Sohn des Rebellen bei uns aufzunehmen. Wenn du wieder zu Kräften gekommen bist, wird euch mein Mann nach Hause bringen.«

Noch einen Tag und eine Nacht verwöhnen uns die Bauersleute. Bei Sonnenaufgang des nächsten Tages wird die kleine Flasche mit Muttermilch der Nachbarin gefüllt. Der Bauer belädt sein Pferdefuhrwerk hoch mit Stroh, spart in der Mitte ein bequemes, überdachtes Nest für uns beide aus. Es wird eine gefährliche Reise werden, denn jeder der unterwegs ist, braucht eine Erlaubnis der Besatzer. Er hat sie, doch uns beide dürfen sie nicht finden. Der kleine Craig ist gewachsen in diesen wenigen Tagen. Sein Gesichtchen ist rund und voll geworden. Ich lächle, denn er sieht meinem Halbbruder sehr ähnlich.

Die Fahrt dauert den ganzen Tag. Das Schaukeln schläfert den Kleinen ein, und sobald er zu weinen beginnt, füttere ich ihn nach *Mhamo* Gwenlynns Methode mit der Muttermilch. Ich trage die Flasche direkt an meiner Brust, damit der Inhalt die richtige Temperatur hat. Es ist ein schönes Gefühl, Mutter zu sein.

Ein einziges Mal wird der Bauer angehalten. Er zeigt in aller Ruhe das Schriftstück vor, welches bescheinigt, daß er Stroh in die Festung bringt, die von den Briten als Stützpunkt benutzt wird. Als einer der Soldaten die Ladung mit dem Bajonett kontrollieren will, bleibt mir schier das Herz stehen. Doch der Bauer lenkt ihn mit einem Schluck aus der Schnapsflasche ab. *Sláinte* (sprich: Slante; »Prost!«). Es geht weiter.

Am Spätnachmittag höre ich den Bauern halblaut nach hinten raunen: »Wir sind in deinem Dorf angekommen. Mach dich bereit zum Aussteigen. Ich kann nur kurz anhalten.«

Einige Minuten später steht das Fuhrwerk. Der Bauer räumt eilends ein paar Strohballen zur Seite und hilft mir und dem Kind beim Absteigen. Niemand ist in der Nähe. Voller Dankbarkeit umarme ich unseren Lebensretter, der verlegen meinen Kuß auf die wettergegerbte Wange über sich ergehen läßt. Schnell dreht er den Kopf zur Seite, damit ich die Träne nicht sehe, die über seine Wange rollt. »Gott beschütze euch und alle unsere Söhne«, murmelt er in seinen Bart, steigt wieder auf, schnalzt dem Pferd und fährt weiter, ohne sich noch einmal umzudrehen.

Es ist sicherer für uns, die Straße schnell zu verlassen und auf Nebenwegen in mein Elternhaus zu gehen. Wenige Minuten später bin ich daheim. Es scheint, als würde ich in der Stube erwartet. Meine Eltern, die Geschwister und *Mhamo* Gwenlynn sitzen am Tisch und starren mich wortlos an. Nein, *Mhamo* lächelt. Meine Mutter faßt sich als erste, springt auf, stürzt auf mich zu und umarmt mich weinend. Jetzt erst entdeckt sie das Kind auf meinem Arm, schaut es ungläubig an und sieht mir in die Augen. Ich nicke: »Ja, es ist Craigs Sohn.«

Sie versteht es ohne Worte. Ihr Blick wird weich, zärtlich. Behutsam nimmt sie mir ihren Enkelsohn aus den Armen. »Craig?« flüstert sie.

Ich nicke. Ja, so heißt auch der Kleine.

Zaghaft erhebt sich Vater und kommt auf uns zu. »Gwenlynn, dem Himmel sei Dank. Ich hatte solche Angst um dich. Jetzt wird alles gut. Wenn *Mhamo* Gwenlynn uns nicht immer wieder Mut gemacht hätte, ich weiß nicht, was geschehen wäre.«

Mhamo, immer noch ruht ihr wissender Blick auf mir. Ich gehe langsam auf sie zu. Sie steht auf, schaut mir in die Augen. Wir sind so tief miteinander verbunden, daß jedes Wort überflüssig ist. Sie war mit dabei, was sollte ich noch viel reden?

Mutter dreht sich mir zu und flüstert: »Und Bridged? Ist sie wirklich tot?«

Bei diesen Worten zuckt mein Vater schmerzhaft zusammen. Ich gehe auf ihn zu und umarme ihn. Sein Schmerz ist auch mein Schmerz. Mein Blick sagt ihm, ich weiß, daß ich eine Schwester verloren habe. Haltlos beginnt er zu weinen. Schuld, Trauer, Scham, alles bricht aus ihm heraus. Eine tiefe Liebe zu ihm und gleichzeitig großes Mitleid durchströmen mich: »Oh Vater, auch du hast ein Recht darauf, glücklich zu sein. Warum verweigert dir das Schicksal dieses Recht seit deiner Geburt?«

Mhamo berührt leicht meine Schulter und führt mich zusammen mit den Geschwistern nach nebenan. »Deine Eltern haben sich jetzt viel zu sagen. Vielleicht wird noch alles gut.«

Die Jüngeren schauen verschüchtert zu ihr auf. Sie verstehen noch nicht. *Seanmhathair* Tuohig stürmt herein und umarmt mich. Auch sie sei vor Sorgen um mich beinahe gestorben und komme eben aus der Kathedrale, wo sie für mich gebetet habe, beteuert sie. Als sie in die Stube gehen will, hält sie *Mhamo* zurück. Später … jetzt soll sie sich zuerst um meine kleineren Geschwister kümmern.

Mhamo Gwenlynn begleitet mich in meine Kammer. Wir sitzen eng nebeneinander auf meinem Bett und spüren denselben Schmerz und dieselbe Freude. Schmerz um Bridged und Freude über den kleinen Craig. Zwei Fragen brennen mir auf der Seele. »*Mhamo*, hätte ich Bridgeds Leben retten können? Habe ich versagt?«

Ihr Blick ist voller Liebe und Verständnis, als sie antwortet: »Kleines, ihr Schicksal hat sich erfüllt. Vergiß nicht, sie konnte in Frieden von dieser Welt gehen, und erinnere dich immer an den Stolz, den sie im Tode hatte.«

Mhamo hat recht, mir wird leichter ums Herz, und ich fasse Mut für die zweite Frage: » *Mhamo*, haben Craig und ich eine Chance?«

Sie gibt mir darauf keine Antwort, sondern sagt: »Du hast deine Sache gut gemacht. Es ist an der Zeit, daß ich das alte Wissen an dich weitergebe, das ich von meiner *Mhamo* habe. Wir werden morgen damit beginnen.«

Meine Freude darüber wird getrübt. Sie hat meine Frage nicht beantwortet. Weiß sie mehr? Geht ihr Blick in die Zukunft?

Mhamo geht nach Hause. Später kommt Mutter mit dem kleinen Craig in meine Kammer. Ich bitte sie, mir das Kinderbett meiner jüngsten Schwester zu überlassen. Doch sie besteht darauf, Craig nachts bei sich und ihrem Mann zu haben. »Dein Vater bittet dich darum. Er will alles wiedergutmachen. Gib ihm die Möglichkeit dazu, genau wie ich, bitte Gwenlynn.«

Ich nicke. Tief in meinem Inneren spüre ich Bridgeds Einverständnis. Ich werde dem Kleinen eine Mutter sein, doch meine Eltern haben das Recht, seine Großeltern zu sein.

Tags darauf schlägt *Seanmhathair* Tuohig vor, Craig bei den Franziskanern taufen zu lassen. Christliche Handlungen sind zwar von den Besatzern unter Strafe verboten, doch wir werden einen Weg finden. Mein jüngerer Bruder holt ab und zu von den Mönchen Gemüse. Die

Briten haben es erlaubt, da auch sie aus den Tauschgeschäften ihren Nutzen ziehen. Wir geben ihm einen Zettel mit und bekommen zur Antwort, wir sollten beim nächsten Neumond um 11 Uhr nachts im Kloster sein. Noch drei Wochen ...

Das Leben geht nach außen hin seinen gewohnten Gang. Ich arbeite stundenweise in der Weberei mit, die andere Zeit versorge ich den kleinen Craig. Mutter und ich wechseln uns in diesen Arbeiten ab. Wir haben eine junge Frau im Dorf gefunden, die bereit ist, neben ihrer neugeborenen Tochter auch Craig zu stillen. Ihr Mann ist ebenfalls in den Bergen und hat seine kleine Tochter noch nie gesehen. Sie ist stolz darauf, den Sohn des Anführers der Rebellen nähren zu können. Daß sie sich damit in Todesgefahr begibt, nimmt sie in Kauf. Tagsüber bringe ich ihn mehrmals zu ihr, abends pumpt sie Milch ab und Mutter füttert ihn nachts, wenn er hungrig ist. Sie blüht richtig auf, wenn der Kleine auf ihrem Arm liegt und sie anlächelt. Ich werde fast eifersüchtig auf sie. Das Baby erweckt in mir Gefühle, die meine Sehnsucht nach Craig in den Hintergrund drängen. Es schenkt mir eine bedingungslose Liebe, gibt, ohne zu fordern. Es muß auch gar nicht fordern. Jeder verwöhnt den Kleinen, er ist der erklärte Liebling aller. Meine Eltern melden ihn als ihr leibliches Kind an. Jeder im Dorf scheint zu wissen, wer die richtigen Eltern sind. Doch wir haben keine Angst, verraten zu werden; zu groß ist der Respekt vor dem Mann, den alle »Rebell« nennen.

Die Neumondnacht steht bevor. Vater und ich werden den kleinen Jungen gemeinsam zur Taufe ins Kloster bringen. Wir überzeugen Mutter davon, daß es besser ist, wenn sie zu Hause bleibt. Sollten wir bei unserem verbotenen Tun von den Briten gefaßt werden, wäre wenigstens sie noch bei den Geschwistern. Erinnerungen steigen in mir auf, als ich mir wieder dunkle Kleidung anziehe und sogar den kleinen Craig in ein schwarzes Tuch wickle. Welch traurige Zeit: Ein Kind, das getauft wird, ohne ein weißes Taufkleid tragen zu dürfen. Auf Nebenwegen schleichen wir uns zum Kloster. Dort werden wir schon erwartet. Ein alter Mönch öffnet das Tor und führt uns in den Innenhof. Es ist dunkel, nicht einmal eine Kerze brennt. Unter dem Rundgang haben sich viele Mönche versammelt, sie wirken wie Schatten. Der Abt kommt uns würdevoll entgegen, nimmt mir das kleine Menschlein ab und trägt es zu einem improvisierten Taufbecken. Es ist so still und friedlich an diesem Ort, wir verstehen jedes Wort, obwohl der Abt nur leise flüstert: »… ich taufe dich im Namen des Vaters, des Sohnes und des Geistes auf den Namen Craig. Gott sei mit dir.«

Er wundert sich, daß der Kleine so ruhig ist, nicht einmal schreit, als er ihm das kalte Wasser über das Köpfchen gießt. Wir wissen, warum Craig so brav ist: In der Milch war ein kleiner Schluck Whiskey. Es wäre zu gefährlich gewesen, wenn er unterwegs plötzlich zu schreien begonnen hätte.

Da beginnt einer der Mönche leise zu summen: *Gloria* … Ich drehe mich erstaunt und gerührt um und sehe ein Paar Augen aufblitzen. Der Mönch tritt schnell wieder in den Schatten des Rundganges zurück, seine Stimme verstummt. Mein Herz ist voller Liebe und Glück. Mit geschlossenen Augen schicke ich ein Gebet zum Himmel: »Danke Gott, für dieses Kind.«

Ich denke an seinen Vater, sehe ihn deutlich vor mir, wie er irgendwo in den Bergen in einer armseligen Hütte sitzt und sich nach uns sehnt. Da wird das Glück in meinem Herzen vertrieben von Schmerz und Angst um ihn. Vater legt mitfühlend seinen Arm um mich und den Kleinen, führt uns auf Schleichwegen wieder nach Hause zurück. Die katholische Kirche hat ein Mitglied mehr. Was sie nicht weiß, ist, daß *Mhamo* Gwenlynn in meiner Gegenwart den kleinen Craig vor Tagen bereits durch das altüberlieferte keltische Ritual taufte …

Mhamo weiht mich in ihr Heilwissen ein, seit ich aus den Bergen zurück bin, wir treffen uns dazu, sooft es unsere Zeit erlaubt. Ich darf mir keine schriftlichen Notizen machen. Seit Jahrhunderten wird das

Wissen nur mündlich weitergegeben. Geduldig wiederholt sie alles immer wieder; läßt es mich wieder und wieder nachsprechen, Handlungen üben – bis sie sicher ist, daß ich es verstanden habe und behalten werde. Meine Eltern wissen nichts davon. Meistens verbinde ich es mit dem Spaziergang zu Craigs Amme. Während sie den Kleinen stillt, sitze ich bei *Mhamo* und lerne.

Die Spannung zwischen den Besatzern und den Iren nimmt merklich zu. Wir erfahren, daß die nördlichen Provinzen einen Befreiungsschlag vorbereiten ... vielleicht zum nächsten Neumond. Ich blicke oft nachts zum Mond auf und denke an die Männer in den Bergen. Wenn die Verbündeten von Norden her die Briten angreifen, werden die Rebellen ihnen von hinten in den Rücken fallen. Doch noch ist es nicht soweit, morgen ist erst Vollmond.

Gegen Abend dieses Tages werden wir durch eine Nachricht erschreckt, die im Eiltempo die Runde im Dorf macht. Bridgeds Ziehvater O'Toole, der Lebensgefährte ihrer Mutter, wurde gefangengenommen und in die Festung gebracht. Er hatte in betrunkenem Zustand eine britische Patrouille angepöbelt und angeblich einen der Soldaten tätlich angegriffen. Zeugen sahen, wie er zusammengeschlagen und weggeschleppt wurde. O'Toole kennt die Festung von mehreren früheren Aufenthalten schon zur Genüge von innen, doch von denen, die die Briten dorthin brachten, kam kein einziger je zurück.

Ich sehe Vater an, daß er sich große Sorgen um den kleinen Craig macht – und um uns. Denn sollten sie O'Toole foltern, könnte er, um seine eigene Haut zu retten, die Wahrheit über die Abstammung unseres jüngsten Familienmitgliedes verraten. Wenn den Feinden bekannt wird, wer Craigs leiblicher Vater ist, dann Gnade uns Gott.

Ruhelos liege ich nachts im Bett und halte in mir Zwiesprache mit meinem Stiefbruder. Heute brauche ich mir noch keine Sorgen um ihn und seine Männer zu machen. Bei Vollmond würde er nie angreifen. Einigermaßen beruhigt schlafe ich endlich ein – und habe einen Albtraum, den ich nicht vergessen kann:

Ich sehe Craig, den Rebellen, ganz allein auf eine Gruppe britischer Soldaten losstürmen, auf sie schießen. Sie reißen ihre Bajonette hoch, schießen zurück. Er zuckt zusammen, rennt jedoch weiter. Kurz bevor er sie erreicht, wird er noch einmal von mehreren Kugeln getroffen. Das Gewehr fällt ihm aus den Händen, er taumelt auf die Feinde zu. Unmittelbar vor ihnen bricht er zusammen, bleibt mit dem Gesicht auf dem Boden liegen. Sie umringen ihn, einer von ihnen stößt ihn mit dem Fuß an, dreht ihn auf den Rücken. Sie beugen sich über ihn, sprechen in dieser mir fremden und verhaßten Sprache aufgeregt miteinander. Das Wort »Rebell« fällt. Einer dreht sein Gewehr um und schlägt Craig wütend mit dem Holz ins Gesicht – immer und immer wieder. Bei jedem Schlag zuckt sein Körper zusammen. Endlich läßt er von Craig ab. Die Soldaten gehen einfach weg. Es ist nicht mehr Craig, der da liegt, es ist ein Klumpen blutigen Fleisches.

Ich höre meinen eigenen Entsetzensschrei, schrecke voller Grauen hoch und sitze in meinem Bett. Ein Schütteln packt mich, ich kann die furchtbaren inneren Bilder nicht loswerden. Endlich schaltet sich mein Verstand ein, redet dem heftig klopfenden Herzen beschwichtigend zu: »Heute ist Vollmond, Craig würde nie angreifen. Er ist mit seinen Freunden zusammen.«

Langsam werde ich ruhiger, versuche wieder einzuschlafen. Da sitzt Craig an meinem Bett. »Träume ich? Nein, ich fühle mich hellwach.«

Erleichtert atme ich auf: Sein Gesicht ist, bis auf die alte Narbe auf der linken Wange, unversehrt. Doch sein Blick ist unsagbar traurig. Ich setze mich auf, sehe in seine liebevollen Augen. Er hebt die Hand und streicht langsam an der Narbe an meinem Kinn entlang, unendlich zärtlich. Meine Hand hebt sich und sucht die Narbe in seinem Gesicht. Ich erinnere mich an unser Versprechen: Wir würden für den anderen nicht nur kämpfen, sondern auch sterben ... Da wird Craig unschärfer, es ist, als würde er sich auflösen. Ich greife nach ihm, will ihn halten ... »Craig! Craig, bleib da!«

Jetzt bin ich ganz wach … und allein. Es war nur ein Traum, ebenso wie die schrecklichen Bilder davor. Ich werde morgen mit *Mhamo* Gwenlynn darüber sprechen.

Die Stunden, bis ich sie endlich am nächsten Tag besuchen kann, ziehen sich endlos hin. Es ist schwierig, zur Amme und danach zu ihr zu kommen. Überall sind heute britische Soldaten, die streng kontrollieren. Immer wieder zwicke ich den kleinen Craig, damit er schreit und deute ihnen an, daß er krank sei und ich zur Heilkundigen müsse. Sie glauben mir und lassen mich weitergehen. *Mhamo* erwartet mich, aber ihr Blick ist heute anders. Sie weicht meinen fragenden Augen aus. Verunsichert beginne ich, die Träume zu erzählen, doch nach wenigen Sätzen breche ich ab, denn ich spüre, daß sie sie kennt. Mein Herz schreit sie an: »*Mhamo*, sag daß es nicht wahr ist!«

Sie weicht der inneren Frage aus. »Laß uns weiterlernen Gwen. Das Leben ist kurz, laß uns keine Zeit verlieren.«

Heute ist sie mit ihrer Schülerin nicht zufrieden, ich kann mich nicht konzentrieren. Sie tadelt mich nicht …

Wir hören in den nächsten Tagen immer wieder davon, daß unsere Befreiung bevorstehen soll. Von den Rebellen hören wir allerdings nichts. Das wäre nicht weiter beunruhigend, denn es ist in dieser explosiven Stimmung lebensgefährlich, Nachrichten zu überbringen. Wenn da nicht die Bilder wären, die mich nicht loslassen …

Einige Tage später habe ich mich ein wenig beruhigt. »Ich kenne Craig, er würde nie so etwas Unüberlegtes tun und die Feinde ganz allein angreifen, noch dazu bei vollem Mond. Außerdem würden seine Freunde das auch nicht zulassen.«

Trotzdem liege ich abends lange wach und blicke hinaus zum abnehmenden Mond. Da sehe ich einen Schatten vor meinem Fenster, wenig später eine Hand, die *unseren* Rhythmus klopft. »Craig?« Zaghaft und zögerlich ist das Klopfen. Mit einem Satz springe ich aus dem Bett, reiße das Fenster auf und schaue in ein rußgeschwärztes Gesicht. Meine Knie geben nach, mein inneres Sehnen gaukelt mir eine

Blick vom Hochplateau ins Weite

Sekunde lang vor, daß er es wirklich ist. Eine Sekunde – dann erkenne ich Seamus. Er schaut mich mit einem Blick an, den ich an ihm noch nie sah. Seine sonst so liebevollen Augen sind voller Schmerz und Trauer. Er räuspert sich leise und versucht zu sprechen: »Craig ...«

Seine Stimme versagt, Tränen schießen aus seinen Augen. Meine Hand berührt zart seine Wange, als ich mit einer ruhigen Stimme, die mir seltsam fremd erscheint, sage: »Ich weiß, Seamus. Er war hier.«

Ungläubig sieht er mich an. Jetzt erst wird mir die Gefahr bewußt, der er sich ausgesetzt hat. Wie hat er es überhaupt geschafft, bei diesen vielen Patrouillen hierherzukommen? Ich ziehe ihn schnell durch das enge Kammerfenster ins Zimmer. Müde, mit hängenden Schultern, wie ein alter Mann schleppt er sich zu meinem Schlaflager, sinkt darauf nieder. Ich setze mich neben ihn. Ein ersticktes Weinen schüttelt seinen Körper und endlich, endlich kann auch ich Schmerz empfinden. Wir klammern uns aneinander, und ich spüre, daß sein Schmerz ebenso groß ist wie meiner. Er wußte, wie sehr Craig und ich uns liebten, und

141

trotzdem schenkte er uns beiden seine Liebe. Mein Herz erkennt, daß er in Craig mehr als einen Freund sah. Für ihn war er der große Bruder, zu dem er voller Bewunderung aufblickte.

»Ich muß wissen, was geschehen ist. Ich muß es wissen.«

Er schüttelt den Kopf. Doch ich zwinge ihn, zu reden. Endlich hat er sich soweit gefaßt, um sprechen zu können: »Gwenlynn, sie haben ihm eine Falle gestellt. In dem Dorf, in dem sich die Bauersleute um dich und Craigs Sohn kümmerten, lebt ein Mädchen, das dir sehr ähnlich sieht. Sie brachte uns einmal heimlich Nahrungsmittel und mir fiel auf, wie Craig bei ihrem Anblick vor Schmerz zusammenzuckte. Einen Tag vor dem letzten Vollmond brachte uns ein Bote die Nachricht, daß einige britische Soldaten ebendieses Mädchen geschändet hätten. Ihr Name ist Bridged! Wir waren alle tief betroffen, doch Craig verlor fast den Verstand. Seit Bridgeds Tod war er nicht mehr der alte. Wir machten uns große Sorgen um ihn. Stundenlang stand er an ihrer letzten Ruhestätte ... an dem Platz, den er für sie ausgesucht hatte, blickte aufs Meer, wandte sich um, starrte nach Norden in das weite Land und war nicht ansprechbar. Wir brauchten ihn mit seinem schlauen Kopf als Anführer, ohne ihn waren wir nur halb so stark. Als er die schlimme Botschaft erhielt, verlor er die Beherrschung. ›Diese Schweine, ich bring sie um!‹ schrie er.

Wir mußten ihn zurückhalten, er wäre auf der Stelle, am hellichten Tag, losgestürmt. Als er sich scheinbar beruhigt hatte, begann er einen Racheplan zu schmieden. Noch in dieser Nacht wollte er angreifen. Es war Vollmond, es wäre Selbstmord, das zu tun. Er ließ sich nicht davon abbringen. Nur zwei von uns schlossen sich ihm an: Bert und ich. Bert erzählte mir später, daß es eine Wiedergutmachung gewesen sei für eine Verletzung, die er euch Geschwistern vor vielen Jahren zugefügt habe. Wir warteten bis zum Einbruch der Dunkelheit. Immer wieder mußten wir Craig unterwegs zurückhalten, er schien jede Vorsicht vergessen zu haben. Wir schlichen uns ins Dorf, suchten, so gut es ging Deckung in dieser hellen Nacht. Es war Wahnsinn und von vornherein zum Scheitern verurteilt! Wir versteckten uns gerade hinter einer Scheune, als wir britische Stimmen hörten und zwei Soldaten auf uns zukommen sahen. Nur zwei? Das war ungewöhnlich in diesen Tagen.

Craig neben mir begann zu zittern. Ich faßte nach seiner Hand, doch er stieß sie beiseite, nahm sein Gewehr, riß es hoch und stürmte aus der Deckung. In diesem Moment tauchte hinter den Büschen neben dem Weg ein ganzer Trupp Soldaten auf. Eine Falle! Doch Craig stürzte den Feinden entgegen und schoß, während er auf sie zurannte. Wie versteinert blieben Bert und ich in Deckung. Es wäre Selbstmord gewesen, ihm zu folgen, Gwenlynn. Wir hörten ihn rufen: ›Rache für Bridged, Freiheit für Craig!‹

Dann fielen noch mehr Schüsse. Männer schrieen. Entsetzt sah ich, daß Craig im Laufen getroffen wurde, sein Körper zuckte, doch er rannte weiter. Zwei Briten gingen ebenfalls zu Boden. Dein Bruder strauchelte, das Gewehr fiel ihm aus den Händen, und er stürzte auf die Erde, keinen Meter von den verhaßten Briten entfernt. Sie umringten ihn, einer stieß mit dem Fuß nach dem regungslos vor ihnen liegenden Körper. Craig rührte sich nicht mehr. Da drehte er ihn mit einem Fußtritt auf den Rücken. Die Männer redeten aufgeregt miteinander. Plötzlich fiel das Wort ›der Rebell‹, und sie starrten ihn haßerfüllt an. Einer von ihnen drehte sein Gewehr um und schlug mit dem Holz in Craigs Gesicht, immer und immer wieder. Anfangs zuckte dein Bruder bei jedem Schlag, doch dann bewegte er sich nicht mehr. Ich mußte meine Hand vor den Mund pressen, um nicht zu schreien. War ich feige, Gwenlynn? Ich mache mir solche Vorwürfe.«

Wieder weint er. Ich habe mit geschlossenen Augen seine Geschichte gehört. Sie ist mir nicht fremd, ich war dabei. Alles in mir ist versteinert. Mein Herz fühlt sich an, als würde es langsam sterben.

Bei Seamus' letzten Worten beginnt es, sich wieder leise zu regen. Mitleid, Mitgefühl mit ihm erwachen in mir: »Nein, Seamus, du bist nicht feige. Du hast richtig gehandelt. Sonst wärest auch du nicht mehr am Leben.«

Dankbar sieht er mich an und erzählt nach kurzer Pause weiter: »Endlich ließen sie von Craig ab und gingen, sich immer wieder nach hinten absichernd, ins Dorf hinein. Sie hatten erreicht, was sie wollten: unser Anführer, der gefürchtete ›Rebell‹ war tot. Bert und ich warteten lange, endlose Minuten. Dann rannte mein Gefährte, von Grauen gepackt, davon. Ich kroch auf allen Vieren zu Craig. Gwen, es war entsetzlich! ... Es war nicht mehr Craig. Ich starrte in diese Masse aus Blut und Fleisch und versuchte, darin sein Gesicht zu erkennen. Die Augen waren geschlossen, als ich ihm ein letztes Mal über den Kopf strich. Da öffnete er sie, starrte mich an. Er lebte! Ich sprach seinen Namen, endlich erkannte er mich. Es kostete ihn alle Mühe, seinen Mund zu öffnen, das zu öffnen, was einmal sein Mund war. Ein Schwall schaumigen hellroten Blutes kam zusammen mit den Worten heraus, die er abgehackt hervor stieß: ›Seamus, versprich mir, dich um meinen Sohn und um Gwenlynn zu kümmern. Ich liebe sie.‹

Seine Stimme brach, doch er bäumte sich noch einmal auf. Gwen, es ist so schrecklich, denn seine letzten Worte waren: ›Sie haben Tuohig die Arbeit abgenommen.‹ Verstehst du das?«

Mein Herz krampft sich schmerzhaft zusammen: »Oh Craig, mit dieser Verbitterung bist du gegangen? Tuohig tut alles für deinen Sohn, er will seine Schuld dir gegenüber wiedergutmachen. Jetzt wirst du es nie erfahren.«

In diesem Augenblick überkommt mich eine große innere Ruhe. *Mhamo* Gwenlynn ist in mir gegenwärtig und erinnert mich, daß Craig nach seinem Tod hier bei mir war. Ich höre ihre Worte: »Er konnte in Frieden gehen, denn er hat sich auch von seinem kleinen Sohn verabschiedet – den er im Zimmer seiner Mutter, zwischen ihr und Tuohig liegen sah.«

144

Seamus blickt mich immer noch fragend an. »Ja, Seamus, ich verstehe es und werde dir einmal alles erzählen. Gehst du wieder in die Berge zurück?«

»Ja, heute Nacht noch. Der Befreiungsschlag steht bevor. Jeder Mann wird gebraucht.«

Es fällt ihm schwer, weiterzusprechen. Er räuspert sich, hält mir seine rechte Hand entgegen und sagt: »Gwenlynn, du weißt, daß ich dich liebe. Gibst du mir die Möglichkeit, das Versprechen, das ich Craig in die Hand gab, einzulösen? Wir können seinem Sohn gute Eltern sein – in einem freien Irland.«

Sein Blick sucht eine Antwort in meinen Augen.

Craig ist tot. Mein Herz ist leer. Vielleicht ist darin Platz für Seamus … irgendwann. Er hätte es verdient. Ich nicke, ergreife mit meiner rechten Hand die seine und streichle ihm mit der linken zärtlich über den rötlichen Stoppelbart: »Komm zurück und frag mich noch einmal.«

Der Schmerz in seinem Blick macht ein klein wenig der Hoffnung Platz. Er drückt mir einen zaghaften Kuß auf die Stirn, umarmt mich kurz und kriecht wieder durch das Fenster. Einen Moment später ist er in der Dunkelheit verschwunden. – Ich sehe ihn nie wieder.

Nach einer schlaflosen Nacht, die gefüllt ist mit Bildern aus der Vergangenheit, Bildern, in denen immer wieder Craig die Hauptfigur ist, gehe ich zu meinen Eltern. Sie spüren, daß etwas Schlimmes geschehen ist, und Mutter bricht bei meiner Erzählung zusammen, obwohl ich die grausamen Einzelheiten auslasse. Selbst im Blick meines Vaters erkenne ich Schmerz und Trauer. Ich halte den kleinen Craig auf dem Arm, wiege ihn und sehe in seine blauen Augen, die mich so sehr an seinen Vater erinnern. Meine Eltern weinen, halten sich eng umfaßt. Das Unglück der letzten Wochen hat sie einander nähergebracht, näher als die sorgloseren Jahre zuvor. Ich habe keine Tränen mehr …

Es ist heute noch schwieriger, zur Amme und zu *Mhamo* Gwenlynn zu gelangen. Wieder spiele ich den Briten eine um ihr krankes

Kind besorgte Mutter vor. Verzeih, kleiner Craig, daß ich dich schon wieder zwicke, um dich zum Weinen zu bringen.

Mhamo erwartet mich. Es ist für mich überhaupt keine Frage, sie weiß alles. Eine große Trauer liegt auch in ihrem Blick. »*Mhamo*, liegt ein Fluch auf unserer Familie? Dürfen wir nicht glücklich sein? Meine Mutter, mein Vater, Craig, Bridged, ich ... wer nimmt sich das Recht, uns unglücklich zu machen? Gott? Die Götter?«

Mhamo schüttelt den Kopf: »Gwen, Liebes, Gott straft uns nie. Es wird lange dauern, bis du das verstehen und glauben kannst.«

Zum ersten Mal wird mir bewußt, daß auch sie kein glückliches Leben hatte. Ihr Mann starb früh, und ihren einzigen Sohn hat sie im Kampf gegen die Briten verloren. Verbittert schleudere ich ihr ins Gesicht: »Das kannst du sagen? Auch du bist um dein Glück betrogen.«

Sie erwidert ruhig meinen Blick: »Weißt du, vielleicht ist es das Los einer weisen Frau, allein zu sein. Sie kann sich so all denen widmen, die Hilfe brauchen.«

Nein, ich will nicht allein bleiben. Dieser Preis ist mir zu hoch. Ich drehe mich um und gehe wortlos hinaus. Lange spüre ich ihren Blick im Rücken.

Auf dem Heimweg halten mich wieder britische Soldaten an. Ich muß meine ganze Selbstbeherrschung aufbringen, um sie nicht anzuschreien und anzugreifen. Der kleine Craig auf meinen Armen gibt mir die Kraft, ruhig zu bleiben. Sein Blick erinnert mich an das Versprechen, das ich seinen Eltern gab.

Einige Tage später ist Neumond. Heimlich geht von Mund zu Mund die Nachricht, daß die nordirischen Verbündeten in dieser Nacht den Befreiungskampf beginnen wollten. Wir verschanzen uns in unseren Häusern und hoffen darauf, daß sich die Briten nicht zu Handlungen gegen die Zivilbevölkerung hinreißen lassen. Ich sitze in meiner Kammer, wiege den Kleinen auf dem Schoß und bete für die Rebellen in den Bergen. »Gott oder Lug, egal, wie du heißt, wenn es dich gibt, beschütze Seamus, Bert und all die anderen. Befreie unser Land. Auch wir haben das Recht, glücklich zu sein.«

Nachts beginnen die Kirchenglocken zu läuten: Angriff! Die Menschen in ihren Häusern rücken enger zusammen, schauen voller Angst in die kleine, flackernde Kerze, die vor ihnen auf dem Tisch steht, sprechen Gebete zu Gott oder zu ihren Göttern. Zwei Nächte und zwei Tage dauern die Kämpfe. Wir hören Schüsse, Schreie, Befehle. Keiner wagt, sein Haus zu verlassen. Alle kampffähigen Männer haben sich den Truppen aus dem Norden angeschlossen. Ich spüre die Wut meines Vaters auf seinen verkrüppelten Körper, der ihn daran hindert, mitzuhelfen, sein Land und damit die Menschen, die er liebt, zu befreien. Wenn Schüsse fallen, bin ich in Gedanken bei unseren Verbündeten und den jungen Männern in den Bergen, bei Seamus und Bert – stellvertretend für alle anderen stelle ich sie in den Schutz Gottes. In den wenigen Kampfpausen erfaßt mich eine andere Angst: *Mhamo* Gwenlynn erzählte mir vor Wochen, wie sie und andere heilkundige Frauen im letzten Krieg auf das Schlachtfeld gegangen seien und die Verletzten behandelt hätten. Im letzten Krieg? – Da haben die Briten ihren einzigen Sohn umgebracht! Ich konnte es nicht glauben, selbst als sie mir noch einmal bestätigte: Ja, sie hätten tatsächlich *alle* Verletzten versorgt ... auch die Feinde. »*Mhamo*, sie haben deinen Sohn umgebracht. Sie verdienen den Tod!«

Zum ersten Mal seit sie mich belehrt, hörte ich aus ihren Worten einen leisen Tadel: »Gwen, ich habe mich Gott geweiht, und das heißt, dem Leben. Das Leben macht keinen Unterschied zwischen Freund und Feind. Nur wenn du das verstehst, kannst du in den Kreis der weisen Frauen aufgenommen werden.«

Wenn die Waffen schweigen, denke ich voller Sorge und Angst an *Mhamo*. Sie wird auch in diesem Krieg dem Leben dienen – und die Menschen retten, die Craig getötet haben. Noch kann ich es nicht verstehen ...

11

Am Ende des zweiten Tages beginnen die Kirchenglocken erneut zu läuten. Es dauert eine Weile, bis wir es glauben können: Freiheit! Der Krieg ist vorüber, unser Land und seine Menschen sind frei! Jubelnd tanzen die jüngeren Geschwister zusammen mit *Seanmhathair* Tuohig durch die Stube. Mutter und Vater stehen eng umschlungen neben mir und weinen. Und ich? Ich sitze bewegungslos auf dem Stuhl, halte den kleinen Craig auf dem Schoß und fühle nichts. Der Kleine schaut überrascht zu mir hoch, kann nicht verstehen, was so naß und warm von oben mitten in sein Gesichtchen tropft. Erst als auch er zu weinen beginnt, spüre ich meine Tränen. Ich sehe seinen Vater vor mir: »Craig, wie hast du diesen Tag der Befreiung herbeigesehnt.«

Mutters trauriger Blick ruht auf mir, sie versteht mich. Wir sind eins in unserem Schmerz.

Langsam wagen wir uns auf die Straße. Von überallher strömen die Menschen zur Kathedrale. Immer noch läuten die Glocken, laden zu einem Dankgottesdienst ein. Ich kann nicht mitgehen …

Zwei Tage später kommen die Rebellen aus den Bergen zurück. Von sechs jungen Männern aus unserem Dorf kehren zwei zu ihren Familien heim. Seamus ist nicht dabei. Der Platz in meinem Herzen, der für ihn reserviert war, bleibt leer.

Bert steht vor mir, senkt betroffen den Kopf. Er muß nicht sprechen, ich weiß, was er mir sagen will. Schweigend sehen wir uns an. Mit erstickter Stimme flüstert er schließlich: »Verzeih, Gwenlynn.«

»Was denn, Bert. Was hättest du denn verhindern können?«

Eine Frage muß er mir noch beantworten: »Wo liegt Craig begraben?«

Ich kenne die Antwort, bevor er sie mir gibt: »Ich rannte damals einfach davon. Doch als alles ruhig blieb, kehrte ich zur Scheune zurück. Seamus saß bei deinem Bruder. Wir brachten ihn auf seinem Pferd in die Berge zurück und begruben ihn neben Bridged. So nah, daß sich ihre beiden Körper berühren. Sie war nicht lange allein.«

Bridged, so bist du wieder an der Seite des Mannes, den du liebst. Wie beneide ich dich darum. Mit hängenden Schultern geht Bert heim.

Mhamo Gwenlynn besucht uns. Ich sehe in ihrem Gesicht neue, tiefe Falten des Schmerzes. »Was hast du alles ansehen müssen, *Mhamo?* Welche Grausamkeiten hast du erlebt?«

Sie schweigt. »Kann sie immer noch an einen Gott glauben?«

Wut steigt aus meinem Herzen auf, bricht sich Bahn in einer gegen Gott gerichtete Klage: »*Mhamo*, wenn es der Preis für die Heilkunst ist, daß alle, die ich liebe, sterben … dann soll sich der Himmel eine andere suchen. Dieser Preis ist mir zu hoch!«

Ich drehe mich um und lasse sie allein stehen. Ich besuche sie nicht mehr. Ich will keine Heilerin sein. Ich will endlich, endlich leben und glücklich sein.

Mein sechzehnter Geburtstag steht kurz bevor. Wieder geht es auf den 1. Mai zu, das Dorf bereitet sich auf ein Beltaine-Fest in Frieden und Freiheit vor. Das Leben ist in unser kleines Dörfchen zurückgekehrt. Die Wunden beginnen zu heilen. Kinder werden geboren und schließen die schmerzhaften Lücken, die der Krieg in die Familien gerissen hat. Der kleine Craig wächst und gedeiht – und wird seinem Vater immer ähnlicher. Ich kann das Versprechen, das ich meinem Bruder und meiner Schwester gegeben habe, nicht erfüllen. Mein Herz ist immer noch krank vor Schmerz und von der Weigerung, meine Berufung als Heilerin anzunehmen. Eine tiefe Trauer hält meine Seele gefangen. Meine Eltern ersetzen dem Kleinen Vater und Mutter und schenken ihm die Liebe, die in mir irgendwo eingekerkert ist.

Mhamo unternimmt keinen einzigen Versuch, mich umzustimmen. Das ist auch nicht nötig. Das innere Drängen wird von selbst stärker. Immer öfter wache ich nachts aus Träumen auf, die mich inmitten anderer Frauen zeigen. Frauen, die wie ich zum Heilen berufen sind und mich an meine Bestimmung erinnern. Endlich bin ich soweit, ich kann meine Bestimmung annehmen. *Mhamo* Gwenlynn schaut mich wissend an, als ich, nach wochenlanger Pause, wieder zu ihr komme. Sie macht einfach weiter, wo wir aufgehört haben – gerade so, als sei es erst gestern gewesen. Ich habe nichts vergessen.

Bert kommt vorbei und lädt mich zu einem Dorffest ein. »Nein, Bert. Ich werde nie mehr tanzen.«

Wenig später gratuliert mir die Familie zum sechzehnten Geburtstag. Ich bin erwachsen, ich bin heiratsfähig. Bei diesem Gedanken lache ich verbittert auf. *Mhamo* führt mich zu einem alten heiligen Ort, an dem wir schon von fünf anderen Frauen erwartet werden. Ich kenne sie nicht – und doch sind sie mir nicht fremd. Ich sah sie oft im Traum. *Mhamo* hat in einem Sack ein Huhn dabei. Es wird das Opfertier für meine Einweihung sein ... Nach zwei Stunden bin ich eine von ihnen.

Eine tiefe innere Zufriedenheit begleitet mich durch die nächste Zeit; ich habe Frieden geschlossen mit dem Gedanken, alleinzubleiben.

Mhamo lehrt mich noch immer. Ich beginne, das Heilwissen praktisch einzusetzen: Mutter Erde mit ihren Elementen spielt hierbei eine große Rolle. Ich spüre ihre grenzenlose Liebe zu den Menschen – und ihr Bemühen, ihren Kindern ein Leben in Gesundheit und Wohlstand zu ermöglichen. Nachbarn kommen zu mir, um Hilfe zu erhalten. Meine Eltern sehen einerseits mit Stolz, welche Achtung mir die Dorfbewohner entgegenbringen; andererseits erinnern sie mich immer wieder daran, daß ich noch jung sei und ein Recht darauf hätte, zu lachen, zu tanzen und fröhlich zu sein. »Nein, das habe ich nicht. Ich habe mich dem Leben geweiht.«

Mhamo spricht mit ihnen über meine Berufung. Es kostet Vater große Überwindung, den Weg seiner ältesten und liebsten Tochter anzunehmen.

Einmal werden wir mit Bridgeds Mutter, der Zigeunerin konfrontiert. Ihr Gefährte O'Toole kam nicht mehr aus der Festung zurück. Sie lebt ganz allein in seinem Haus. Ihr Haar ist farblos geworden, und niemand redet mehr schlecht über sie. Eines Nachmittags, es ist ein herrlicher Sommertag, sitzt der kleine Craig im Garten auf einer Decke, mitten zwischen bunten Blumen. Er lacht und plappert vor sich hin. Meine Mutter sitzt am Haus und näht. Da nähert sich die Zigeunerin schüchtern, bleibt vor unserem Garten stehen und beobachtet mit Tränen in den Augen ihren kleinen Enkel. Ich sehe die Szene vom Fenster der Weberei aus und unterbreche meine Arbeit. Vater wird aufmerksam und schaut ebenfalls aus dem Fenster. »Was geht in diesen beiden Frauen draußen vor? Tuohig ging zu beiden, die Zigeunerin bekam von ihm eine Tochter, die sich in den Sohn seiner Ehefrau verliebte. Und der kleine Junge, der zwischen ihnen lustig kräht? Es ist ihrer beider Enkel, das einzige, das ihnen von ihren geliebten Kindern geblieben ist.«

Mutter steht langsam auf, geht mit schweren Schritten auf den Kleinen zu, nimmt ihn hoch und trägt ihn der Zigeunerin entgegen. Sie reicht der anderen Großmutter den kleinen Craig! Wie ein kostbares Geschenk nimmt diese ihn entgegen, betrachtet ihn voller Liebe und Zärtlichkeit. Sie malt ihm ein unsichtbares Zeichen auf die Stirn, küßt ihn auf die Wange und gibt ihn meiner Mutter wortlos zurück. Ein tiefer Blick, in dem so vieles gegenseitig verziehen und verstanden wird, macht aus den so unterschiedlichen Frauen Freundinnen.

Ich bin neben Vater getreten, habe ihm meinen Arm liebevoll auf die verkrüppelte Schulter gelegt. Ein Schluchzen kommt aus seiner Kehle, ein Zittern geht durch seinen armen Körper. »Gwenlynn, bin ich schuld an all dem Unglück?« fragt er.

Er kann mir dabei nicht in die Augen sehen. »Nein, Vater, niemand hat Schuld. Am wenigsten du.«

Monate vergehen. Eines Abends klopft es spät noch an unsere Haustüre. Vater humpelt hinaus und öffnet. Ein junger Mönch steht verlegen vor ihm und bringt leise eine Bitte hervor. Einer seiner Mitbrüder sei schwer erkrankt und brauche Hilfe. Ob er sich den Pferdewagen leihen könne, um den Kranken zum Arzt zu bringen? Natürlich. Ich bin hinzugetreten und frage, ob ich helfen könne. Seine Augen blitzen kurz auf ... und erinnern mich an irgend etwas. Das Nachdenken wird durch meinen Vater unterbrochen, der mir fürsorglich ein Schultertuch umhängt und in den Stall vorausgeht. Schnell ist das Pferd vor den Wagen gespannt. Wehmütig denke ich an unseren Braunen. Die Briten haben ihn uns weggenommen. Erst seit einigen Wochen besitzen wir ein altes Soldatenpferd, das uns einer der Landsmänner aus dem Norden verkauft hat.

Ich sitze hinten auf dem Wagen neben dem Mönch und betrachte ihn verstohlen von der Seite. Er ist noch jung, vielleicht fünfundzwanzig Jahre alt, das Haar rund um die auf seinem Kopf geschorene Tonsur ist rötlich. Er trägt einen gepflegten Bart in derselben Farbe. Sein Blick trifft mich. Eine Schwermut liegt in seinen Augen ... »Nein, nicht noch einmal. Nicht wieder ein Mann, der mich voller Liebe ansieht!« Ertappt senkt er den Kopf.

»Gwen«, schelte ich mich, »was denkst du da? Er ist ein Gottesmann, er hat sein Leben demselben Gott geweiht wie du.«

Endlich kommen wir im Kloster an. Malcolm, er nannte mir unterwegs mit leiser Stimme seinen Namen, hilft mir vom Wagen, führt meinen Vater und mich in ein Nebengebäude. Wir steigen eine schmale, durch Kerzen erhellte Treppe hinauf. Oben erwartet uns der Abt mit sorgenvollem Blick und führt uns in eine kleine karge Zelle. Ein älterer Mönch liegt auf einer Strohmatte. Sein Gesicht ist schweißnaß und glühend heiß. Ich knie neben ihm nieder, fühle ihm den Puls, taste seinen Körper ab. Die beiden anderen Mönche schauen irritiert zu. Mein Vater erklärt ihnen, daß ich heilkundig sei und von meiner *Mhamo* unterrichtet werde. Ja, die alte Gwenlynn kennen sie. Da sind sie beruhigt.

Ich entdecke Schwellungen an den Lymphknoten, und ein Blick in seinen Mund bestätigt es: Er leidet unter einer starken Halsentzündung, die, sollte sie nicht behandelt werden, sich zu einer ernsthaften Krankheit ausweiten kann. Energisch gebe ich Anweisungen, die von Malcolm, ohne auf die Erlaubnis des Abtes zu warten, sofort ausgeführt werden. Wenig später habe ich aus dem Klostergarten alles, was ich brauche. Im Blick meines Vaters, der sich im Hintergrund hält, sehe ich Stolz auf seine Tochter. Ich tue, was zu tun ist, und noch während ich den Kranken behandle, wird er ruhiger, die Temperatur sinkt und er schläft ein.

Dankbar werde ich vom Abt verabschiedet. Als Malcolm mir die Hand reicht, sehe ich wieder das Aufblitzen in seinen Augen; und jetzt erinnere ich mich ... die Taufe des kleinen Craig ...... der Mönch, der leise das Gloria anstimmte ...... der Blick, den er mir zuwarf, bevor er verstummte und in den Schatten zurücktrat ... *Malcolm.* Einen Augenblick zu lange halten sich unsere Hände. Einen Augenblick zu lange hat sein Herz die Möglichkeit, meines zu berühren. Verwirrt trete ich zusammen mit Vater die Heimfahrt an. Noch zweimal bittet mich der Abt, den kranken Mitbruder zu behandeln. Doch er schickt nicht Malcolm, um mich abzuholen. »Hat auch er etwas bemerkt?«

Ohne es mir einzugestehen, sucht mein Blick den jungen Mönch bei jedem dieser Krankenbesuche im Kloster. Ich sehe ihn nicht. »Es wird wohl besser sein.«

Mhamo Gwenlynn bemerkt meine Veränderung und fragt nach dem Grund. Ein Lächeln erscheint auf ihrem Gesicht, als ich ihr betont gleichgültig von der Begegnung mit Malcolm und der

Behandlung im Kloster erzähle. »Du hast deine Sache gut gemacht, Kind. Mach dir keine Gedanken, was daraus werden könnte. Auch ein Mönch hat das Recht, glücklich zu sein.«

Was schwatzt sie da schon wieder? Ich werde mich nie mehr in einen Mann verlieben. Zwei habe ich schon verloren, das genügt.

Und doch ... Es tut mir fast leid, als der kranke Mönch meine Hilfe nicht mehr braucht. Ich habe keinen Grund mehr, das Kloster zu besuchen. Es ist Aufgabe meines jüngeren Bruders, Gemüse aus dem Klostergarten zu kaufen. Und er will es sich auch nicht von mir nehmen lassen, denn die Mönche schenken ihm ab und zu eine Kerze, die er im Dorf gegen anderes eintauscht. »Ich werde diesen Mönch wieder vergessen.«

Zwei Wochen vergehen, da steht er plötzlich in der Weberei. Verlegen und mit hochrotem Kopf fragt er meinen Vater nach Stoff für eine neue Kutte. Geschäftig zeigt ihm dieser verschiedene Ballen. Doch der Blick des jungen Mannes ist intensiver auf mich als auf die Ware gerichtet. »Merkt mein Vater etwas?«

Ungeduldig hält er dem Mönch den Stoff unter die Nase. Ja, ja, genau den wolle er, Malcolm nickt. Es ist schon fast Abend, und ich will noch zu *Mhamo*. Schnell verabschiede ich mich von den Männern im Raum und nehme den enttäuschten Blick des jungen Kunden wahr, hole mein Schultertuch, binde mir ein buntes Kopftuch über die schwarzen Haare und gehe los. Immer noch gestehe ich mir nicht ein, weshalb ich es so eilig habe, daß ich nicht einmal Abendbrot mit der Familie esse. Da höre ich schnelle Schritte hinter mir. Es ist Malcolm. Schweigend und verlegen gehen wir nebeneinanderher, an *Mhamos* Haus vorbei, schlagen gemeinsam den Weg zum Kloster ein. Auf halber Strecke bleibt er plötzlich stehen, spricht leise meinen Namen aus. Wie lange ist es her, daß ein Mann diesen Namen mit einer solchen Liebe und Zärtlichkeit aussprach? Meine Augen sind voller Tränen, seine Stimme hat tief in alten Wunden gerührt. Erschrocken schaut er mich an, hält mir hilflos seine Hände entgegen. Ich halte seinem Blick

stand, gehe diesen einen Schritt, der uns trennt, auf ihn zu. Seine
Arme umschließen mich und ...endlich, endlich darf ich meinen Kopf
wieder an die Schulter eines Mannes legen, der mich liebt ...

Wir treffen uns heimlich, sooft es uns möglich ist. Weder meine
Eltern noch seine Mitbrüder schöpfen Verdacht. Er ist der Jüngste im
Kloster der Franziskaner und als solcher beauftragt, Geschäfte außerhalb der Klostermauern abzuwickeln: Er tauscht, kauft ein, legt den
Tag und die Zeit für Taufen und Messen mit den Dorfbewohnern fest.
So wird niemand im Kloster mißtrauisch, wenn er eine Stunde länger
ausbleibt. Und meine Eltern glauben mich bei *Mhamo* Gwenlynn oder
bei Krankenbesuchen. *Mhamo* ist die einzige, die von unserer Beziehung weiß. Manchmal teilt sie meine Freude, doch oft weist sie mich
auf die Schwierigkeit dieser Liebe hin. Wir wissen es tief in unserem
Innersten selbst: Nicht nur ein Gelübde steht unserer Verbindung im
Wege, sondern Gott selbst. Wir sind beide Ihm geweiht – und können
doch nicht voneinander lassen. Die Zärtlichkeiten die wir tauschen,
machen uns nur für kurze Momente glücklich. Schnell taucht wieder
die Schuld in uns auf ... und die Angst, Gottes Strafe heraufzube-
schwören. Dann wieder träumen wir von einer gemeinsamen Zukunft,
sprechen davon, miteinander wegzugehen. Ich habe davor keine
Angst, ich kann durch meiner Hände Arbeit Geld verdienen. Doch
Malcolm würde sich nie von mir aushalten lassen. Einmal sagt er resig-
niert: »Ich kann nur eines: Botengänge machen.«

Doch er untertreibt. Er hat eine wunderschöne Handschrift und
eine besondere Begabung, die Anfangsbuchstaben in den Schriften
kunstvoll zu verzieren. Ich habe einen Brief von ihm bekommen, der
mir von seiner Liebe in mit Blumen und Figuren verzierten Buchstaben
erzählt. Tag und Nacht trage ich ihn an meinem Herzen. Verbittert
antwortet er auf mein Lob: »Kann man damit eine Familie ernähren?«

Nach und nach erzählt er mir seine Geschichte, und ich verstehe,
warum er sich so nach Zärtlichkeit und Liebe sehnt. Er lebt bei den
Mönchen, so lange er sich zurückerinnern kann. Von Kindesbeinen an

wurde er vom Abt erzogen. Erst vor wenigen Jahren erfuhr er, daß Piraten ihn als Kind aus Schottland entführt hatten, um ihn als billige Arbeitskraft in England zu verkaufen. Doch er wurde auf dem Schiff schwer krank, so daß sie ihn aus Angst vor Ansteckung so schnell wie möglich loswerden wollten. Sie setzten ihn in unserer Bucht an Land, wo Fischer ihn fanden und ins Kloster brachten. Der Abt sagte wörtlich zu ihm: »Gott hat Seine Hand schützend über dich gehalten, damit du dich Ihm weihen kannst. Sonst hätten sie dich einfach über Bord geworfen.«

Er glaubte es und wurde Mönch. Sein rötliches Haar und diese Geschichte brachten ihm im Kloster und im Dorf den Spitznamen »der Schotte« ein. Wie gut ich seine Sehnsucht nach weiblicher Zärtlichkeit verstehen kann. So jung wurde er von seiner Mutter weggerissen und lebte ausschließlich unter Männern. Männern, die ihm einreden, die Liebe zu einer Frau sei für ihn Sünde.

Die Augenblicke, in denen wir glücklich sind, werden seltener. Vater stellt mir mißtrauische Fragen. Ihm sei zugetragen worden, daß man mich öfters mit diesem rothaarigen Mönch zusammen sehe. Trotzig erwidere ich seinen Blick. »Und wenn es so wäre?« – Er spricht nie mehr davon.

Bert lädt mich noch einmal zu einem Dorffest ein. Tags zuvor habe ich mich über Malcolm geärgert, weil er zu einem heimlichen Treffen nicht erschienen ist. Ich hatte ihn daraufhin in der Nähe des Klosters abgepaßt, ihn lachend von hinten überfallen und geküßt. Insgeheim habe ich gehofft, daß ich mit ihm gesehen werde und so eine Entscheidung herbeigeführt würde. Sein Entsetzen und seine Angst davor waren so groß, daß er mich von sich stieß und im Weitergehen nur noch von Schuld, Sünde und Buße sprach. Warum also soll ich nicht mit Bert zum Tanzen gehen? Ich bin jung und ich tanzte so gern.

Nach einer Ewigkeit stehe ich wieder einmal auf den Brettern des Tanzbodens. Ausgelassene Musik erklingt, Bert steht mir gegenüber. Die Vergangenheit will mich packen … Craig, Seamus … doch ich scheuche sie davon. *Jetzt* will ich glücklich sein. Bert tanzt gut, lacht mich frech an, faßt mich um die Taille, dreht mich wie wild im Kreise. Wir lachen, lachen, es tut so gut. Keinen einzigen Tanz lassen wir aus. Er begleitet mich im Dunkeln nach Hause, seinen Arm um meine Schulter gelegt. Ich lasse es zu. Vor der Haustüre will er mich küssen. »Nein, Bert. Das nicht.«

Enttäuscht und gekränkt schleicht er sich davon.

Am nächsten Tag gehe ich am Strand spazieren. Ich muß mit meinen Gefühlen ins reine kommen. Eines ist mir heute Nacht klargeworden. »Bert ist es nicht. Doch ist es Malcolm, mit dem ich glücklich werden könnte?«

Weit vor mir sehe ich einen Mönch im Sand gehen. Er trägt die Sandalen, die er ausgezogen hat, in der linken Hand. Mit der rechten hebt er immer wieder Muscheln auf, betrachtet sie, sortiert die Schönsten aus. Ich erkenne ihn. Mein Herz eilt ihm sehnsüchtig entgegen. Er spürt es, dreht sich um und schaut in meine Richtung. Keinen einzigen Schritt kommt er auf mich zu. Mit jedem Schritt, den ich tue, wird mein Schuldgefühl wegen des gestrigen Abends größer. Ich komme mir wie eine Betrügerin vor. Endlich stehe ich vor ihm. Hilflos sieht er in meine Augen, dann auf seine geöffnete Hand mit den Muscheln. »Ich will dir eine Muschelkette zum Abschied schenken, Gwen.«

Tränen laufen in seinen rötlichen Bart. »Warum?«

»Ich mußte gestern Abend noch einmal ins Dorf und sah dich ausgelassen mit dem jungen Mann tanzen. Ich werde dir dieses Vergnügen nie schenken können. Ihr seid so lebenslustig, ich werde nie so sein. Werde mit dem anderen glücklich, Gwen. Ich habe beim Abt um Versetzung gebeten. Morgen schon gehe ich fort.« Alles in mir schreit: »Nein!« Hilflos stammle ich: »Was redest du da. Ich kann dich das Tanzen lehren. Komm, jetzt gleich.«

Ich nehme ihn schwungvoll am Arm, die Muscheln fallen ihm aus der Hand. »Komm, komm!«

Meine Anstrengungen werden immer verzweifelter, diesen stock-
steifen Mönch zum Tanzen zu bewegen. Es ist aus, wir spüren es
beide. Ein unbändiger Haß auf Gott steigt in mir auf. Kraftlos lasse ich
Malcolms Hände los, werfe den Kopf in den Nacken und schreie zum
Himmel empor: »Nun nimmst du mir den Dritten, der mich liebt.
Bist du jetzt zufrieden?« – Malcolm dreht sich wortlos um und geht.

12

Ich widme meine ganze Energie der Heilkunst. *Mhamo* bremst mich, erklärt mir, daß dieses verbissene Lernen nicht gut sei. Was versteht sie schon! Doch sie behält recht. Ich merke, daß meine Behandlungen nicht mehr gelingen. Immer weniger Menschen suchen meine Hilfe, meinen Rat. Das hat zur Folge, daß ich mich noch tiefer in mein Unglücklichsein zurückziehe. Meine Eltern versuchen, mich aufzuheitern. Sie bieten mir eine Erholungsreise an. Wozu? Nicht einmal der kleine Craig bringt mich mehr zum Lachen. Wieder einmal bin ich in einer Gleichgültigkeit gefangen, die mir jede Lebensfreude – und jedes Mitgefühl für andere – verwehrt.

Erneut verschließe ich mich meiner Berufung und schicke nicht nur die wenigen Kranken weg, die zu mir kommen, sondern höre auch auf, meine Lehrerin Gwenlynn zu besuchen. Mein junges Leben besteht nur noch aus Weben, Essen, Schlafen … Fast zwei Jahre lang, dann erfahre ich, daß »der Schotte« wieder im Kloster ist. Doch ich sehe ihn nicht.

Neue Kriegsgerüchte tauchen auf. Es wird erzählt, daß die Briten einen erneuten Angriff planten. »Warum können sie unser Volk nicht in Frieden leben lassen?«

Aufrüstung beginnt, wieder üben sich junge Männer im Kampf. Ich kann meinen kleineren Bruder, der mittlerweile fünfzehn Jahre alt ist, nicht verstehen. Er ist ganz versessen darauf, an der Waffe ausgebildet zu werden. *Seanmhathair* Tuohig ist im letzten Jahr kränklich geworden, und meine Mutter pflegt sie. Beide Frauen leiden unter der Vorstellung, daß es bald wieder Krieg geben wird.

Auch *Mhamo* Gwenlynn ist alt und müde geworden. Ich sehe sie sehr selten. In ihrem Haus besuche ich sie schon seit langem nicht mehr. Immer noch kommen viele Kranke zu ihr, doch im Dorf erzählt man sich, daß sie oft im Bett angetroffen werde. Bei ihren selten gewordenen Besuchen in unserem Haus umfängt mich ihr liebevoller und verständnisvoller Blick. Ich spüre die innere Frage, warum ich meiner Berufung ausweiche ... und ich ignoriere sie.

Die Bedrohung, die in der Luft liegt, verstärkt auch meine innere Unruhe. Wieder werde ich nachts von Träumen heimgesucht. Träume? – Die weisen Frauen stehen um mich herum. Ihre wissenden Augen stellen dieselbe Frage wie *Mhamos* Blick: »Bist du dir deiner Verantwortung nicht mehr bewußt? Wenn Krieg kommt, brauchen wir dich.«

Schweißgebadet wache ich jedesmal auf. »Warum kann ich nicht wie die anderen Mädchen in meinem Alter sein?«

Einer dieser Träume bewegt mich ganz besonders: Wieder stehen die weisen Frauen im Kreis um mich und sehen mich fragend an. *Mhamo* geht auf mich zu, nimmt meine Hand und führt mich an ein Fenster. Sie fordert mich auf, hinauszublicken. Überrascht stelle ich fest, daß ich nicht »hinaus«, sondern in ein armseliges Zimmer »hinein«schaue. Eine Frau in mittleren Jahren steht mit dem Gesicht zu mir vor einem jungen Soldaten. Er wendet mir den Rücken zu. Seine Uniform kenne ich: Es ist eine britische! Haß steigt in mir auf, ich will mich abwenden. Doch *Mhamo* legt ihren Arm um mich und zwingt mich, weiter hinzuschauen. Die Mutter des jungen Mannes hat Tränen in den Augen. Fünf jüngere Geschwister stehen um ihn herum und schauen verstört auf die beiden, die sich lange schweigend in die Augen blicken ... dann faßt die Frau in ihren Nacken, öffnet eine Halskette und hängt sie dem Sohn liebevoll um. Er öffnet den Kragen der Uniform und versteckt das Geschenk unter dem Hemd. Zärtlich und mit großer Innigkeit umarmen sich die beiden. Der junge Mann löst sich schließlich mit sanfter Gewalt von ihr, wendet sich den jüngeren Kindern zu, salutiert mit gespielter Unbekümmertheit vor ihnen und hebt eines nach dem anderen hoch. Es ist ein Abschiednehmen, und je länger ich zusehe, um so mehr berührt es mein Herz.

Die weise Frau neben mir führt mich vom Fenster weg, zurück in den Kreis der anderen. Aller Augen ruhen auf mir und stellen wieder die Frage: »Bist du bereit, dem Leben zu dienen ... ohne zwischen Freund und Feind zu unterscheiden?«

»Ja, jetzt bin ich es. Jetzt fühle ich auch die Angst und den Schmerz der britischen Mütter und Mädchen.«

Am nächsten Morgen besuche ich *Mhamo* Gwenlynn. Sie liegt im Bett, und bei ihrem Anblick erschrecke ich zutiefst: Sie ist so schwach geworden. Doch der Blick, der dem meinen begegnet, ist stark und jung wie immer. Wir brauchen keine Worte. Es tut mir so weh, zu verstehen, daß sie nur auf mein »Ja« wartete, um in Frieden gehen zu können. Mein Herz fleht sie an: »*Mhamo*, ich brauche dich doch. Ich weiß noch so wenig, geh noch nicht! Lehre mich alles, was ich wissen muß, um deine Nachfolgerin zu werden.«

Voller Liebe kommt ihre Antwort: »Ich werde immer bei dir sein. Mein Wissen ist dein Wissen. Warum, glaubst du, haben wir denselben Namen? Wir beide sind *eins*. Irgendwann wirst du es verstehen.«

Zwei Tage später findet Mutter sie tot in ihrem Bett. Meine Trauer und mein Schmerz sind grenzenlos, trotz ihres Versprechens, das in meinem Herz ruht.

Vater vereinbart mit den Mönchen den Tag für den Begräbnisgottesdienst. Seit zwei Jahren habe ich keine Kirche mehr von innen gesehen. Zu groß ist meine Verbitterung gegen den, der mir alles nimmt, was ich liebe. Meinen Eltern zuliebe schließe ich mich der Familie an und gehe, gefolgt von fast allen Dorfbewohnern, den Weg zum Kloster. Erinnerungen begleiten mich, die Vergangenheit schreitet quälend neben mir her. Malcolm.

Schon von weitem hören wir die Choräle der Mönche. Ich glaube, seine Stimme herauszuhören. Zwei Jahre – haben sie ihn verändert? Langsam betreten wir die Klosterkirche, gehen ganz nach vorn in die ersten Bänke. *Mhamo* hatte keine lebenden Angehörigen mehr, wir waren ihre Familie. Wir ... und alle Menschen! Vor uns steht der

Friary

Steinaltar, rechts und links daneben an den Wänden die Steinbänke, auf denen die Mönche sitzen und singen. Sie verstummen, erheben sich und schauen in unsere Richtung. Nicht alle, mein suchender Blick hat Malcolm gefunden. Er hält seine Augen geschlossen. Der Abt betrachtet mich fragend, wirft einen Seitenblick auf Malcolm. Mir wird klar, daß er alles weiß.

Wir setzen uns, nehmen nach dem katholischen Ritual Abschied von meiner *Mhamo*. Nein, ich nicht. Zu deutlich spüre ich ihre lebendige Gegenwart in mir. Nach der Wandlung geht meine Familie geschlossen nach vorn, um die Kommunion zu empfangen. Sie ziehen mich einfach mit. Ich knie auf dem Boden, schließe meine Augen. Will ich überhaupt den Leib Christi empfangen? Ich höre den Mönch, der das Brot austeilt, näherkommen – und spüre Malcolm. Als er vor mir steht und ich seine Stimme höre, verstoße ich gegen alle Regeln, die ich als Christin gelernt habe. Meine Augen öffnen sich, mein Kopf hebt sich und ich blicke ihm direkt in die Augen. Etwas in uns, das jahrelang schlief, erwacht wieder. Zeit und Raum verschwinden, es gibt nur noch ihn und mich.

Das energische Räuspern des Abtes läßt ihn erschrocken zusammenzucken. Er löst seinen Blick von meiner Seele. Seine Hand mit dem Brot kommt meinem Gesicht ganz nahe, ich spüre seine Wärme. Als er es mir auf die Zunge legt, berührt er ganz sacht meine Lippen. Es ist wie eine Liebkosung. »Malcolm.«

Ein Ruck geht durch seinen Körper, entschlossen wendet er sich meiner Schwester neben mir zu. »Corpus Christi«, höre ich ihn mit belegter Stimme sagen. Endlich bin ich wieder in meiner Bank.

Wie ich diese Stunden hinter mich gebracht habe, weiß ich später nicht mehr. Der Gang zum Friedhof; das Ritual am Grab; die Tränen der anderen, als es sich mit Erde füllt und *Mhamos* Hülle verschluckt … all das nehme ich wie durch einen Schleier wahr. Vor diesem Schleier steht ein junger Mönch mit rötlichen Haaren, einem rötlichen Bart und schwermütigen Augen. »*Mhamo*, mit wem soll ich jetzt reden, du fehlst mir so sehr.«

»Gwenlynn«, höre ich sie tröstend und verständnisvoll meinen Namen aussprechen.

Am selben Abend stehe ich neben den weisen Frauen am Einweihungsplatz und nehme an einem keltischen Ritual teil. Wir nehmen Abschied von *Mhamo*. Der Schleier ist weg, eine große Kraft und Freude durchströmen mich. Ja, Gwenlynn ist *eins*.

Mein Herz ist gespalten: Ich spüre meine Berufung, dem Leben zu dienen, doch genauso stark ist die Sehnsucht nach Malcolm. Die weisen Frauen, mit denen ich darüber spreche, verstehen mich. Auch sie mußten diese Entscheidung einst treffen: »Laß dir Zeit. Deine Entscheidung muß endgültig und ohne jeden Zweifel sein.«

Ich erfahre, daß »der Schotte« in den Jahren seiner Abwesenheit auf dem Kontinent eine Ausbildung als Lehrer absolviert hat. Die Dorfbewohner schicken ihre begabten Söhne ins Kloster, wo er sie in

Latein und Geschichte unterweist. Meine Eltern entschließen sich, auch meinen Bruder anzumelden. Mutter meint: »Vielleicht kommt er dann ein wenig vom Kriegspielen weg.«

Wenn ich ihn am Morgen ins Kloster hinübergehen sehe, begleitet ihn mein Herz. Wie sehr beneide ich ihn, er darf nun mehrere Stunden mit Malcolm zusammensein. Seit der Beerdigung habe ich ihn nicht mehr gesehen. Er scheint das Kloster nie zu verlassen. Die Botengänge macht nach wie vor ein anderer Mönch.

Eine Woche später schiebt mir mein Bruder bei der Rückkehr vom Unterricht einen Brief zu. Lange halte ich ihn in der Hand, bevor ich es wage, ihn zu öffnen. Mein Herz macht einen Sprung, als ich Malcolms wunderschöne Handschrift sehe.

»Gwen, es ist nicht aus. Ich machte mir etwas vor. Gib mir Zeit. Nun habe ich einen Beruf, der eine Familie ernähren kann. Doch bevor ich dir die Frage stelle, muß ich mir, ohne jeden Zweifel, ganz sicher sein. Malcolm.«

Das M seines Namens ist ein mit roter Farbe gemaltes Herz! Er schreibt dasselbe, was mir die weisen Frauen geraten haben. Sollte uns Gott doch die freie Entscheidung überlassen?

In den nächsten Tagen gehe ich tief in mich. Noch könnte ich die Antwort nicht aus vollem Herzen geben. Meine Berufung fühle ich so stark in mir, manchmal wiegt sie schwerer als die Sehnsucht nach Malcolm. Ich spüre, daß es ihm ebenso geht ... Da nimmt Gott uns die Entscheidung aus der Hand!

Wieder überstürzen sich die Ereignisse. Wieder läuten mitten in der Nacht die Kirchenglocken: »Angriff!« Wir sind, trotz der Gerüchte, die in den letzten Wochen im Umlauf waren, völlig überrumpelt. Haß und Angst ergreifen die Menschen. Mein jüngerer Bruder schließt sich den kampffähigen Männern an. Die anderen eilen in die Kathedrale, um sich in den Schutz Gottes zu begeben. Ich weiß, wo mein Platz ist. Auf Umwegen gelange ich zum Steinkreis, wo ich bereits von drei anderen Frauen erwartet werde. Mir ist klar, daß meine Eltern vor Sorge um mich fast umkommen. Doch ich bin erwachsen, sie müssen meine Entscheidungen akzeptieren. Sollte ich auf dem Schlachtfeld gebraucht werden, bin ich bereit zu helfen. Egal, wer verwundet vor mir liegt. Der Traum hat auch Verständnis für die Feinde in mir erweckt.

Es fallen nur wenige Schüsse. Wir hören die Signale, die unseren Männern sagen, sie sollen sich zurückziehen. Die Übermacht der Angreifer ist zu groß. Es gibt keine Verletzten, unsere Hilfe wird nicht gebraucht. In unseren rot-weißen Schürzen, an denen man uns als Heilerinnen erkennt, gehen wir mit erhobenen Armen und klopfenden Herzen auf einen Trupp britischer Soldaten zu. Sie bringen uns in die Kathedrale zu den anderen. Bei Tagesanbruch ist unser Dorf besetzt. Der Dorfälteste tritt an der Seite des britischen Anführers vor seine Landsleute und liest mit gebrochener Stimme eine mehrseitige Kapitulationserklärung vor. Tränen der Wut stehen in seinen Augen. Keine zwei Jahre durften wir in Freiheit leben. Wieder sind unsere jungen Männer im Untergrund. In unseren Herzen wissen wir, daß sie alles tun werden, um uns die Freiheit zu erkämpfen.

Die Sieger halten den *Teach Tábhairne* besetzt und benutzen es als Kommandozentrale. Die Räume im Obergeschoß sind ebenso wie die Stallungen von Soldaten belegt. Als alle Häuser nach Waffen und Aufständischen durchsucht sind, wird das Ausgehverbot aufgehoben. Dieser Überfall scheint einen anderen Grund gehabt zu haben als der letzte: Die Briten verbieten uns unter Androhung strengster Strafen jede katholische Handlung. Der Eingang der Kathedrale wird mit Brettern vernagelt, der Priester wird abgeführt. Auch die Mönche werden aufgefordert, ihr Kloster zu verlassen. Sie tun es nicht. Sie verschanzen sich hinter den Klostermauern. Eigentlich bräuchte ich mir um sie keine Sorgen zu machen, denn sie können sich über einen langen Zeitraum selbst versorgen. Genügend Gemüse wächst in ihrem Klostergarten, und ein eigener Brunnen sorgt für Wasser. Doch sie haben keine Waffen und werden einem Angriff nicht lange standhalten können. »Was haben die Briten gegen diese Gewaltlosigkeit predigenden Mönche? Malcolm ...«

Die Angst um ihn und seine Mitbrüder schnürt mir das Herz ab. Zu den üblichen Gebetszeiten können wir die Gesänge der Mönche bis in unser Dorf hören. Müssen sie die Feinde auch noch provozieren?

Die Lage im Dorf dagegen scheint sich zu entspannen. Die Engländer verhalten sich den Iren gegenüber, die die Besatzung akzeptieren, neutral, ja sogar freundlich. Und es gibt genug Iren, die von den Geschäften mit den Soldaten profitieren. Der Wirt des *Teach Tábhairne* macht guten Gewinn mit ihnen. In ihrer Freizeit sitzen sie in seiner Gaststube und wärmen sich auf. Er sucht junge Frauen, die beim Bedienen helfen sollen. Ich sehe darin eine Chance, mehr über die Pläne der Engländer zu erfahren, und bewerbe mich. Der Wirt ist überrascht, als ich mich vorstelle. Gerade die Schwester des getöteten Rebellen, die soviel Schmerz durch die Briten erfahren hat, will den Besatzern dienen? Er stellt keine Fragen, reicht mir nur wortlos eine Schürze.

Auch meine Eltern können nicht verstehen, daß ich die Arbeit in der Weberei liegenlasse. Ich bitte sie um Vertrauen. Meine Mutter meint: »Du mußt wissen, was du tust.«

Tag für Tag stehe ich nun in der Wirtsstube und serviere Getränke und Speisen. Ich lächle freundlich, halte mich aber zurück, so daß nur selten einer der englischen Soldaten wagt, mich anzusprechen. Es ist ihnen wohl auch von ihrem Vorgesetzten verboten. Ihre heimlichen bewundernden Blicke spüre ich wohl. Ich versuche ihre Sprache zu lernen, präge mir Worte ein, die mir vielleicht einmal nützlich sein können.

Eines Tages betritt ein junger Soldat den *Teach Tábhairne*, den ich noch nie hier gesehen habe. Er setzt sich nicht zu den anderen, die lautstark herumgrölend Karten spielen. Mit dem Rücken zu ihnen, nimmt er vor dem Fenster Platz, sein Blick geht nach Süden in die fernen Berge. Minutenlang beobachte ich ihn und spüre sein Heimweh so deutlich. Mitleid steigt in meinem Herzen auf. Da sehe ich, wie er gedankenverloren mit der Hand an seinen Hals greift, den Kragen ein wenig lockert ... und eine Halskette umfaßt. Fast zärtlich läßt er die einzelnen gelben Perlen durch seine Finger gleiten. Ein Beben geht durch meinen Körper. Die Erinnerung an ihn taucht tief aus meiner Seele auf. Ich erkenne ihn: Ich durfte dabeisein, als er sich von seiner Mutter und seinen Geschwistern verabschiedete. Ich weiß, wer ihm diese Kette schenkte. Langsam gehe ich an seinen Tisch, trete neben ihn und lege ihm sanft meine Hand auf die Schulter. Mit Tränen in den Augen schaut er zu mir auf. Verstehend nicke ich ihm zu. Er antwortet mit einem schüchternen Lächeln.

Die anderen Soldaten werden auf uns aufmerksam. Ich höre sie lachen, der Name »Peter« fällt, die anderen Worte verstehe ich nicht. Aber ich verstehe den Klang. Peter fährt herum, starrt sie aufgebracht an und gibt eine kurze scharfe Antwort. Für einen Moment verstummen sie überrascht, dann wenden sie sich wieder dem Kartenspiel zu.

Mit den wenigen englischen Worten, die ich kenne, frage ich ihn, ob er etwas essen oder trinken wolle. Er schüttelt den Kopf, erhebt sich und verläßt den Raum. Der Feind, den ich vor Jahren bis aufs Blut haßte, den ich in den letzten Wochen als Mensch annehmen konnte, der im Notfall von mir Hilfe erfährt, hat mit diesem jungen Soldaten ein Gesicht bekommen, das ich voller Mitgefühl streicheln könnte. »*Mhamo*, jetzt verstehe ich dich. Du hast in den Verletzten auf dem Schlachtfeld nicht die feindlichen Soldaten gesehen, sondern die Söhne der Mütter, die wie du vor Angst nicht schlafen konnten.«

Am nächsten Tag warte ich, ohne es mir einzugestehen, auf Peter.

Lange lag ich gestern Nacht wach, und plötzlich war ein Gedanke da: »Wenn es mir gelingt, sein Vertrauen zu gewinnen, könnte ich vielleicht mehr über die Pläne der Besatzer herausbekommen und so den Franziskanern helfen.«

Gegen Mittag ist sein Dienst beendet, und er betritt den *Teach Tábhairne*. Suchend schaut er sich um. Nach mir? Ich richte es ein, daß ich an seinem Tisch bediene, lächle ihn an, berühre ihn einmal wie zufällig an der Schulter. Er zuckt zusammen, wie von einem Stromschlag getroffen, und wagt es, mir direkt in die Augen zu sehen. Ich kann bis in sein Herz schauen ... Hat diese eine Begegnung gestern genügt, mich zu finden? Eine tiefe, ehrliche Liebe spricht aus ihm. Schnell senke ich den Blick aus Angst, er könnte in mein Herz sehen. In mein Herz, in dem Malcolm wohnt. Verstört drehe ich mich um und laufe hinaus. Daß ich tatsächlich vorhabe, einen Menschen auszunutzen, der bereit ist, mir voller Liebe sein Herz zu öffnen, schnürt mir die Kehle zu.

Tagelang liege ich mit starken Kreislaufbeschwerden im Bett. Immer wieder sehe ich Peters Gesicht vor mir, seinen offenen Blick aus sanften, braunen Augen. Dann wieder verschwimmt das Bild, Malcolm taucht auf, seine Augen stellen eine Frage ...

Meine Eltern sorgen sich um mich. Sie halten, so gut es geht, alle Nachrichten über die Entwicklung der Belagerung des Klosters von mir fern. Doch ich spüre die Bedrohung größer werden. Eine schier unerträgliche Spannung herrscht im Dorf. Zwei Tage später bediene ich wieder im *Teach Tábhairne*. Der junge Soldat ist nicht da. Soll ich darüber froh sein?

Auch die englischen Männer stehen unter einer großen Anspannung. Wissen sie mehr und warten auf den Befehl zum Stürmen? Den Besatzern ist bekannt, daß die Franziskaner keine Waffen haben und keine Gewalt anwenden werden. Etwas anderes hält sie davon ab, einfach anzugreifen und das Kloster zu zerstören. Sind es politische Gründe? Fürchtet der englische König, einen Krieg gegen den Kontinent auszulösen?

Am nächsten Tag bediene ich wieder, behalte die Türe im Auge, warte, ohne mir den wahren Grund einzugestehen, auf diesen jungen

Mann. Die Zeit drängt: Ich muß mehr erfahren, und er ist der einzige, von dem ich mir Informationen erhoffe.

Endlich, gegen Abend, betritt er den *Teach Tábhairne*. Auch er sucht mich, ich sehe es an seinem Verhalten: Als er mich erblickt, verwandelt sich sein besorgter Gesichtsausdruck in ein Strahlen. Immer noch gestehe ich mir die Freude nicht ein, die mich bei dem Gedanken erfüllt, daß er sich in den letzten Tagen Sorgen um mich gemacht hat. Ich bediene ihn, er sieht mir völlig frei und verliebt in die Augen. Seine Liebe ist größer als die Angst, gerügt oder bestraft zu werden.

Die Spannung im Raum ist sehr groß, die Bedrohung hängt schwer in der Luft. Meine Sorge um die Mönche wächst, ich muß schnell handeln. Als ich Peter sein Getränk serviere, stecke ich ihm heimlich einen Zettel zu. Ich hoffe, er kann meine Botschaft verstehen und mich bei Dunkelheit auf dem Friedhof neben der Kathedrale treffen. Das ist ein Ort, den die Soldaten weitgehend meiden. Erinnert er sie zu sehr an den Tod? Kurz danach verläßt er mit einem fast unmerklichen Kopfnicken in meine Richtung den Raum.

Die Stunden, bis die Wirtsstube schließt, ziehen sich endlos hin. Endlich kann ich mich auf den Weg zur Kathedrale machen. Dunkel und unheimlich ragt sie heute vor mir auf – und warnend! Ich schlüpfe durch den Durchlaß in der Friedhofsmauer, gehe an den schweigenden Grüften und Grabreihen vorbei ... bis ganz nach hinten, an die östliche Steinmauer. Diesen Platz kann man vom Dorf her schlecht einsehen. Hier warte ich mit klopfendem Herzen, kauere auf dem Boden und erschrecke doch, als wenige Augenblicke später hinter einer Gruft der junge Engländer hervortritt. Schüchtern und ohne ein Wort zu sagen, gehen wir aufeinander zu, stehen uns lange gegenüber. Schließlich hält er mir seine beiden, nach oben geöffneten Hände entgegen: Ja, ich verstehe, er kommt als Freund, ohne Waffen und trägt sein junges Herz in seinen Händen.

Da schießen mir erneut Tränen in die Augen. Was tue ich hier?

Voller Scham schlage ich die Hände vor das Gesicht. Erschrocken über meinen Gefühlsausbruch, nimmt er mich in seine Arme, streichelt mir unbeholfen und doch unendlich zärtlich den Rücken, spricht leise und beruhigende Worte zu mir, in dieser mir fremden, bisher so verhaßten Sprache – und in diesem Moment liebe auch ich ihn. Ich schwöre es! Er flüstert immer wieder meinen Namen: »Gwenlynn, Gwenlynn, Gwen.«

Wir schauen uns minutenlang in die Augen ... und direkt in die Seele. Seit Ewigkeiten kennen wir uns und dürfen uns hier und jetzt wiedersehen. Malcolm steht dieser Beziehung nicht im Wege, er ist mit einbezogen. Unsere Seelen wissen alles und sind einverstanden mit allem, was geschehen wird. Als wir uns küssen, ist es ehrliche Liebe, ist es der Wunsch, den anderen glücklich zu machen. Und doch wissen wir beide um die Aussichtslosigkeit dieser Liebe.

Die nächsten beiden Tage sind für mich gleichzeitig Himmel und Hölle. Der Verstand stellt meine Gefühle in Frage. Mein Herz ist gespalten und schreit vor Schmerzen: Malcolm besitzt die eine Hälfte, füllt sie mit seiner Liebe und seinem Vertrauen aus ... und die andere Hälfte hält Peter besetzt, ebenso voller Liebe und Vertrauen. Wie soll das weitergehen? Peter und ich treffen uns jeden Abend auf dem Friedhof, klammern uns aneinander wie Ertrinkende. Wir riskieren beide, verraten und verhaftet zu werden. Er wäre für sein Land ein Verräter, und ich wäre dasselbe in den Augen meiner Landsleute. Schmerzhaft erinnere ich mich an die Wut, die ich einst auf Bridged hatte. Ich unterstellte ihr, ein »Soldatenliebchen« zu sein. Es ist eine schicksalhafte Verbindung, der wir beide – Peter und ich – nicht entfliehen können.

Einmal erzählt er mir, an die Friedhofsmauer gelehnt und mich eng umschlungen haltend, von zu Hause, und ich kann, trotz der Sprachschwierigkeiten, einiges verstehen: Sein Vater lebt seit längerer Zeit nicht mehr, er hat fünf jüngere Geschwister. In seiner Heimatstadt fand er keine Arbeit, und obwohl die Mutter in den Häusern der Reichen putzt, herrscht Not. So sah Peter den Dienst bei den Soldaten als einzige Möglichkeit, die Familie zu unterstützen. Immer wieder fällt das Wort »Mum«. Seine Stimme ist dabei so liebevoll, daß mir die Tränen in die Augen steigen. Er ist überzeugt, seine Mutter würde mich mögen. Würde er verstehen, wenn ich ihm erzählte, daß ich sie kenne?

Am zweiten Abend öffnet er, keinen Blick von mir lassend, seinen Uniformkragen, nimmt die Halskette ab und legt sie mir um! In einfachen Worten erklärt er, daß sein Vater sie einst seiner Mutter zur Hochzeit geschenkt habe. Beim Abschied habe sie ihrem Sohn die Bernsteinkette umgehängt, damit er immer an ihre Liebe und Fürsorge erinnert sei. Und nun trage ich sie ...

Ich frage Peter danach, ob es Pläne gebe, das Kloster zu stürmen. Er schaut mir offen in die Augen und antwortet ohne jeden Argwohn, daß er nichts Genaues wisse. Ich glaube ihm. Auseinanderzugehen fällt uns in dieser Nacht schwer. Beide spüren wir, ohne es auszusprechen, daß sich die Lage zuspitzt.

Schlaflos liege ich nachts in meinem Bett: Peter hofft auf eine gemeinsame Zukunft mit mir – und Malcolm? Zeigt ihm der Zusammenhalt unter den Mönchen, wo sein Platz ist? Ich finde keinen inneren Zugang mehr zu ihm. Hat er sich in den Tagen der Belagerung von mir entfernt? Steht sein Entschluß ohne jeden Zweifel fest? Oder bin ich durch die Liebe zu Peter für ihn nicht mehr erreichbar?

In meinem Kopf und in meinem Herzen herrscht ein heilloses Durcheinander. Ich muß eine Entscheidung treffen. Sollte ich mich für den Engländer entscheiden, bedeutet dies, daß ich ihm in seine Heimat folge. Auch dort werden Frauen gebraucht, die heilkundig sind. Vielleicht gelingt es mir im Lande der Feinde, Verständnis für unser Land zu wecken. Dann wieder redet der Verstand dazwischen: »Wie kannst du nur daran denken, deine Landsleute zu verraten und mit dem Briten zu gehen?«

Wie froh bin ich, als endlich der Morgen graut. Dunkle Wolken stehen am Himmel, die Sonne hat keine Möglichkeit, Licht und Wärme in den Tag zu bringen. Ein Omen?

Mein Inneres sagt mir, daß heute die Entscheidung fallen wird. Eine Entscheidung, die mir abgenommen wird? Ich verabschiede mich von meinen Eltern, umarme meine Schwester und den kleinen Craig und gehe in den *Teach Tábhairne*. Ich spüre, wie mir meine Mutter lange hinterhersieht.

Wie jeden Tag stehe ich in der Küche neben den anderen Mädchen und Frauen und bereite das Essen für die Briten vor. Wir sprechen nicht viel, es liegt eine Spannung in der Luft, die greifbar ist.

Gegen Mittag kommen die ersten Soldaten. Ich binde eine saubere Schürze um, gehe in den Schankraum und bediene. Dabei behalte ich die Türe im Auge, warte mit zunehmender Ungeduld und Sorge auf Peter. Vielleicht weiß er heute mehr? Die britischen Soldaten stecken immer wieder ihre Köpfe zusammen, schauen sorgenvoll drein, verstummen, sobald der Wirt oder ich in die Nähe kommen. Sie meiden jeden Kontakt mit uns, beschränken sich aufs Allernotwendigste. Peter sehe ich tagsüber nicht mehr. »Was ist los, er kann doch nicht den ganzen Tag Dienst haben? Wenn er doch wenigstens abends zum Treffpunkt kommen würde!«

Ich lasse mich von der allgemeinen angespannten Stimmung anstecken. Am späten Nachmittag werden plötzlich alle Soldaten, die sich im *Teach Tábhairne* oder im Ort aufhalten, zusammengerufen. Aufregung herrscht sowohl unter den Einheimischen als auch unter den Besatzern. Es wird schwierig werden, unbemerkt den Friedhof zu erreichen. Der Wirt wird von den Soldaten informiert, daß in Kürze ein Ausgehverbot für die Bevölkerung erlassen werde, und schickt uns nach Hause. Angst breitet sich aus. Ein Angriff, ein Sturm auf das Kloster wird immer wahrscheinlicher. »Malcolm!« – Panik läßt mein Herz eng werden.

Wieder einmal sitzt unsere Familie schweigend vor einer kleinen flackernden Kerze. Der Blick meiner Eltern ruht fragend auf mir. Nur mit Mühe gelingt es mir, äußerlich ruhig zu bleiben: Mein Plan steht fest.

Heute ist Vollmond, doch der Himmel ist immer noch bewölkt und unser Ort liegt stockdunkel da. Es ist schwierig, das Haus zu verlassen, denn meine Eltern lassen mich nicht aus den Augen. Ahnen sie etwas? Ich nehme das unruhige Wiehern unseres Pferdes zum Anlaß, zum Stall hinüberzugehen. Die dunkle Kleidung, die ich anziehe, beschwört die Vergangenheit herauf. Vom Stall weg gelingt mir die Flucht über die angrenzende Wiese in das kleine Wäldchen. Noch nie kam mir der Weg zur Kathedrale so weit vor. Ich muß mich von der Ostseite des Friedhofs her anschleichen, liege immer wieder mit wild schlagendem Herzen im Gras, ehe ich die Mauer überwinden und mich hinter einer Gruft verstecken kann.

Nach endlosen Minuten sehe ich einen Schatten über die Mauer steigen, fast an derselben Stelle, die ich zuvor überwand. Schnell verschwindet die Person ebenfalls hinter einer Gruft. Leise höre ich kurz darauf meinen Namen flüstern. Ein Stein fällt mir vom Herzen: »Peter, Peter!«

Wir kriechen im Schatten der Grabsteine aufeinander zu und fallen uns in die Arme. Keuchend erzählt er, daß er bereits in der gestrigen Nacht in Haft genommen worden sei. Ein Kamerad habe ihn wegen seines Kontaktes zu mir verraten. Doch es sei ihm gelungen, am Nachmittag in der allgemeinen Aufregung wegen der bevorstehenden Stürmung des Klosters, die für morgen früh geplant sei, zu fliehen. Danach habe er sich in einer Scheune versteckt. Erst jetzt fällt mir auf, daß er keine Uniform trägt. Er hat sich ihrer unterwegs entledigt und auf dem Bauernhof zum Trocknen aufgehängte Arbeitskleidung gestohlen. »Laß uns fliehen, hier haben wir keine Chance«, stößt er verzweifelt hervor.

»Fliehen?«

»Das Kloster soll gestürmt werden.« Die Worte dröhnen in meinem Kopf. Malcolm! Vielleicht gelingt es mir, ihn und seine Mitbrüder zu warnen. Vielleicht schaffen sie es, heute Nacht in der Dunkelheit zu fliehen.

Entschlossen und ohne auf Deckung zu achten, springe ich auf, renne durch die Grabreihen auf die Maueröffnung zu, stürze hinaus und beginne, in Richtung des Klosters zu hetzen. Ich höre hinter mir Peters leisen, entsetzten Ruf, seine Schritte, sein Keuchen. Doch nichts kann mich zurückhalten. In diesem Moment kommt der Vollmond durch die Wolkendecke, es wird hell um mich. Ich stürme eben um die nächste Wegbiegung, da tauchen vor mir plötzlich mehrere englische Soldaten auf. Sie schreien mich an, ich solle stehenbleiben, doch ich versuche, ihnen auszuweichen. Sie reißen ihre Waffen hoch, legen auf mich an. In diesem Augenblick hat mich Peter eingeholt, reißt mich von hinten zu Boden und wirft sich über mich. Laute Schüsse zerreißen die Stille. Ich spüre einen furchtbaren Schlag und einen brennenden Schmerz am Hals ... es wird dunkel um mich ...

13

»Gwenlynn, o Gwenlynn, du warst so jung, so voller Sehnsucht nach Liebe ...«

Ich spüre diese Sehnsucht in mir, und jetzt ist da nur noch Dunkelheit. Trauer und Schmerz um all die Menschen, die ich damals verloren habe, spüre ich tief in meinem Herzen. Doch mir bleibt nicht viel Zeit für diese Gefühle. Die inneren Bilder laufen weiter ... jetzt sehe ich alles nicht mehr durch Gwenlynns Augen, fühle nicht mehr ihre Gefühle. – Ich bin Beobachter:

Ich sehe zwei Menschen leblos am Boden liegen, über die sich einige Soldaten beugen. Die Männer sind betroffen und ratlos, denn sie erkennen ihren geflohenen Kameraden Peter und die junge Bedienung aus dem *Teach Tábhairne*. Wie konnten sie nur so schnell und unüberlegt zur Waffe greifen? Sie sind voller Schuld und Selbstvorwürfe – und Angst: Was wird geschehen, wenn ihre Vorgesetzten und die irische Bevölkerung davon erfahren? Aufruhr, weiteres unnötiges Blutvergießen? Unter ihnen ist ein älterer Soldat, der den Kopf bewahrt. Er erklärt den anderen, daß es am Sinnvollsten sei, die beiden heimlich zu begraben. Der Friedhof da vorn biete sich förmlich an.

So schleppen sie die Leichname aus dem Ort, tragen sie denselben Weg, den das Parchen kurz zuvor getrennt genommen hat – über die östliche Friedhofsmauer. Direkt neben der Mauer graben sie ein tiefes Loch, legen die Toten übereinander hinein und schaufeln das Grab schweigend zu. Etwas abseits finden sie eine alte Steinplatte, mit der sie die frische Erde abdecken. Gestrüpp wird zusammengesucht und darübergelegt. Sie hoffen darauf, daß auch in den nächsten Tagen noch Ausgehverbot für die Bevölkerung herrschen wird und so Gras über den Vorfall und diesen Platz wachsen kann. Mittlerweile hat ein starker Regen eingesetzt, der auch die Blutspuren auf dem Weg wegspülen wird. Auf dem Rückweg sprechen sie sich ab: Falls die beiden vermißt würden, wollten sie erzählen, daß sie in der Nacht zwei Personen hätten gemeinsam fliehen sehen, auf die die Beschreibung passe. Trotz mehrerer Warnschüsse sei es ihnen nicht gelungen, sie aufzuhalten. Der ältere Soldat denkt kurz an Peters Mutter. Sein Herz spürt einen schmerzhaften Stich, denn sie wird mit der Nachricht leben müssen, daß ihr Sohn ein Fahnenflüchtiger und ein Verräter seines eigenen Landes sei. Daß dieselbe Schmach auch die Familie des jungen Mädchens trifft, kümmert ihn wenig.

Die inneren Bilder werden schwächer, verblassen. Mit ihnen wird auch Gwenlynns Energie in mir immer weniger. Der Vollmond steht hell und tröstend über mir. Noch benommen von den Erinnerungen spüre ich, wie eine andere Schwingung von mir Besitz ergreift: Liebevoll, unendlich zärtlich, verstehend und verzeihend. Und so vertraut! Peter? Ich fühle seine Gegenwart deutlich ... und gleichzeitig die meines Mannes. Im ersten Moment bin ich verwirrt, doch plötzlich weiß ich mit einer inneren Sicherheit, die jeden Zweifel ausschließt, daß Peter und Gwenlynn sich in meinem gegenwärtigen Leben wiederfinden durften, und diesmal eine bessere Chance für ein gemeinsames Leben bekamen und nutzen. Endlich darf ich verstehen, warum mein Mann eine uns beiden so unerklärliche Angst davor verspürte, mich allein nach Irland reisen zu lassen. Er wollte mich nicht ein zweites Mal am Friedhof verlieren! Weißt du nicht, geliebter Seelengefährte, daß ich dich hier und jetzt noch tiefer gefunden habe? Wir halten innere Zwiesprache, Peter und Gwenlynn ...

Wieviel Zeit ist vergangen, seit ich den Friedhof betreten habe? Minuten, Stunden, Jahre, Jahrhunderte? Ein Kreis, vor unzähligen Jahren begonnen, hat sich geschlossen; jetzt kann ich zurückgehen. –

Ein unbeschreibliches Gefühl der Dankbarkeit, des inneren Friedens und der Liebe erfüllt mich, als ich von der Grabplatte zurücktrete, den Gang zwischen den Gräbern entlangschreite, durch die Lücke in der Mauer schlüpfe und auf dem Gehweg an der Kathedrale vorbeigehe. Meine Gedanken sind immer noch bewegt von dem, was ich gerade erlebt habe. Ich will die Straße überqueren und den Rückweg ins Dorf nehmen, da hält mich Yaspers Stimme zurück: »Geh durch das Eisentor hinein zur Kathedrale.«

Erstaunt und überrascht bleibe ich stehen. Jetzt, um diese Zeit? Das Tor wird verschlossen sein. »Geh hinein zum Dolmen«, kommt seine Anweisung.

Seine Worte sind so bestimmt, daß ich ohne weitere Überlegungen die eiserne Klinke herunterdrücke. Wundert es mich, daß das Tor sich öffnen läßt? »Was hast du noch mit mir vor, Lehrer?«

Ich gehe an den vielen Jahrhunderte alten Grüften wohlhabender Verstorbener vorbei und bleibe vor dem Dolmen, der mich gestern so eigenartig bewegte, stehen. Mein Gesicht ist nach Norden gewandt. Der Mond scheint immer noch hell auf diese gespenstische Szene: Mitten in der Nacht steht eine Deutsche auf einem irischen Friedhof vor einem keltischen Dolmen, der ausgerechnet vor der Ruine einer katholischen Kathedrale seinen Platz hat! Yasper spricht in meinem Inneren: »Leg deine Hände auf den Dolmen.«

Ich tue, wie mir geheißen, und wieder legen sich meine Hände, wie schon gestern Mittag, auf die Stellen, auf denen schon viele Hände vor meinen gelegen haben. »Knie nieder, und leg deine Stirn an den querliegenden Stein.«

Der weibliche Teil meines Seins gewinnt die Oberhand und widerspricht: »Ich habe eine helle Hose an, sie wird schmutzig werden.«

»Knie nieder und tu, was ich sage«, mein Lehrer läßt keinen Einspruch zu.

Und ich tue wieder, wie mir geheißen – die Situation ist zu unwirklich, als daß ich sie länger hinterfragen würde.

Was jetzt geschieht, kann ich nicht in Worte fassen. Raum und Zeit verlieren ihre Gültigkeit ... Hier und jetzt ... Ich bin *eins* ... Gwenlynn?

... Als die Energie, in deren Zentrum der Stein und ich stehen, nachläßt und ich meine Umwelt wieder wahrnehme, übermittelt Yasper: »Du hast dieselbe Einweihung erhalten wie damals als Gwenlynn. Und du hast dasselbe Tieropfer gebracht wie sie.«

Ich verstehe nicht.: »Welches Tieropfer?«

»Charly half dir dabei«, ist seine Antwort.

Fassungslos stehe ich vor dem uralten Stein, sehe noch einmal vor meinem geistigen Auge das Geschehen von Montag Abend. Jetzt wird mir alles klar ... der gute Charly: Nie zuvor hat er gewildert. Auf Seelenebene erklärte er sich bereit, mir diesen Dienst zu erweisen. Mir selbst wäre es unmöglich gewesen, ein Tier zu töten, um es als Opfer darzubringen. Eine Frage brennt mir auf der Seele: »Yasper, warum ist überhaupt ein Tieropfer notwendig?«

Er klärt mich auf: Nicht von geistiger Seite aus werde es verlangt, es sei eine Übereinkunft zwischen Mensch und Tier auf Seelenebene. Denn jede Einweihung, jedes Sich-dem-Einen-Weihen, verbinde Himmel und Erde auf eine einzigartige Weise, die jeden, der daran beteiligt sei, ein großes Stück erhebe. So bedeutet meine Einweihung ein Weiterkommen – und das nicht nur für mich, sondern auch für Charly und das Huhn. »Bedank dich bei ihnen«, rät mein Lehrer.

Beim Opfertier tue ich es gleich hier und jetzt. Was Charly betrifft, erbitte ich von Yasper die Gelegenheit, bei der ich es persönlich tun kann.

Jetzt darf ich zu den anderen zurückkehren. Ich stehe vor dem Pub und spüre, daß es mir unmöglich ist, hineinzugehen. Die Schwingung, in der ich mich immer noch befinde, verträgt sich nicht mit dem Lärm und Rauch im Lokal. Mein Blicke gehen nach oben, meine Gedanken nach innen. Ich bin dankbar für die Zeit, die mir bleibt, bis Josephine, Katrin und Susanne herauskommen. Veranlaßt sie mein Gesichtsausdruck, mir keine Fragen zu stellen? Schweigend steigen wir ins Auto und fahren zum Strandhaus zurück. Katrin und Susanne gehen erstaunlicherweise gleich auf ihre Zimmer. Meine irische Freundin schaut mich von der Seite an: »Und jetzt?«

Jetzt? Ich bin noch so gefangen in Erinnerungen, daß es mir erst bei ihrer Frage wieder einfällt: Natürlich, wir haben ja eine Einladung zum Elfentanz! Bei Vollmond um Mitternacht! Und das ist in ungefähr einer halben Stunde! Jetzt ist nicht die Zeit, über Vergangenes nachzudenken. Das, was uns erwartet, erfordert meine ganze Aufmerksamkeit. »Was sollten wir mitbringen? Musik und Duft!«

Beides bereiten wir gemeinsam vor. Ein CD-Player und CDs mit irischer Musik werden zum Elfenplatz getragen, eine ausreichend große Tanzfläche auf dem Rasen mit Räucherstäbchen abgesteckt. Wenig später zieht ein wunderbarer Duft durch den Garten, hüllt uns und unsere Gastgeber, von denen wir bis jetzt weder etwas hören noch sehen, ein.

Während mein Lehrer Yasper auf dem Friedhof zuständig gewesen ist, hat hier Woe-shiwa das Sagen: Er bittet uns, daß wir unsere Auren vor der Begegnung gegenseitig mit Adlerfeder und Salbeirauch reinigen. »Mit einer Adlerfeder? Woher sollen wir um alles in der Welt jetzt eine Adlerfeder nehmen?«

Mein Engel Prudens erinnert mich an die wunderschöne Bussardfeder, die er mir beim letzten gemeinsamen Wiesenspaziergang vor dem Abflug geschenkt hat. Ich habe sie ich im Reisegepäck. »Geht die auch?«

Woe-shiwa macht schmunzelnd ein Zugeständnis. Ich stürme ins Haus, um Feder und getrockneten Salbei zu besorgen. Kurze Zeit später beginnen wir mit der Zeremonie. Wie gut, daß Josephine keine direkten Nachbarn hat. Was wir tun, sieht für andere bestimmt befremdlich aus! Zuerst reinigen wir unsere Auren mit der Feder, danach mit Salbeirauch, als Zugabe hüllen wir uns in wohlduftende Feng-Shui-Gerüche. Erwartungsvoll lassen wir uns dann barfuß im

179

feuchten, kühlen Gras nieder. Als nichts geschieht, begrüßt Josephine alle für uns unsichtbaren »kleinen Leute«, bedankt sich für die Einladung und bittet um Verzeihung und Nachsicht, wenn sie oder die Menschen vor ihr aus Unwissenheit gegen die Gesetze der Natur und Elementargeister verstoßen haben. Es bleibt weiter ruhig, kein Lüftchen bewegt die Blumen und Pflanzen rings um uns herum. Woe-shiwa ermuntert mich, mit dem nächsten Programmpunkt fortzufahren:

Die irische Musik erklingt, der mitreißende Rhythmus läßt Josephine nicht lange ruhig sitzen. Sie springt auf und beginnt im Garten zu tanzen. Da spüre ich ein Tanzen und Wirbeln um sie herum. Es ist wunderbar! Der Vollmond steht hoch über uns, hüllt die Menschen- und die Elfenwelt in sein sanftes, zärtliches Licht ein. Ich kann die »kleinen Leute« nicht sehen, aber ich spüre ihre freundliche, ja – zunehmend ausgelassener werdende Gegenwart. Prudens verbeugt sich vor mir und bittet mich zum Tanz. Einen kurzen Augenblick lang erinnert es mich an den Maitanz mit Craig. Doch mein Engel zieht mich ins »Hier und Jetzt«. Ein irischer Walzer erklingt, Prudens ist ein vorzüglicher Tänzer, was will ich mehr?

Josephine hat Wein und Gebäck bereitgestellt. Wir teilen es großzügig mit allen Engeln, Elfen und Gnomen, die mit uns zusammen dieses Vollmondfest feiern. Es ist so schön, ver-»rückt« zu sein. Denn dafür würden uns die meisten Menschen erklären! Prudens übernimmt, solange ich die Naturgeister nicht »sehen« kann, die Vermittlerrolle. Er bittet mich, die auf seinen vorherigen Wunsch zum Fest mitgebrachten St.-Bridgid-Kreuze, die ich als Andenken mit nach Deutschland nehmen will, auf den großen Woe-shiwa-Stein zu legen. Ich komme seinem Wunsch nach und sitze dann davor, um weiter Josephines entrücktem Tanzen zuzusehen. Plötzlich spüre ich in gut einem Meter Abstand eine neue, unbekannte Schwingung: schüchtern und doch neugierig. Ich fühle mich beobachtet und frage Prudens, wer das sei. Er bittet mich, die Augen zu schließen. »Und nun sage mir, was du siehst.«

Ich bin überrascht: In gebührendem Abstand steht ein kleiner junger Mann, ungefähr einen halben Meter groß, altmodisch und sehr ländlich gekleidet – und mit grünen Haaren! Ich muß lachen. Genauso habe ich mir einen Elb vorgestellt. Erschrocken zuckt der kleine Elementargeist zusammen. Warum kann ich ihn sehen und die anderen um uns herum nicht? Prudens erklärt: »Auch beim inneren Sehen bin ich das Überbrückungskabel zwischen den Elementargeistern und dir. Doch kannst du dich im Moment nur auf *eine* Schwingung konzentrieren. Der kleine Mann wünscht sich so sehr, gebraucht zu werden. Bitte ihn doch, zusammen mit dir die St.-Bridgid-Kreuze zu segnen. Er kann das für das Element Erde tun, denn sie bestehen aus Torf, und du tust es als Kind des Himmels.«

Ich krieche auf allen Vieren mit geschlossenen Augen auf den kleinen Elb zu und trage ihm meine Bitte vor. Sein Gesicht beginnt zu strahlen. Voller Eifer nickt er, ergreift meine dargebotene Hand, und wir gehen gemeinsam, das heißt, ich krieche, zu dem Stein zurück, auf dem die Kreuze liegen. Leicht fühle ich seine kleine linke Hand auf meiner rechten. So segnen wir gemeinsam mit ernsten Gesichtern und großer Andacht die Torfkreuze. Seine Augen strahlen noch mehr, als ich mich bei ihm bedanke und ihm ein Glas Wein anbiete. Er richtet sich zu seiner vollen Größe auf und prostet mir zu. »Du kannst mich Vincent nennen. Kann ich sonst noch etwas für dich tun?« vernehme ich seine stolze Stimme in meinem Inneren.

Ich denke nach. Doch so leid es mir tut, im Augenblick fällt mir nichts ein. Zaghaft fragt er: »Kann ich nicht mit dir kommen? Vielleicht brauchst du ja da, wo du herkommst, ab und zu einen kleinen Helfer?«

Ich höre seine Bitte und möchte ein wenig Bedenkzeit haben. Dieses Angebot, das ja wohl auch eine Verantwortung für mich beinhaltet, will gut überlegt sein. Glücklich bedankt er sich. Ich glaube, ich habe einen – wenn auch etwas ungewöhnlichen – neuen Freund gefunden.

Eine etwas außer Atem geratene Josephine setzt sich zu uns. Ich erzähle ihr von meiner Eroberung und sie freut sich, ohne überrascht zu sein, mit mir. Zwischenzeitlich ist es empfindlich kühl geworden, so daß ich beschließe, ins Haus zu gehen. So viel habe ich an diesem Tag erlebt, gesehen, gefühlt, erfahren. Es drängt mich, zur Ruhe zu kommen. Josephine hat Verständnis dafür. Sie will als »Haus«-Herrin noch bei den »Garten«-Herren bleiben.

So verabschiede ich mich von all den liebenswerten Wesen rund um mich und »schwebe« ins Haus. *Danke*, Vater im Himmel, *danke*, Mutter Erde, für all die Geschenke, die ihr in meine geöffneten Hände legt.

14

Auch heute wecken mich mein Herzschlag und Robin, das wunderschön singende Rotkehlchen, kurz vor 6 Uhr. Ich trete ans offene Fenster und darf ein einmaliges Bild sehen: Der Noch-Vollmond steht als orangeglühender Ball am westlichen Horizont und schickt sich an, langsam hinter den Hügeln zu versinken. Der Himmel ist, bis auf zwei Wolken, die aussehen wie Engelflügel, wolkenlos. Diese beiden kleinen Flügelchen befinden sich rechts und links direkt unter dem Mond. Es sieht aus, als würden sie ihn das letzte Stück, das er heute noch zurückzulegen hat, tragen: »Schwester Luna, hat dich der Elfentanz heute Nacht auch müde gemacht?«

Schnell ziehe ich mich an und mache mich, in Gummistiefeln, auf den Weg zur Bucht. Heute ist die letzte Gelegenheit für mich, die aufgehende Sonne zu begrüßen. Leichter Nebel schwebt über dem Land und dem Wasser, der klare Himmel darüber verspricht einen weiteren schönen Tag. Versonnen gehe ich am Priel entlang, lasse mich wieder verzaubern von den Farben des Himmels, Blau, Lila, Orange, Rosa, und denen des Wassers in der Bucht, denn sie stehen der Farbenvielfalt dort oben nicht nach! Bewußt genieße ich jeden Blick, jeden Duft, jedes Geräusch des letzten Morgenspazierganges in Urgroßmutters Land. Ein Schwarm Fische begleitet mich nahe am Ufer. Lautlos schwimmen sie, die Köpfe über Wasser, neben mir her. Es sieht aus, als beobachteten ... und verabschiedeten sie mich. Jonathan zieht einen Kreis direkt über mir, um dann vor mir herzufliegen. »Willst du mir noch etwas zeigen?«

Auch Yasper und Prudens sind spürbar an meiner Seite. Wie gern würde ich diesen Moment mit meinem Mann teilen. Gwenlynns

Gegenwart in mir wird wieder sehr intensiv. Es ist, als ginge sie neben mir am Strand. Da fühle ich noch eine andere Energie in der Nähe. Ich bin ihr schon einmal an dieser Stelle begegnet, bei meinem Spaziergang am Dienstagmorgen. »Darf ich dir heute näherkommen?«

Fragend bleibe ich stehen und schließe die Augen. Und da »sehe« ich Malcolm. Weit vor mir läuft er im Sand: Er hält seine Sandalen in der linken Hand, sammelt mit der rechten Hand Muscheln auf. Vergangenheit und Gegenwart verschmelzen, werden eins in einer Schwingung aus Liebe und Verstehen. Alles geschieht *jetzt*. Er dreht sich um und kommt mir lächelnd entgegen. Als er dicht vor mir steht, öffnet er seine Hand und hält mir die Muscheln hin. »Ich habe dir eine Muschelkette versprochen.« Sein Blick ist schwermütig, aber voll inneren Friedens.

»Malcolm, was ist aus dir und den anderen Mönchen geworden?«

Ich muß es wissen. Ein innerer Dialog, ohne Worte, beginnt. In seinen Augen »sehe« ich die Antwort:

Er geht ruhelos in seiner kleinen kargen Zelle auf und ab, wie ein gefangenes Tier. Seine Gedanken sind bei Gwenlynn. Zerrissen fühlt er sich zwischen seinem Gelübde und der Liebe zu dieser Frau. Da wird das Kloster von den Briten belagert. Die Mönche versorgen sich in aller Eile mit genügend Nahrung und Wasser und verschanzen sich in der Klosterkirche. Zwei Wochen dauert die Belagerung – lange Tage und Nächte, in denen die Verbundenheit unter den Mönchen wächst. Malcolm kümmert sich um ältere, kranke Mitbrüder, fühlt sich in dieser Gemeinschaft wie in einer Familie aufgehoben ... und für sie verantwortlich.

Dann hören sie eines Morgens die laute Stimme eines britischen Soldaten, der sie in ihrer gälischen Sprache auffordert, sich zu ergeben und das Kloster zu verlassen. Als letzte Frist wird der Abend dieses Tages genannt.

Der Abt beruhigt die Mönche und bestärkt sie, in Vertrauen auf ihren Gott auszuharren. Ganz kurz taucht in Malcolm der Gedanke auf, heimlich zu fliehen, zusammen mit Gwenlynn irgendwo ein neues Leben zu beginnen. Er spürt den Blick des Abtes auf sich ruhen und fühlt sich ertappt wie ein Verräter. Wenig später tritt der Abt neben ihn und sagt mit lauter Stimme zu allen: »Ihr habt euer Leben Gott geweiht, vergeßt es nicht. Wer Ihm treu bleibt, wird ewig leben. Wer Ihn verrät, wird sterben.«

Die Mönche verbringen den Tag in Meditation, sie beten und singen. Am Spätnachmittag feiern sie die Heilige Messe. Sie geben sich voller Vertrauen in die Hand ihres Gottes. Es wird Abend, die Frist läuft ab, ohne daß etwas geschieht.

Nachts hören sie plötzlich vom Dorf her mehrere Schüsse. Malcolm zuckt zusammen: »Gwenlynn!« – Eine unbeschreibliche Angst um sie ergreift ihn, läßt ihn erzittern. Es wird wieder ruhig draußen, doch er ahnt, daß etwas Schreckliches geschehen ist.

Sie beten und singen die ganze Nacht hindurch. Im Morgengrauen hören sie vor den Klostermauern das Signal für »Angriff«, Männergeschrei, Stöße gegen das Holztor in der Klostermauer, zersplitterndes Holz, dann Stille ... Der Abt steht mit hoch zum Himmel erhobenen Armen hinter dem steinernen Altar und spricht wieder von Vertrauen, von Unsterblichkeit, von Unverwundbarkeit, stimmt einen neuen Choral an: *Gloria in excelsis deo.* Die Mönche singen mit. Plötzlich hören sie über sich ein surrendes Geräusch. Ihre Blicke gehen nach oben zur Holzdecke der Klosterkirche. Der Abt singt lauter. Wieder und wieder ertönt dieses Pfeifen. Die Soldaten schießen mit brennenden Pfeilen auf das Dach. Endlich begreifen sie, was das bedeutet: Die Briten zünden die Kirche an! Erster Qualm dringt in den Kirchenraum ein, senkt sich schwer auf die Männer herab. Der Abt singt, einige der Mönche beginnen zu husten. Flammen prasseln, der Rauch wird stärker, brennt in ihren Augen, macht das Atmen zur

Qual. Der Chor der Mönche wird schwächer. Panik breitet sich aus. Der Abt ruft laut nach Gott, nach Gerechtigkeit, nach Barmherzigkeit. Ein erster brennender Balken fällt mitten unter die Mönche. Entsetzt schaut sich Malcolm um: Tote, Verletzte ... und vorn, unter dem Steinaltar kauernd, der Abt, der immer noch – als einziger – singt ... Ein ohrenbetäubendes Geräusch über ihm läßt Malcolm nach oben blicken. Durch den dichten Qualm sieht er den brennenden Balken auf sich herabstürzen. Sein Schrei gellt durch das Kirchenschiff: »Gwenlynn!«

All das sehe ich in seinen Augen, die ruhig und liebevoll auf mir ruhen. Alles geschieht *jetzt:* sich finden, verlieren ... und wiederfinden, Freude und Leid.

Von weit her und doch ganz in meiner Nähe höre ich eine Frauenstimme. Malcolms Gegenwart wird schwächer, sein Bild löst sich auf. Ich öffne meine Augen und sehe Charly und seine Besitzerin auf mich zukommen. Charly! Auch du spielst eine wichtige Rolle in meiner Geschichte. Du hast deinen Part gut gespielt, und als Dank wurdest du von mir » Mörder« geschimpft! Schwanzwedelnd läuft er um mich herum. Ich bücke mich und umarme diese Tierseele, die in einem nassen, mit Sand panierten Fell vor mir steht. »Verzeih, Charly, ich habe dir Unrecht getan. Hab Dank für deinen Dienst.«

Er schaut mich wissend an ... und lächelt! Demütig erkenne ich, daß diese großartige Hundeseele mehr versteht als mein Menschenverstand. Hechelnd nimmt er meine Entschuldigung, meinen Dank und meinen tränenreichen Abschied entgegen. Seine Besitzerin, mit der ich bisher kein einziges Wort gewechselt habe, schenkt mir durch ihr Verständnis die Zeit, die ich brauche, um mich zu beruhigen. Dann stehe ich vor ihr, sie, die Fremde, nimmt mich tröstend in den Arm und sagt: »You will come back! Keep care of yourself!«

Wunderbares Land, wunderbare Menschen ... und Tiere! Soviel Abschiedsschmerz ist in meinem Herzen und soviel Liebe. Langsam

Charly

gehe ich zum Haus zurück, an Josephines Zimmer vorbei. Sie lacht gutgelaunt und ausgeschlafen heraus. In Erinnerung an unser nächtliches Gartenfest grüße ich sie: »Guten Morgen, Elfe!« Ihre blauen Augen blitzen voller Vergnügen auf.

Katrin liegt noch im Bett und liest. Auf meine Frage, ob sie nach dem Frühstück Lust auf einen letzten gemeinsamen Strandspaziergang habe, zeigt sie mir mit Leidensmiene eine große, mit Sand gefüllte Blase unter dem großen Zeh. Nein, heute kann sie mich nicht begleiten. Josephine nimmt sich fürsorglich der Patientin an und verpaßt ihr eine echt irische Gewaltkur: ein Fußbad in heißem, fast noch kochendem Wasser mit einem großen Schuß übelriechenden Desinfektionsmittels darin. Auf meinen skeptischen Blick klärt sie mich auf, daß es sich um ein Allheilmittel handele, das sogar die lästigen Wildkaninchen im Garten verjage. Und: Das Haltbarkeitsdatum ist erst seit zwei Jahren abgelaufen. Danach kommt ein kühlender Umschlag mit Schnaps darauf und ein dicker Verband mit Riesenschleife um den armen Fuß. Ich bewundere Katrin, die voller Vertrauen diese zweifelhafte Prozedur über sich ergehen läßt.

So gehört also auch der letzte Vormittag mir allein?! Nach dem ausgiebigen Frühstück begebe ich mich in Wanderschuhen wieder hinunter zur Bucht, um enttäuscht festzustellen, daß noch immer Flut ist. Das zwingt mich, den Weg über die Felsen zu nehmen, und so klettere ich voller Zuversicht drauflos – um wenig später hoffnungslos festzusitzen. Ich wage nicht vor noch zurück zu treten. Die Steine unter meinen Füßen sind glitschig, es geht gefährlich steil nach unten. »Was nun?«

Prudens antwortet nicht. Dafür sehe ich einen älteren Iren mit drei Hunden auf mich zukommen. Er trägt hohe Stiefel und kann es so wagen, direkt am Wassersaum zu gehen. Mein Ego will sich nicht blamieren und läßt mich die Überlegene spielen. Scheinbar interessiert schaue ich die Gegend an. Doch Prudens läßt sich nicht täuschen, sieht meine Hilflosigkeit und meint: »Sei nicht dumm, bitte ihn um Hilfe.«

Er hat recht. Also kratze ich mein Englisch zusammen und rufe, in die Felsen vor mir deutend: »Can I go there?«

»Oh no, it is very dangerous. Follow me.«

Freundlich und hilfsbereit klettert er mir ein Stück entgegen, zeigt mir, wo ich meine Füße hinsetzen soll; er geht den sicheren Weg vor mir die Felsen hinauf, ohne ein weiteres Wort zu sprechen. Ich dachte immer, Iren seien so gesprächig und neugierig? Dieser hier ist äußerst schweigsam ... bis wir die Felsen wieder hinuntergeklettert sind und am offenen Meer stehen.

Hier ist der Sandstrand breiter, so daß ich dem Wasser mit Lederschuhen noch gut hundert Meter entgegengehen kann. Ich bedanke mich bei meinem Lebensretter und will mich verabschieden. *Jetzt* macht er seinem Volk alle Ehre. Es entwickelt sich ein Gespräch, wie Josephine es mir einmal geschildert hat: »Ein Ire zieht dir alles, was er wissen will, aus der Nase – ohne daß du es merkst.«

Wir werden sehen ... Er fragt, woher ich komme. Freundlich antworte ich ihm, um sogleich die Gegenfrage zu stellen: »And where are you from?«

Er antwortet und fragt mich, bei wem ich wohne. Auch das erfährt er von mir, bevor ich ihn frage, mit wem er zusammenwohnt. Wir spielen verbal Ping-Pong! Am Ende des Gespräches weiß er zwar alles über mich, aber ich habe ebensoviel über ihn erfahren! »Oh, Gwenlynn, ich weiß, daß allein mit meinem Englisch gar keine solche Verständigung möglich gewesen wäre, wie sie sich in den letzten Minuten ereignet hat.«

Wir gehen als Freunde auseinander (und als ich später Josephine davon erzähle, ist sie voller Anerkennung: »Du weißt über ihn mehr als ich – und ich wohne schon seit Jahren hier!«).

Er geht schneller und zügiger mit seinen Hunden dem Meer entgegen, ich folge ihm langsam, will jetzt allein sein. Meine Füße wollen noch einmal den Sand fühlen, und so ziehe ich die Schuhe aus und hänge sie mir um. Bewußt sehe, fühle und genieße ich die Weichheit und Sanftheit des Sandes, die Vielfalt und Schönheit der Muscheln und vielfarbigen Steine. Jonathan begrüßt mich, dreht eine kunstvolle Schleife über mir und fliegt nach Süden. Ja, mein Freund, morgen fliege ich in dieselbe Richtung. Ich denke an meinen Mann und spüre eine große Sehnsucht in mir. Wie gern hätte ich ihn jetzt an meiner Seite, würde diesen wundervollen Morgen mit ihm teilen. Es ist ein großes Geschenk, in diesem Leben mit ihm zusammensein zu dürfen. Ich nehme mir vor, die Zweisamkeit mit ihm noch viel bewußter und dankbarer zu leben.

Dann stehe ich direkt vor dem Atlantik, lasse das Wasser meine Beine umspielen, nehme dieses Bild, schon mit Abschiedsschmerz, ganz in mich auf. Ich bin *All-Eins*. Zeit spielt keine Rolle. Es gibt nur »hier und jetzt« – immer »hier und jetzt« ... Egal ob Gwenlynn und Peter oder Ingrid und Walter. Immer Mann und Frau, Himmel und Erde, Erde und Meer – *Eins-Sein*.

Eine Ewigkeit später – oder sind es wenige Minuten? – wandere ich zum Ufer zurück. Unterwegs überquere ich einen kleinen Priel, einige Meter breit, nur wenige Zentimeter tief. Yasper bittet mich, genau in der Mitte stehenzubleiben und in das Wasser zu schauen. Der blaue Himmel und die hoch über mir stehende Sonne spiegeln sich darin, die Oberfläche kräuselt sich ein wenig durch die Sogwirkung der einsetzenden Ebbe. »Willst du das Wesen des Wassers sehen?« fragt er mich.

Ich schaue intensiv auf das Wasser unter mir. Das Gesehene wird unscharf und dann auf eine ganz besondere Weise scharf … und ich sehe den Geist des Wassers. Eine unbeschreibliche Ehrfurcht und Demut überkommen mich. »Schau noch tiefer«, höre ich Yasper in mir. Ich versuche es und sehe, spüre, fühle … *alles*, das *Eine*, die *Liebe*, die *Energie. Ich Bin – Bin Nichts* und *Alles*.

Irgendwann komme ich zurück in mein menschliches Bewußtsein, spüre meine kalten Füße, wate durch den Priel, bis ich wieder den warmen trockenen Sand unter mir fühle. Ich knie nieder, berühre und streichle Urgroßmutter *Eire* und spreche Worte der Liebe und der Dankbarkeit. Direkt vor mir liegt ein rechteckiger schwarzer Stein mit glatter Oberfläche. Ich schaue ihn mir genauer an: Er sieht aus wie ein kleines Buch. Da höre ich Yasper in meinem Inneren: »In diesem Stein ist die ganze Geschichte gespeichert, *deine* Geschichte. Du mußt sie nur noch aufs Papier bringen.«

»Was meinst du damit, Lehrer?«

Noch verstehe ich es nicht …

Mein Blick geht noch einmal hinaus aufs Meer. Weit draußen vor den auslaufenden Wellen sehe ich Josephine entlangspringen, -tanzen, -hüpfen. Auch sie beziehe ich in meine Liebe und Dankbarkeit mit ein. Sie hat mich an diesen Ort zurückgeführt, an dem ich mich selbst wiederfinden durfte. Langsam gehe ich zurück, komme noch einmal an der Stelle vorbei, an der am ersten Morgen ein Name im Sand stand: Seamus. Jetzt hast du ein Gesicht, bist Teil meiner Geschichte. Egal, wo du bist, ich danke dir für deine Liebe – und für deinen Gruß.

Im Weitergehen mache ich ein letztes Mal Halt bei der Meereselfe in der kleinen Höhle, sage Lebewohl – und bekomme von ihr ein Abschiedsgeschenk: Noch einmal verwandelt sie die grauen Felsen in fließendes Silber. Direkt vor ihrer Höhle liegen eine wunderschöne, lila und weiß glänzende Muschel und ein schwarzglänzender kleiner Herzstein. Prudens erlaubt mir, sie mitzunehmen. »Danke, Elfe.«

In ein mitgebrachtes Beutelchen packe ich Sand, um mir zu Hause ein Stückchen Irland bewahren zu können. Vor meinem geistigen Auge sehe ich eine Glasvase, in der Sand, Muscheln, Steine und die Feenhaare sind, schwimmend in Salzwasser. Ja, genauso wird es in meinem Schlafzimmer stehen, mein kleines Irland. Schon wieder sind meine Gedanken daheim ...

Ganz bewußt gehe ich jeden Schritt zum Haus zurück. Es ist ein Abschiednehmen, das mir wehtut.

Josephine wartet zum Mittagessen mit einer Überraschung für ihre deutschen Gäste auf: ein original irisches Frühstück! Das Wasser läuft uns beim Duft schon im Mund zusammen: knusprig gebratener Speck, Spiegeleier, würzige Sausages, gebratene Kartoffeln und Tomaten, Toast, Tee und als Nachtisch einen wundervollen *Trifle!* Das ist ein köstlicher Nachtisch, den es normalerweise nur an besonderen Festtagen gibt. Für Josephine ist heute so ein besonderer Tag! Der unvergleichliche Augen- und Gaumenschmaus besteht aus mehreren Schichten Biskuitkuchens, der in kleine Stücke zerbrochen und *gut* mit Sherry getränkt, abwechselnd mit gemischtem Obst belegt und ganz obenauf mit rotem Wackelpudding und Schlagsahne gekrönt wird! Er ist nicht nur eine Sünde wert!!! Josephine hat ihn heute Nacht um 3 Uhr zubereitet. Sie war nach der Begegnung mit den Elementargeistern überhaupt nicht müde!

Beim Abtrocknen erzählt sie mir verschwörerisch, daß sie heute Vormittag zum erstenmal näheren Kontakt mit der Elfe in der Höhle der Bucht gehabt habe. Beim Vorbeijoggen habe sie dieser die Frage gestellt, ob es erlaubt sei, die Schuhe bei ihr unterzustellen. Es habe ihr eine sehr liebevolle Schwingung geantwortet – und sie habe innerlich die Worte gehört: »Ja, gern. Mein Name ist übrigens Lissy.« – Ich freue mich mit meiner irischen Freundin, der Elfentanz heute Nacht hat sie ein großes Stück weitergebracht: Sie *hört!*

Nach dem Mittagessen gehe ich allein in den Garten, um mich in Ruhe von den »kleinen Leuten« zu verabschieden und mich zu bedanken für ihre liebevolle Aufnahme und Gastfreundschaft. Wieder übernimmt mein Engel die Vermittlerrolle. Sie schenken mir einen Stein, durch den ich mit ihnen in Verbindung bleiben kann. Noch einmal stellt der kleine Elb seine Frage. Meine innere Antwort: »Ja, ich habe darüber nachgedacht. Wenn du möchtest, kannst du gern mitkommen. Du kannst jederzeit wieder nach Hause zurückkehren.«

Helle Freude herrscht unter den »kleinen Leuten« bei meinem Angebot. Es ist eine große Ehre für ihn und für die ganze Familie, auf »Weltreise« gehen zu können. Seine Mutter erzählt voller Stolz von ihrer guten Erziehung und daß ihr Sohn ihnen alle Ehre und mir bestimmt keine Sorgen machen werde. Und er wird morgen früh pünktlich zur Abreise bereitstehen!

Josephine kommt dazu, um ein letztes Mal gemeinsam mit mir mitten unter dem »kleinen Volk« zu sitzen. Sie erzählt von der vergangenen Nacht, in der sie ihre Berufung erkannt habe: Sie will Mittlerin sein zwischen dem Element Erde und den Menschen, die offen und bereit dafür sind; Mittlerin sein zwischen den Elementargeistern und den menschlichen Geistern. Die »kleinen Leute« in ihrem Garten würden sie dabei unterstützen. Auch mein Engellehrer Yasper und mein Schutzengel Prudens hätten ihre Mithilfe zugesichert. »Heißt das vielleicht, daß auch ich ab und zu mit einbezogen werde?«

Wir freuen uns beide darauf, wenn wir im Moment auch noch nicht wissen, wie diese Berufung genau aussehen wird. Ein inneres Bild haben wir klar vor Augen: Sie wird diesen gesegneten Platz, ihr wunderschönes Haus und ihren Elfengarten öffnen für Menschen, die bereit dafür sind. Und da sind ja auch noch Lissy unten am Strand und Jonathan .... »Welche heilenden Begegnungen, welche wundervollen Tage und Nächte werden hier noch erlebt werden dürfen?«

Zum Nachmittag hin bewölkt sich der Himmel, ein kalter Wind kommt auf. Wird Urgroßmutter *Eire* mir doch noch ihre wilde Seite zeigen? Katrins Fuß hat sich überraschend gut erholt, und sie begleitet mich zur Bucht. Auch bei meiner Tochter spüre ich Abschiedsschmerz. Das Meer sieht jetzt ganz anders aus als in den letzten Tagen: dunkel, unfreundlich, fast drohend. Uns fröstelt, obwohl wir warm angezogen sind, und so kehren wir gern wieder ins geschützte Haus zurück.

Josephine schlägt vor, daß wir die Montbretien-Zwiebeln, die ihr im Park geschenkt wurden, noch gemeinsam im Garten einpflanzen. Wir vier entscheiden uns für einen Platz neben dem Woe-shiwa-Stein. Es wird eine lustige Zeremonie: Jede von uns küßt »ihre« Zwiebel. Katrin und ich haben Zwillingszwiebeln und stoßen dabei unsanft mit den Köpfen zusammen! Nacheinander graben wir Löcher in die Erde. Meine Tochter und ich halten die kleine Schaufel gemeinsam, senken das Zwillingspärchen in den Boden und bedecken es sorgfältig. Liebevoll und fürsorglich wird anschließend mit Edelsteinwasser angegossen. Es ist noch Wasser im Krug übrig, und Josephine hat die glorreiche Idee, daß wir uns gegenseitig »taufen«. Obwohl wir viel lachen, spüre ich eine tiefere Bedeutung dabei: Ich werde mit irischem Wasser getauft!
Im Haus klingelt das Telefon. Ich eile hinein, denn ich weiß, wer es ist. Mein Mann ruft an und gesteht, wie sehr er sich auf morgen freue. Er wird uns in München vom Flugplatz abholen. »Ich liebe dich.«
»Ja, ich dich auch ... und ich vermisse dich.«
Während meine Tochter und ich unsere Rucksäcke packen, ziehen herrliche Düfte durchs Haus. Ein letztes Mal verwöhnt uns Josephine mit ihren Kochkünsten. Sie brät irischen Lachs, der in der Bucht gefangen wurde, reicht dazu köstliche mehlige irische Kartoffeln und serviert als Nachtisch den Rest des unbeschreiblichen *Trifle!* Wie gut

geht es uns hier! Josephine und ich erinnern uns daran, daß wir in Irland unseren gemeinsamen hundertsten Geburtstag feiern wollten. Dieser Abend erscheint uns als der richtige Rahmen: Der Rotwein, mit dem wir anstoßen, und der Sherry im Nachtisch lassen uns sehr lustig werden. Wir legen irische Musik auf, und Josephine zeigt ihren deutschen Freundinnen einen richtigen *Jig:* Die Arme sind eng an den Körper gepreßt, der Rücken ist kerzengerade; nun werden die Beine überkreuzt und dann wieder hoch in die Luft geworfen – und das alles in rasendem Tempo. Uns wird allein vom Zusehen schwindelig. Katrin hält es nicht länger auf dem Stuhl. Vergessen ist die Blase am Zeh! Sie entpuppt sich als Naturtalent in irischen Volkstänzen. Ich denke nicht mehr an Abschied, nicht an Heimweh, *Ich Bin hier und jetzt* wunschlos glücklich!

Bevor Josephine ins Bett geht, gibt sie uns noch ihr Gästebuch. Meine Tochter, meine wunderbare erwachsene Tochter, die eben noch wie ein kleines Kind ausgelassen durch die Küche tanzte, schreibt Gedanken nieder, die mir die Tränen in die Augen treiben – so voller Tiefe und Liebe zu diesem Land und seinen Menschen. Ich schreibe die deutsche Übersetzung der Gedanken des Teilhard de Chardin, die auf der Skulptur der Liebenden stehen:

»Eines Tages, wenn wir den Wind, die Wellen, die Gezeiten und
   die Schwerkraft überwunden haben,
werden wir die Kraft der Liebe für Gott einsetzen.
Dann werden wir zum zweiten Mal in der Geschichte der Welt
   das Feuer entdecken.«

Dem füge ich hinzu: »Hier, in Urgroßmutters Land spüre ich eine Ahnung dieses Feuers, genau wie du. Danke, daß du mich zur rechten Zeit an die rechten Orte geführt hast. Ingrid/Gwenlynn«

15

Ich erwache mitten in der Nacht. Der fragende Blick auf die Uhr zeigt 1 Uhr 30. Durch das geöffnete Fenster höre ich ein ungewohntes Geräusch: Es regnet! Fast eine Woche lang schenkte uns dieses Land eitel Sonnenschein. Jetzt fallen, ganz sacht, fast zärtlich sanfte Regentropfen auf die Erde. Ein Schmerz durchfährt mich: Urgroßmutter Eire weint ebenso wie ich! Ich stecke meinen Kopf weit aus dem Fenster und lasse mich von ihren Tränen trösten ... Bruder Wind streichelt mich und flüstert mir zärtliche Worte zu: »Ich verbinde dich immer mit Urgroßmutter, bitte mich nur darum. Wenn ich von Norden wehe, bringe ich dir Grüße von ihr. Wenn ich von Süden wehe, nehme ich deine Grüße mit!«

Getröstet schlafe ich wieder ein, um gegen 3 Uhr erneut aufzuwachen – um dieselbe Zeit wie in der ersten Nacht in diesem wundervollen Land. Damals weckte mich die einsetzende Flut. Der Regen hat aufgehört, es ist ganz ruhig draußen. Im Osten sehe ich bereits das erste Licht des neuen Tages, meines letzten Tages in Irland. Prudens macht mich darauf aufmerksam, daß ich meine Hände nicht frei habe für neue Geschenke: »Seit gestern hältst du Abschiedsschmerz darin fest. Hast du vergessen, daß Engel immer ohne Gepäck reisen?«

»Danke, Bruder.«

Langsam und bewußt öffne ich sie, um als erstes Geschenk noch zwei Stunden erholsamen Schlafes entgegenzunehmen.

Pünktlich um 5 Uhr 30 läßt mich Prudens aus dem Schlaf holen. Er hat Robin als singenden Wecker vom Dienst engagiert! Josephine steht bereits in der Küche, um uns ein letztes Frühstück zu bereiten.

Sie ist nicht nur eine Elfe, sondern auch ein Engel. Ein großes Lunchpaket für unterwegs steht neben unserem Gepäck. Sehr schweigsam verläuft diesmal das Frühstück.

Ein allerletztes Mal gehe ich langsam und bewußt durch das Haus, durch den Garten, verabschiede mich von all den lieben Wesenheiten, die hier wohnen. Die anderen sitzen bereits in Susannes Van. Fehlt noch einer? Ich schließe die Augen und bitte Prudens, mich mit Vincent zu »verbinden«. Es kostet meine ganze Selbstbeherrschung, nicht laut aufzulachen: Auch er sitzt schon reisefertig im Auto und blickt mir abenteuerlustig und ungeduldig entgegen. Ich gebe mir einen Ruck und steige hinten ein. Ja, jetzt sind alle Mann an Bord.

Wie sehr genießen Katrin und ich diese letzte Fahrt – im Gegensatz zu unserer ersten! Wieder sitzen wir hinten, halten geübt mit unseren Füßen die Campingtoilette und die Werkzeugkiste in Schach, lassen uns in jeder Kurve kräftig hin- und herschaukeln. Am Bahnhof angekommen, nehmen wir tränenreich voneinander Abschied. Der Zug steht zur Abfahrt bereit, nur wenige Menschen steigen zu. Eine letzte Umarmung, ein letztes Dankeschön an Josephine, die zusammen mit Susanne noch zwei Wochen länger hierbleiben kann. Dann gehen wir auf die Schranke zu, die uns vom Bahnsteig trennt. Drei Männer in Uniform stehen daneben. Einer von ihnen steht vor der Schranke und nimmt mir die Fahrkarte ab. Er wirft einen kurzen Blick darauf, schaut mich gelangweilt an und sagt: »The boarding card, please.«

»Wie? Was bitte?«

Hilfesuchend drehe ich mich zu Josephine um, die schnell herbeigeeilt kommt. Der Schaffner erklärt ihr, daß wir ohne Reservierungskarte heute nicht mit diesem Zug fahren könnten. Sie versteht genausowenig wie wir, was er damit meint. Wir haben die Karten bereits am Mittwoch gekauft, da hat niemand von Reservierung gesprochen. Mit zunehmender Ungeduld erklärt der Uniformierte, daß wegen eines Fußballspiels in Dublin alle Züge ausverkauft und nur mit »boarding card« zu benutzen seien. Ganz kurz kommt bei dieser Erklärung

Begeisterung in seine Stimme, als er vom Match »Cork gegen Kerry [!]« spricht. Wir hätten das nicht gewußt und müßten zum Flugplatz, unser Flugzeug gehe heute Mittag nach Deutschland, erklärt Josephine. Doch der Angesprochene bleibt stur. Es habe in der Zeitung gestanden und sei sogar über Rundfunk und Fernsehen verbreitet worden.

Mir wird klar, daß ich die letzten Tage wirklich in einer anderen Welt verbracht habe, keines dieser Medien hatte darin Platz. Katrin beginnt zu betteln, sie hat Tränen in den Augen – ebenso wie die beiden anderen Bediensteten, die hinter der Schranke stehen und uns mitleidig und betroffen ansehen. Sie würden uns mitfahren lassen, das spüren wir. Doch der dritte bleibt hart: »No. No boarding card, no entry.«

Susanne zischt zwischen zusammengepreßten Lippen: »Auch diese Art von Menschen gibt es hier, kleine Männer, die ihre Macht ausspielen und es auch noch genießen.«

Josephine versucht es ein letztes Mal, vergebens.

Was können wir tun? Ratlos sehen wir uns an. Nebenan ist der Busbahnhof. Im Laufschritt rennen wir hinüber. Eine freundliche Frau erklärt, daß der nächste Bus um 8 Uhr nach Limerick fahre. Dort müßten wir umsteigen und könnten Dublin laut Fahrplan um 14 Uhr 30 erreichen. Unser Flug geht um 15 Uhr 30! Wir könnten es schaffen! Schnell sind die Fahrkarten besorgt. Bis zur Abfahrt sitzen wir noch einmal in Susannes Auto. Wie schnell sich doch alles ändern kann. Ich wundere mich, daß ich innerlich so ruhig bleibe. Danke, Prudens, daß du mich heute Nacht angehalten hast, meine Hände zu öffnen für unerwartete »Geschenke«.

Pünktlich fährt der Bus ab. Die Verabschiedung von Josephine und Susanne fällt diesmal fröhlicher aus, den Abschiedsschmerz haben wir am Bahnsteig zurückgelassen. Josephine bittet uns, am Abend von Deutschland aus anzurufen: »Ihr werdet es schaffen.«

Wir steigen als erste ein, nehmen weit vorn Platz. Nach uns torkelt ein bereits am Morgen betrunkener Wohnsitzloser herein, er läßt sich direkt auf den Sitz hinter mir nieder. Eine Alkoholfahne hüllt uns ein. »Das kann ja heiter werden!«

Ich schlage Katrin vor, weiter nach hinten zu gehen, denke mit Grausen an die stundenlange Fahrt bis Limerick. Doch sie zeigt mehr Größe als ich:»Das können wir doch nicht machen, was soll der Mann denn von uns denken?« weist sie mich zurecht.

»Danke, daß du mich erinnerst: Christus tarnt sich manchmal sehr gut ...«

Ein letztes Winken ohne Tränen. Unsere Pläne sind ganz durcheinandergekommen und unsere Emotionen ebenfalls: Lachend gehen wir auseinander.

In einer Wolke aus Alkoholdunst und Zigarettenrauch fahren wir durch eine wunderschöne Gegend, durch kleine Dörfer und Städte, die wir im Zug nie gesehen hätten. Wieder fasziniert mich, wie bunt die Häuser, Haustüren, Fensterläden und Zäune sind. Und dann die lustigen Namen an den Geschäften! So viele »O'«-Namen gibt es: O'Sullivan, O'Cleary, O'Brian, O'Callaghan, O'Malley ... Ich lasse mir die Silben auf der Zunge zergehen. Ab und zu rüttelt der betrunkene Mann hinter mir an meinem Sitz, lallt Unverständliches, trinkt aus seiner Cola-Literflasche, deren Inhalt sehr stark nach Whiskey riecht, und raucht – obwohl es verboten ist, in Bussen und Zügen zu rauchen. Der Busfahrer stört sich nicht daran. Er ist ein älterer Mann, der sehr übermüdet wirkt, sich immer wieder die Augen reibt und krampfhaft bemüht ist, diese offenzuhalten. Prudens und die Schutzengel aller anderen im Bus leisten wieder einmal Schwerstarbeit.

Nach einer Stunde Fahrtzeit torkelt der Betrunkene aus dem Bus, holt sich seine Plastiktüten aus dem Gepäckraum und zieht von dannen. Ich atme auf (im wahrsten Sinne des Wortes!) ... und bestimmt nicht nur ich! Die Luft im Bus wird angenehmer, ich setze die Kopfhörer des Walkman auf und höre irische Musik. Sie paßt für mich besser als die amerikanischen Hits, die aus den Lautsprechern des Busses dröhnen.

Draußen gleiten Wiesen, Felder, Hügel, Burgen, Ruinen, Häuser, Kühe, Pferde, Schafe vorbei. Mir fällt auf, daß die Bäume hier wieder aufrechter stehen als in Küstennähe. Dort wachsen sie, schief und gebeugt, nur in Richtung Festland, so daß es selbst bei Sonnenschein aussieht, als würden sie beständig vom Sturm gepeitscht. Pünktlich und wohlbehalten erreichen wir Limerick und steigen aus. Unsere Schutzengel atmen auf.

Nach einer Viertelstunde Aufenthalt steigen wir in den Bus nach Dublin. Katrin fragt den Mann hinter dem Lenkrad, wann wir dort ankommen würden, und zuckt zusammen, weil seine Antwort so barsch und unfreundlich ist. Wenn es nach Plan gehe, erreichten wir die Hauptstadt gegen 14 Uhr. Wenn es nach Plan gehe ... betont er noch einmal! Eine ältere Frau im Bus schüttelt, unangenehm berührt wegen seiner Unfreundlichkeit, den Kopf und nickt uns lächelnd und aufmunternd zu. Wir finden einen Platz weit vorn und sind guten Mutes, daß wir unseren Flug erreichen werden ... Doch es geht nicht nach Plan. Die Zeit der Abfahrt verstreicht, der Fahrer sitzt mürrisch hinter dem Lenkrad, aber der Bus setzt sich nicht in Bewegung. Schließlich fragt ein irischer Fahrgast nach und bekommt vom Fahrer *freundlich* zur Antwort, er müsse auf einen anderen Bus warten, von dem noch Passagiere zusteigen wollten. Katrin und ich schauen uns an: »Mag er nur fragende Ausländer nicht?«

Nach zwanzigminütiger Verspätung kommt der andere Bus endlich an. Die Menschen, die zusteigen, lassen fast keinen Platz mehr frei ... Endlich setzt sich der Bus in Bewegung.

Es ist äußerst interessant, die Menschen um uns herum zu beobachten. Uns gegenüber sitzt die freundliche ältere Frau, die uns seit dem Einsteigen immer wieder anlächelt. Der Platz neben ihr ist noch frei. In jeder kleineren und größeren Ortschaft hält das Fahrzeug an, um gerade so viele Fahrgäste aufzunehmen, wie Sitzplätze frei sind beziehungsweise werden. Irgendwann nimmt neben der freundlichen

Dame ein älterer Herr Platz. Wir sind überzeugt, daß sich die beiden noch nie im Leben gesehen haben ... und doch unterhalten sie sich ununterbrochen. Nur ab und zu verstehen wir ein Wort, sie sprechen einen Dialekt, der uns zum größten Teil unverständlich bleibt. Sind alle Sitzplätze belegt und hat keiner der Fahrgäste vor auszusteigen, hält der Busfahrer trotzdem kurz an der Haltestelle an, um zu sagen, daß er niemanden mehr mitnehmen könne. Einmal kommt es zu einer hitzigen Auseinandersetzung mit einem Mann, der mit mehreren Koffern zusteigen will und ebenfalls zum Flugplatz nach Dublin muß. Doch bei unserem Busfahrer nutzen weder Bitten noch Bestechungsversuche! Er erklärt unmißverständlich, daß *er* hier entscheide, wer mitfahre und wer nicht. Die Menschen im Bus sinken ein bißchen tiefer in ihre Sitze. Sie wissen jetzt, wer hier der Herr und Meister ist.

Auf einem der vordersten Plätze sitzt ein Mann, der, seit er eingestiegen ist, unentwegt mit dem Fahrer spricht. Sie haben scheinbar ein interessantes Thema, denn es nimmt den Fahrer so gefangen, daß er, obwohl die Straße vor ihm frei ist, sich nur im Schneckentempo vorwärtsbewegt. Katrin kocht innerlich. »Jetzt geh ich nach vorn und sage, daß er schneller fahren soll. Wir müssen doch unseren Flug erwischen!« meint sie.

Ich halte sie zurück, es hätte keinen Sinn. Im Gegenteil, es gäbe dem Fahrer die Möglichkeit, uns seine Allmacht noch einmal zu beweisen ... und er würde es genießen! Katrin sitzt wie auf Kohlen, schaut immer wieder auf die Uhr, stellt Hochrechnungen an. Ich bin erstaunt über meine Gelassenheit. Auf vorsichtige Rückfrage bei Prudens erhalte ich die Antwort: »Laß los, laß Gott machen.«

Gegen 12 Uhr erreichen wir eine größere Stadt, und der Busfahrer hält neben einem Hotel an. Er verkündet gelassen eine fünfzehnminütige Pause! Katrin verschlägt es den Atem. Sie bleibt demonstrativ sitzen, während die meisten Fahrgäste im Inneren des Gebäudes verschwinden. Wir orientieren uns auf der mitgeführten Landkarte und sehen, daß wir noch weit von Dublin entfernt sind. Es müßte schon ein Wunder geschehen, wenn wir die Hauptstadt bis 14 Uhr erreichen würden. (Unser Flug geht zwar erst um 15 Uhr 30, aber wir müssen ja vorher noch einchecken!) Die Pause zieht sich endlos hin, und wieder einmal werden wir mit der stoischen Ruhe der Iren konfrontiert. Fünfzehn Minuten? Das läßt sich leicht auf fünfundzwanzig Minuten aufrunden. Endlich geht es weiter, nun auf einer Schnellstraße. Die Strecke ist gerade, es ist wenig Verkehr, doch der Fahrer hat es nicht eilig. Wichtig ist ihm die Unterhaltung mit dem Fahrgast neben ihm. Kann dieser denn nicht lesen? Es steht doch klar und deutlich über der Windschutzscheibe geschrieben, daß Gespräche mit dem Busfahrer nicht erlaubt seien! Wieder einmal bestätigt sich, daß ich selbst innerlich ruhiger werde, je aufgeregter sich der Mensch neben mir verhält. Und das macht den anderen noch nervöser. Katrin kocht: »Wir schaffen es nie!«

»Wenn wir es schaffen sollen, werden wir es schaffen«, antworte ich.

»Hör bloß auf mit deinen dummen Sprüchen!«

Wir merken am zunehmenden Verkehrsaufkommen, daß wir uns langsam der Landeshauptstadt nähern. Unzählige Fahrzeuge, vollgestopft mit Fußballfans, sind vor, neben, hinter uns unterwegs. Es scheint eine Völkerwanderung stattzufinden. Nein, es sind zwei verschiedene Völker: Sie sind erkennbar an unterschiedlichen Trikots! Jeder trägt eines!

Je näher wir Dublin kommen, desto zäher geht es vorwärts. Und plötzlich ist Stop and Go! Hunderttausend Iren sind gegen uns! Als wir endlich den Busbahnhof der Hauptstadt erreichen, ist es 15 Uhr. Katrin stürmt hinaus, schiebt rücksichtslos Menschen beiseite, um an unsere Rucksäcke zu kommen, rennt vor mir her zu den wartenden Bussen. Ich habe meine liebe Not, ihr zu folgen. Wir erreichen gerade noch einen zur Abfahrt bereiten Bus Richtung Flugplatz. Doch auch dieser bleibt im Stau stecken. Katrins Gesicht bekommt hektische

Flecken, sie kaut abwechselnd auf ihren Lippen und auf den Fingernägeln. »Wir schaffen es, wir müssen es schaffen!« sagt sie beschwörend.

»Wenn wir den Flug nicht erwischen, wird es sein Gutes haben«, meine ich.

»Was soll daran Gutes sein?«

»Im tragischsten Fall stürzt die Maschine ab, und wir sitzen *nicht* drin!« ist meine Antwort.

Das stimmt sie nachdenklich.

15 Uhr 15. Der Bus steht keine zwanzig Meter vor der Haltestelle am Flugplatz im Stau. Katrin beschwört den Fahrer, uns aussteigen zu lassen. Doch dieser sagt freundlich, aber bestimmt, daß er für unsere Sicherheit verantwortlich sei und uns nicht einfach mitten auf der mehrspurigen Fahrbahn hinauslassen könne. So verlieren wir noch einmal ein paar Minuten. Als der Bus am richtigen Platz anhält, stürzt Katrin hinaus, stürmt durch die Flughafentüre hinein, durch die Halle, die Rolltreppe hinauf. Sie rempelt andere an ohne Rücksicht auf Verluste und gutes Benehmen und hetzt weiter. Und ich? Hinterher! Sie hat die Tickets!

Pausenlos »Sorry, sorry!« rufend, keuche ich fünfzigjährige Frau meiner verrückten zweiundzwanzigjährigen Tochter nach. Atemlos erreichen wir den Schalter unserer Fluglinie. Ein junger gutaussehender Ire in Uniform sieht uns entgeistert auf sich zustürmen. Katrin knallt ihm unsere Tickets hin und preßt heraus: »We are a little late.«

»You are very late. Sorry, you are too late«, ist seine ruhige, aber bestimmte Antwort.

Katrin fleht ihn mit Tränen in den Augen an, uns doch noch mitfliegen zu lassen. Er nimmt die Tickets, geht damit weg. Minuten vergehen, es ist mittlerweile fast 15 Uhr 30. »Katrin, es ist zu spät«, versuche ich ihr klarzumachen.

Sie ignoriert mich einfach, läßt ihren Blick nicht von der Tür, hinter der der junge Mann verschwand. Endlich kommt er zurück. »Sorry, it's too late.«

Das ist für meine Tochter zuviel. Die Anspannung der letzten Stunden und all das vergebliche Hoffen entladen sich in einem Wutanfall. Sie stampft mit den Füßen, weint und schreit dabei ein englisches Schimpfwort, das ich aus ihrem Munde noch nie gehört habe. Der junge Mann am Schalter ist so betroffen, daß alle Farbe aus seinem Gesicht weicht. Er ist ein echter Ire mit dunklen Haaren und blauen Augen, die jetzt in einer Mischung aus Mitgefühl, Entsetzen und Hilflosigkeit an der jungen, tobenden Frau vor ihm hängen. Ich habe das Gefühl, er würde sie auf seinen Händen nach Hause tragen, wenn er könnte.

Abwechselnd schaue ich von ihm zu meiner Tochter. Für jeden von ihnen habe ich in diesem Moment Verständnis, selbst für die Menschen um uns herum, die diese Szene neugierig beobachten. »Katrin, es ist, wie es ist«, sage ich schließlich, und der Verzweiflungsanfall ist ebenso plötzlich, wie er über sie kam, vorüber.

Sie wäre keine Waage, wenn ihr diese 180-Grad-Wendungen nicht gelängen. Mit völlig ruhiger Stimme wendet sie sich an den jungen Mann und sagt freundlich: »What can we do now?«

Langsam kehrt die Farbe in sein Gesicht zurück, es entspannt sich, und er gibt uns mit einigermaßen normaler Stimme den Rat, bei einer deutschen Fluggesellschaft nachzufragen. Vielleicht könnten wir heute doch noch einen Flug bekommen. Höflich bedankt sich Katrin, wuchtet ihren schweren Rucksack auf den Rücken und geht erhobenen Hauptes mitten durch die vor ihr zurückweichenden Zuschauer. Wenig später erklärt uns eine freundliche Dame: »Für heute ist kein Rückflug mehr möglich. Alles ausgebucht.«

Wir erinnern uns an den netten Iren von vorhin und kehren zu ihm zurück. Ängstlich schaut er uns entgegen. Der Anblick meiner liebenswerten Tochter versöhnt ihn, und so schickt er uns an den Buchungsschalter seiner Fluggesellschaft. Dort erfahren wir, daß in der nächsten Maschine Sonntag früh um 7 Uhr 20 noch zwei Plätze frei seien. Gott sei Dank! Wir buchen, bezahlen die Umbuchungsgebühr und werden freundlich, aber sehr bestimmt darauf aufmerksam gemacht, daß wir *mindestens* eine Stunde vor Abflug einchecken müßten! »Danke, diesmal werden wir rechtzeitig da sein.«

Mein Mann fällt mir ein. Er erwartet uns am frühen Abend in München! Ich kann nur hoffen, daß ich ihn noch telefonisch zu Hause erreiche, um ihm von der Änderung zu berichten. Nicht auszudenken, wenn mit dem Flug, der jetzt unterwegs ist, wirklich etwas passieren würde und er in dem Glauben wäre, daß wir im Flugzeug sitzen! Noch einmal habe ich jede Menge Engel an meiner Seite, die mich Geduld lehren. Die Telefone weigern sich, die hochgelobten Euro-Münzen zu schlucken. Wir versuchen es an mehreren Apparaten, doch vergebens. Entweder das Geld fällt durch oder es wird verschluckt, ohne daß die Verbindung zustandekommt. Eine junge Dame vom Informationsschalter eilt uns schließlich zur Hilfe. Ihr gelingt es, meinen Mann zu erreichen. Wie enttäuscht klingt seine Stimme, als er hört, daß er noch einen Tag länger auf uns warten muß. Ich spüre seine Traurigkeit aus den wenigen Worten, die wir wechseln. »Paßt auf euch auf.« Er wird am nächsten Tag um 11 Uhr in München sein und uns abholen.

Gleich danach rufe ich Josephine an. Sie geht sofort ans Telefon und hört im Hintergrund eine Flugplatzdurchsage, noch bevor ich mich melden kann. »Oh nein, ihr habt es nicht geschafft!«

Aber sie hat eine Cousine in Dublin (haben Iren nicht überall Cousinen?) und will diese anrufen. Bei ihr könnten wir bestimmt übernachten. Katrin will davon nichts wissen: Sie wird diesen Ort nie und nimmer verlassen. »Vielleicht klingelt der Wecker nicht, oder wir bleiben wieder im Verkehr stecken oder ...«

»Ist schon gut, wir werden die Nacht hier verbringen.«

Als Josephine das hört, sagt sie: »Dann sollst du heute Nacht noch jemanden kennenlernen.« Ja, diesen Verdacht habe ich auch ...

Zuerst suchen wir uns ein einigermaßen ruhiges, bequemes Plätzchen. Wir finden es direkt unter der Rolltreppe: eine Zweiergruppe Schalensitze mit einem kleinen Tischchen an der Seite. Gegenüber steht noch einmal dieselbe Sitzgruppe. Auf dieser hat sich ein älteres Ehepaar niedergelassen. Aus ihren vielen Koffern und Taschen haben sie auf beiden Seiten einen Sichtschutz gebaut und sitzen eng nebeneinander. So verlassen und armselig wirken sie auf mich, daß ich unwillkürlich an Emigranten denke. Beide haben schneeweißes gelocktes Haar, einen dunklen Teint und freundliche braune Augen. Herzlich und offen ist der Blick, mit dem sie uns nun genau betrachten. Wir grüßen freundlich hinüber und machen es uns ebenfalls bequem.

Katrin hat sich soweit beruhigt, daß ich es wage, ihr einen kleinen Ausflug nach Dublin City vorzuschlagen. Doch er kommt noch zu früh für sie. Nein, sie werde den Flugplatz nicht verlassen, nicht um alles in der Welt! Ich kann es akzeptieren, auch wenn kurz der Gedanke in mir auftaucht, daß ich mit einer meiner Seelenschwestern heute Nacht bestimmt Dublin unsicher machen würde!

In diesem Moment fällt mir siedend heiß Vincent ein? Ist er noch da, oder haben wir ihn in der Hektik der letzten Stunde verloren? Ich schließe meine Augen und bitte Prudens um Mithilfe. Gott sei Dank, der kleine Mann sitzt mit baumelnden Füßen uns gegenüber neben dem alten Ehepaar und beobachtet uns genau wie sie. Was nun? – »Prudens, schau: Meine Hand ist geöffnet ... und leer.«

Er erinnert mich daran, daß Irland mir, außer einem Regenguß mit anschließendem Regenbogen, noch ein paar andere Dinge schuldig geblieben ist. Zum Beispiel irische Livemusik im Pub und *Fish and Chips!* »Schau doch mal in Josephines Lunchpaket nach«, schlägt er vor.

»Oh, das hatte ich ja ganz vergessen.«

Ich traue meinen Augen nicht: Sie hat doch tatsächlich *Fish and Chips* eingepackt. Zwar nicht ganz das Originalgericht, dafür um so schmackhafter: Eine große Scheibe gebratener Lachs von gestern Abend und eine Tüte *Crisps with Vinegar* kommen zum Vorschein. Was will ich mehr? Voller Vorfreude packe ich den »duftenden« Fisch aus, lege dekorativ die *Crisps* daneben und beginne genüßlich zu essen. »Das stinkt fürchterlich«, höre ich Katrins grimmigen Kommentar, von dem ich mir den Appetit nicht verderben lasse.

Plötzlich tippt mir von hinten jemand auf die rechte Schulter. Erstaunt drehe ich mich um und blicke in das strahlende Gesicht eines jungen Mannes mit Down-Syndrom. Sein Mund ist zu einem breiten Grinsen verzogen, er streckt mir seine rechte Hand mit dem Viktory-Zeichen entgegen und sagt: »Is it okay?« Mit vollem Mund antworte ich ihm: »Yes, it's okay!« Auch ich forme das V-Zeichen und strahle zurück. Von hinten kommt ein älterer Herr dazu, reißt meinen jungen Freund mit sich mit und murmelt in meine Richtung eine Entschuldigung. Ich rufe laut hinterher: »It's okay.« Noch einmal dreht sich der Junge um und zeigt mir das Siegeszeichen. Es müssen nicht Männer mit Flügeln sein, die Engel ... Voller Glückseligkeit wende ich mich wieder meinem Festmahl zu. Ich beginne sogar zu schmatzen! Nach wenigen Minuten schaut Katrin mir über die Schulter und raunt, schon weniger schlechtgelaunt: »Laß mir auch was übrig.«

Na endlich ist die Waage wieder soweit ins Gleichgewicht gebracht. Jetzt wird es nicht mehr lange dauern, bis ihr Barometer wieder auf »Gute Laune und Entdeckerfreude« steht. Bald ist auch ihr Hunger gestillt, und sie leckt sich genüßlich die Finger ab.

Nun kann ich den zweiten Versuch wagen, sie auf Dublin neugierig zu machen. »Wir sind in der Hauptstadt der Republik Irland. Ich will wenigstens über eine ihrer Brücken gehen.«

Na gut, wer weiß, wann wir wieder so eine Gelegenheit bekommen. Wir packen unsere Siebensachen zusammen, stemmen die Rucksäcke auf den Rücken und schicken uns an, die Gepäckaufbewahrung zu suchen. Eben will ich einen kurzen Abschiedsgruß zu dem älteren Ehepaar schicken, da erhalte ich von Yasper den Auftrag, der alten weißhaarigen Frau einen Segensspruch zu übermitteln. Warum nicht? Schwer bepackt beuge ich mich zu ihr, blicke in ihre warmen freundlichen Augen und sage: »God is with you.«

Zuerst ist ihr Blick erstaunt, fragend, dann verstehend. Sie nickt langsam, auch der alte Mann neben ihr schaut mich liebevoll und dankbar an.

Der freundliche Bedienstete am Gepäckaufbewahrungsschalter nimmt achtzehn Kilogramm Gepäck von uns. Unternehmungslustig besteigen wir einen Bus in Richtung Stadtmitte. Es ist ein Doppeldecker; natürlich gehen wir nach oben. Ich bekomme den letzten noch freien Sitzplatz, doch meine Tochter geht leer aus. Nun darf man aber in Irland in öffentlichen Verkehrsmitteln nicht stehen. Vor uns an der Decke ist ein Spiegel angebracht, durch den der Busfahrer unten die Lage überblicken kann. Deshalb geht Katrin in die Knie, um seinem prüfenden Blick entzogen zu sein. An der nächsten Haltestelle steigen wieder Fahrgäste zu und kommen nach oben. Meine Tochter hat sich aus ihrer Kauerhaltung erhoben und steht im Gang, um einen vielleicht freiwerdenden Platz zu ergattern. Es kommt zu einem lustigen Sprachmißverständnis: Die Iren sind sehr höflich und vermeiden nach Möglichkeit, einen anderen durch Anrempeln zu belästigen. Ein junger Mann, der zusammen mit seiner Freundin zugestiegen ist, versucht dezent an Katrin, die immer noch im Mittelgang steht, vorbeizukommen – ohne ihr zu nahe zu treten. Obwohl sich Katrin ganz nah an die Sitze drückt, gelingt es ihm nicht, und er steckt hoffnungslos hinter ihr fest.

»Sorry, sorry«, murmelt er verlegen mit hochrotem Kopf.

Daraufhin Katrin: »You're welcome.«

Sie erntet ein erstauntes, dann amüsiertes Schweigen von dem jungen Mann und einen empörten Blick von seiner Freundin. Nun wird Katrin klar, daß ihre Antwort nicht ganz korrekt war. Verschämt geht sie wieder in Hockstellung. Erst viel später kann sie über diesen Fauxpas lachen.

Die Fußballbegeisterten, die uns eine unerwartete Verlängerung in Irland beschert haben, sind von den Straßen verschwunden. Wir bummeln durch breite Einkaufsmeilen, gehen an Pubs vorüber, aus denen Livemusik klingt. Prudens erinnert mich, daß hier ein weiteres Geschenk auf mich wartet, doch ich kann Katrin nicht überreden. Mein Lehrerengel prüft noch einmal meine Erwartungshaltung: In einem schön angelegten Park finden wir auf einer Bank zufällig ein Programmheft, aus dem wir ersehen, daß heute Nacht in der Nähe ein Musikfestival stattfindet. Aus allen Richtungen ist Livemusik zu hören. Was für eine Gelegenheit, irischen Fiddlern und Pipern zu lauschen! Aber Yasper hat meine Tochter als »Spielverderber« engagiert. Und ich bestehe die Prüfung, denn ich kann es zulassen, daß mir Urgroßmutter dieses Vergnügen erst das nächste Mal beschert.

So kehren wir bald wieder per Bus zum Flughafen zurück. Unweit der Haltestelle befindet sich eine moderne Kirche. Wir kommen zwar nicht in den Innenraum, aber im Park davor steht eine wunderschöne Madonna. Sie teilt mit uns ihre Ruhe und ihr Vertrauen in die göttliche Führung. Es fällt uns schwer, den friedlichen Ort zu verlassen und in die laute Abflughalle zurückzukehren. Auf dem Weg dorthin kommen wir an einer merkwürdigen hölzernen Skulptur vorbei, die meine Aufmerksamkeit erregt. Es ist eine uralte Mooreiche, in die unzählige Elfen und Gnome geschnitzt sind – und das so unauffällig und natürlich, daß viele erst auf den zweiten Blick sichtbar sind. Eine Hommage an die »kleinen Leute« dieses Landes. Der Künstler ist mit sehenden Augen gesegnet und hat das für uns normal Sterblichen wunderbar umgesetzt. Ich schließe meine Augen und bitte Prudens um seine Hilfe. Er läßt sich nicht lange bitten: Mitten unter den geschnitzten Elementargeistern sitzt quietschvergnügt Vincent. Er hat seinen rechten Arm um eine besonders gelungene hübsche Elfe gelegt und mir scheint, als lächle sie meinem jungen Freund verliebt zu. Katrin zieht mich weiter …

Energisch besteht sie darauf, daß wir unsere Rucksäcke jetzt wieder abholen. Sie will jeden Unsicherheitsfaktor ausschließen. Schwer bepackt kehren wir in die Wartehalle im Erdgeschoß des Flugplatzes zurück, um unser vertrautes Plätzchen unter der Rolltreppe aufzusuchen. Enttäuscht stellen wir fest, daß es mittlerweile besetzt ist. Das alte Ehepaar gegenüber ist noch da. Ich sehe, daß die Frau eingeschlafen ist. Es muß sehr unbequem für sie sein, denn die Schalensitze sind hart und ihr Kopf ruht auf einem kleinen Koffer. Ihr Mann geht ruhig, ein paar Schritte von ihr entfernt, auf und ab. Er nickt mir freundlich zu, erkennt mich wieder. Bedauernd blickt auch er auf die Sitzgruppe gegenüber und auf die Menschen, die es sich dort bequem gemacht haben. Ja, ich glaube, wir hätten uns gut verstanden. Es scheint, als müßten auch die beiden die Nacht hier verbringen.

Viele Menschen aus aller Herren Länder befinden sich in der Wartehalle, und wir genießen die Atmosphäre hier: Wir gehören dazu! Es ist Zeit, ein kleines Abendessen einzunehmen. Vollbepackt mit unseren vier Rucksäcken begeben wir uns in das obere Stockwerk. Im weltbekannten Fast-Food-Restaurant fühlen wir uns ganz wie zu Hause. Es macht Spaß, die anderen zu beobachten: Alle Nationalitäten fühlen sich hier scheinbar wie daheim! Nach der vertrauten Mahlzeit spüren wir die Müdigkeit in den Knochen. Seit heute Morgen sind wir ununterbrochen auf den Beinen. Ich schlage vor, einen »Schlafplatz« für die Nacht zu suchen. Diesen Gedanken hatten schon viele vor uns, und so sind die besten Plätze belegt. Für uns bleiben nur zwei zugige Schalensitze im Erdgeschoß übrig, direkt gegenüber vom Eingang, an dem die Schiebetüren dauernd auf- und zugehen. Die kalte Zugluft wird uns wohl die ganze Nacht »erfrischen«.

Noch sind wir relativ munter, obwohl wir nun schon seit vierzehn Stunden unterwegs sind. Es ist nicht langweilig um uns herum. Immer wieder landen Flugzeuge, wir sehen von unserem Platz aus die

Urlauber aus wärmeren Regionen ankommen: kurzärmelig, in Shorts, mit Sonnenhüten auf dem Kopf und Sonnenbrillen (mitten in der Nacht!) in sonnenverbrannten oder -gebräunten Gesichtern. Lächelnd erinnere ich mich, daß Josephine mir erzählt hat, an jedem heißen Sommertag stürmten die Iren geschlossen in die Sonne, um nach einer Stunde ihren Sonnenbrand nach Hause zu tragen.

Fröstelnd ziehen die Heimkehrenden ihre Schultern hoch, völlig übermüdete und »aufgedrehte« Kinder lärmen dazwischen. Es kommen aber auch Urlauber an, die in Irland Ferien machen werden. Sie sind an ihrer wind- und wetterfesten Kleidung zu erkennen und an den großen Rucksäcken. Ich freue mich mit ihnen in der Gewißheit, daß Urgroßmutter *Eire* auch sie freundlich aufnehmen wird.

Josephines Vermutung, ich würde in dieser Nacht wohl noch jemand kennenlernen, kommt mir wieder in den Sinn. Mit offenen Augen und offenem Herzen betrachte ich die Menschen um mich herum. Wer unter ihnen ist wohl der Grund für die ungeplante Verlängerung unseres Aufenthaltes? In der Reihe vor uns sitzen zwei junge Männer, Mitte zwanzig. Beide sind dunkelhaarig, mit südländischem Aussehen. Ich horche nach innen und höre Prudens sagen: »Zwei Engel.«

Meine Neugier ist geweckt. Die beiden haben weiche Gesichtszüge und strahlen eine große Ruhe und inneren Frieden aus. Ja, es könnten wirklich Engel auf Erden sein, die Urgroßmutter *Eire* einen Besuch abstatten. Der eine von ihnen hat auf seinen Knien einen großen Zeichenblock liegen und malt. Neugierig beuge ich mich nach vorn, um zu sehen, was unter diesen »Engelshänden« entsteht. Ich bin fasziniert: Er hat ein wunderschönes Aquarell gemalt, das Urgroßmutter *Eire* zeigt: ihren unbeschreiblich farbenprächtigen Himmel mit seinen vielen Blautönen, die Berge im Hintergrund und davor Wiesen und Hecken in diesen unglaublich vielen Grüntönen! Im Moment ist der junge Mann dabei, mit einem schwarzen Fineliner einen Zaun in die Landschaft hineinzuzaubern. Es ist ihm gelungen, die rauhe und gleichzeitig zärtliche Liebe einzufangen, die dieses Land jedem schenkt, der bereit ist, sie anzunehmen. Er spürt meinen Blick über seine Schulter und dreht sich lächelnd um. »It's wonderful«, sage ich.

Er strahlt, wirft jedoch gleich wieder einen selbstkritischen Blick auf sein Werk und gibt zur Antwort: »Oh no, it's not good.«

Ein demütiger und bescheidener Engel, denke ich bei mir. Sollte das die Begegnung sein, die auf mich wartet? Sollte vielleicht sogar dieses Bild für mich sein?

Er hat sich wieder umgedreht und malt weiter. Ich fasse meinen ganzen Mut, beuge mich noch näher zu ihm und spreche ihn an: »Can I buy this picture?«

Ich weiß, daß mein Englisch nicht korrekt ist, aber er wird mich verstehen. Hilfesuchend wendet sich der junge Mann an seinen Freund. Sie stecken die Köpfe zusammen und bereden sich. Schließlich dreht er sich um und entgegnet: »Sorry, it is not good. It is not finished.«

Ich antworte: »Oh no, it's perfect. It is my Ireland.«

Er wird noch verlegener, schaut sein Kunstwerk lange an, dreht sich mit bedauernder Miene um und sagt: »I'm sorry, but it is not to sale. It is the remember to my holydays here ... I cannot sell it. Sorry.«

Ich verstehe ihn so gut und versuche ihm mit meinen paar Brocken Englisch zu erklären: »It's okay, I understand you. I have this picture in my heart. Thank you, for your share. I wish you all the best.«

Wir schauen uns tief und verstehend in die Augen ... und in die Seele. Auch er hat in diesem Land seine Wurzeln gefunden.

16

»Prudens, schau – meine Hände sind geöffnet.«

Ich wende meine Aufmerksamkeit erneut der Halle zu. Es ist ein stetes Kommen und Gehen, doch allmählich wird es ruhiger. Die Durchsagen des Informationsschalters ertönen nicht mehr so häufig wie am Nachmittag oder frühen Abend. Nur noch selten hören wir die freundliche Frauenstimme: »Passenger Mr. ..., please come to the information.«

Mein Blick schweift zu den Menschen, die mir in einigen Metern Abstand gegenübersitzen: Eine besonders attraktive junge Frau fällt mir auf. Sie sitzt perfekt geschminkt und elegant gekleidet aufrecht im unbequemen Plastikschalensitz. Ich bekomme einen kurzen Blickkontakt mit ihr, doch sie läßt sich nicht näher darauf ein. Neben ihr sitzt ein gutaussehender Mann mit einer Sonnenbrille mit Spiegelgläsern. Mir scheint, er mustert mich ebenso wie ich ihn, doch die Brille läßt ihn anonym bleiben. Ich wende mich ab. Es geht bereits auf Mitternacht zu, und die Geschäfte und Cafés im Flughafengebäude machen nach und nach zu. Sie lassen laut ratternd ihre Eisenrolladen herunter. Schnell holt uns Katrin eine letzte Tasse heiße Schokolade. Die Eingangstüren sind jetzt dauernd geöffnet, eiskalte Luft strömt herein, bringt uns zum Frösteln und unsere Zähne zum Klappern. Ich habe leider meine warmen Kleidungsstücke bei Josephine gelassen. Susanne hat mir angeboten, sie mit dem Auto nach Deutschland zu bringen. So konnte ich im Rucksack Platz schaffen für die Geschenke, die ich mit nach Hause nehmen will ... und für die vielen Steine und Muscheln, die mich ansprachen und mitgenommen werden wollten. Es bleibt mir nur, mich in einige meiner T-Shirts und in mein mit Sternen übersätes Schlafshirt zu wickeln. Weit nach Mitternacht suche ich die Toilette auf und erschrecke vor mir selbst: Meine Augen sind stark gerötet, die Übermüdung und die Zugluft fordern ihren Tribut. Mein Körper ist steif vom langen unbequemen Sitzen, das Gesicht bleich. Anfangs wechseln Katrin und ich uns noch beim Aufpassen auf unser Gepäck ab. Einer hält immer die Augen auf. Doch auch dies gelingt uns bald nicht mehr. Es entsteht ganz von selbst eine Schicksalsgemeinschaft unter all den Menschen, die hier warten, in der jeder jedem vertraut. Wenn einer seinen Platz verläßt, bittet er seinen ihm völlig fremden Nebenmann, auf seine Sachen aufzupassen. Wir werden von Wartenden immer mehr zu »Gestrandeten«. Äußerst interessant ist es, die »Verfallserscheinungen« in den Gesichtern und der Haltung der einzelnen zu beobachten, mich eingeschlossen: Saßen die Menschen anfangs noch gesittet und aufrecht in den Sesseln und hielten sich beim Gähnen diskret die Hand vor den Mund, so lümmeln sie jetzt schief und tief in den unbequemen, harten und kalten Plastiksitzen. Keiner macht sich noch die Mühe, ein Gähnen zu unterdrücken oder gar zu verstecken. Immer wieder schaue ich in weit aufgerissene Münder. Die Gesichtsmuskeln erschlaffen, die Augendeckel sind schwer, die Mundwinkel hängen tief nach unten. Die vor wenigen Stunden noch so attraktive junge Frau von gegenüber macht dabei keine Ausnahme. Das tröstet mich über mein eigenes Aussehen und mein Befinden hinweg. Doch ich leide nicht darunter, ich nehme es einfach wahr. Mittlerweile sind alle Geschäfte und Imbißstellen geschlossen. Wenigstens bleiben die Toiletten geöffnet.

Neben uns hat es sich ein junges Mädchen »bequem« gemacht. In einen selbstgenähten, bunten Baumwollschlafsack eingehüllt, liegt es zusammengekrümmt wie ein Embryo zwischen zwei Sitzen. »Wo geht deine Reise morgen hin? Fort oder heim?«

Prudens gibt mir die Antwort: »Gibt es da einen Unterschied?«

Ich verstehe.

Als ich nicht mehr sitzen kann, beschließe ich, einen kleinen Rundgang durch die Wartehalle zu machen. Steif und mit schmerzenden

Gliedern stehe ich auf, gehe vorbei an der Schranke, an der nur noch wenige Menschen auf ihre Freunde oder Angehörigen warten. Dahinter befindet sich das Band für das Gepäck. Noch einmal stelle ich mich in Gedanken an dieselbe Stelle, an der ich am vergangenen Sonntag auf meinen Rucksack wartete. Ist das wirklich erst eine Woche her? Es kommt mir vor, als sei ich Jahrhunderte lang hier gewesen. Ich gehe weiter. Überall sitzen und liegen Menschen. Manchmal fange ich einen Blick auf, den ich freundlich erwidere. Doch es berührt mich niemand in meinem Inneren. Alle einigermaßen geschützten und bequemen Sitzplätze sind belegt, und so kehre ich wieder an unseren zugigen Platz zurück. Katrin ist eingeschlafen; wenig später fallen auch mir die Augen zu.

Ich wache auf. Eine innere Unruhe hat mich geweckt. Mühsam richte ich mich auf. Mein Rücken erinnert mich daran, daß er mich schon über ein halbes Jahrhundert erträgt: Die Schultern, der Nacken, alles ist verspannt und schmerzt. Yasper rät mir: »Nenn es nicht ›Schmerz‹. Nenn es ›Befindlichkeit‹. Und überlege, was du dagegen tun kannst. Solange du es ›Schmerz‹ nennst, wirst du darunter leiden und deine Energie in dieses Leiden verschwenden. Stecke deine Energie darin, die Befindlichkeit zu verbessern.«

»Danke, Lehrer.«

Ich richte mich auf, mache einige Stretching-Übungen im Stehen und stelle erfreut fest, daß meine »Befindlichkeit« sich schon wesentlich verbessert hat! Da erst merke ich, daß Katrin nicht neben mir sitzt. Sie wird sich wohl ein wenig die Beine vertreten. Ein Blick auf die Uhr verrät mir, daß es kurz nach 4 Uhr ist. Noch zwei Stunden bis zum Check-In, vielleicht können wir vorher frühstücken. Ich lasse mich wieder auf dem harten Schalensitz nieder und drehe mich noch einmal suchend nach meiner Tochter um. Da sehe ich einige Meter hinter mir mit müden steifen Schritten den alten Mann umhergehen. Wieder erinnert er mich an einen Emigranten. So müssen also auch diese beiden eine kalte, unbequeme Nacht hier verbringen? Er spürt meinen mitfühlenden Blick, erwidert ihn voller Sympathie und Wärme und kommt auf mich zu. In gebrochenem Englisch, das es auch mir ermöglicht, ohne Scheu zu antworten, fragt er mich: »You are here this night, too. What time will go your flight?«

Ich erzähle ihm unsere Geschichte vom ausverkauften Zug, vom verspäteten Bus, vom Flug am Sonntagmorgen. Er teilt mit mir seine Geschichte: Seine Frau und er seien aus Kairo. Sie hätten in Irland ihren Sohn besucht, der eine Apotheke besitze, und hätten, da ihr Rückflug sehr früh am Sonntagmorgen gehe, die Nacht von Samstag auf Sonntag in Dublin verbringen wollen. Doch wegen des Fußballspiels und des Festivals seien alle Hotels belegt. So habe er sich gezwungen gesehen, seiner Frau diese Unbequemlichkeit zuzumuten. »Where are you from?« ist seine Frage.

Ich antworte ihm, erzähle auch von meinem Mann, der zu Hause geblieben ist, damit meine Eltern nicht allein sind. Er fragt mich, wie alt ich ihn schätze. Ich horche auf Prudens' Stimme und antworte: »Seventy?«

»That's right, and how old are you?«

»Fifty years.«

»And your parents?«

Ich sehe meine Eltern vor mir. Mit ihren achtzig Jahren sind sie zunehmend auf meine Hilfe angewiesen. Wir wohnen im selben Haus, und ich bin meinem Mann so dankbar, daß er mir die Reise ermöglicht hat, weil er bereit war, seinen Urlaub daheim zu verbringen. Bei diesem Gedanken sehe ich ihre Gesichter vor mir; ich sehe, wie enttäuscht sie sind, weil Katrin und ich nicht wie erwartet zurückkamen. Es treibt mir die Tränen in die Augen. »Why do you cry? Tell me, perhaps I can help you?«

Er streckt mir mitfühlend seine geöffnete rechte Hand entgegen. Weinend lege ich meine Hand hinein. Ohne jede Fremdheit blicken wir uns in die Augen. Und da geschieht etwas Wundersames: Um mich herum versinkt das »Hier und Jetzt«, ohne Überlegung weiß ich, daß es ihm ebenso ergeht. Zeitlos, raumlos bewegen wir uns aufeinander zu. Ich höre seine liebevolle Stimme: »You have so good eyes. Can I put my hand on your hair?«

Ich nicke, und er legt unendlich zärtlich seine linke Hand auf meinen Kopf. Eine Liebe und Wärme durchströmen mich, hüllen mich ein, unser Blick ist immer noch vereint. Ich liebe dieses alte, zerfurchte, dunkelhäutige Gesicht, diese liebevollen guten Augen, die mir so vertraut sind. Eine Erinnerung steigt in mir auf ... »Father, can I kiss your hand?« frage ich ihn.

Ohne unsere Blicke zu trennen, küsse ich diese alte, runzlige, von Altersflecken übersäte Hand und fühle mich grenzenlos geliebt. Ich höre seine Stimme: »Oh, my lovely daughter.«

Alles ist so selbstverständlich, so natürlich, daß ich nichts hinterfrage, nicht in diesem Moment. Er spricht es auch für mich aus, als er feststellt: »Now I know, why I am here this night. Only to meet you.«

Bei diesem Satz komme ich in die Gegenwart der Ankunftshalle zurück und bemerke Katrin, die mit fragenden Augen neben uns steht. Auch er blickt sie an. Muß ich ihm erklären, daß sie meine Tochter ist? Lang schaut er auch ihr in die Augen, wendet sich wieder mir zu, um noch einmal zu wiederholen: »My lovely daughter. You and your daughter will visit me in Kairo. I will show you my land, my family, my home. Give me something to write, I will give you my address.«

Der Zauber ist gebrochen, doch die innere Verbindung bleibt bestehen. Auch meine Tochter ist berührt von dieser besonderen Begegnung. Er schreibt seinen Namen, seine Adresse in mein Tagebuch, bittet mich um meine Adresse. »Ingrid«, murmelt er mehrmals, bevor er den Namen richtig aussprechen kann.

Wir verabschieden uns voneinander mit einem langen Blick und festem Händedruck. Meine Tochter erzählt, daß sie uns beide schon eine Zeitlang beobachtet habe, aber diese besondere Begegnung nicht habe stören wollen. Ob es ihr nicht komisch vorgekommen sei, ihre

Mutter mit einem »fremden« Mann so vertraulich im Gespräch und in Berührung zu sehen, frage ich sie. Nein, daß etwas Tiefes in diesen Minuten von uns ausgegangen sei, habe sie gespürt. Doch sie muß natürlich noch etwas Flapsiges anfügen: »Dich kann man aber auch keine fünf Minuten allein lassen. Kaum Englisch sprechen können, aber eine Einladung nach Kairo bekommen!«

Wieder kommt mir der Satz in den Sinn: »Daughter, every woman can be a daughter. But it takes special to be a friend too."

Ja, es ist etwas Besonderes, die eigene Tochter als beste Freundin neben sich zu haben.

Ein ratterndes Geräusch läßt uns zusammenzucken: Der erste Rolladen wird wieder hochgezogen. Wenig später reicht mir Katrin einen Becher wundervoller heißer Trinkschokolade. Sie wärmt uns von innen auf, wir genießen sie, als hätten wir einen stundenlangen Spaziergang durch Eis und Schnee hinter uns. Der nächste Gang führt uns zur Toilette, wir wollen uns frisch machen. Beim Blick in den Spiegel muß ich lachen. Wie sagte mein »Vater« vor wenigen Minuten? »You have so good eyes.«

Es sind eher Kaninchenaugen, so rot und entzündet leuchten sie mir entgegen. Das kalte Wasser tut dem Gesicht gut, der warme Luftstrom aus dem Händetrockner meinen eisigen Füßen, die ich ihm, die pikierten Blicke einer anderen Besucherin dieses Örtchens ignorierend, entgegenhalte. Das Leben kehrt in meinen fünfzigjährigen Körper zurück und mit ihm der Appetit auf ein warmes Frühstück! Das wohlbekannte und vertraute Fast-Food-Restaurant im oberen Stock hat schon geöffnet, und wir genießen heiße Pfannkuchen mit Ahornsirup, heißen Kaffee und – welches Geschenk – einen warmen, gepolsterten Sitzplatz.

Katrins nervöser Blick auf die Uhr erinnert mich daran, daß wir rechtzeitig einchecken müssen. Wir geben unsere Rucksäcke auf und haben noch genug Zeit, durch die Duty-Free-Shops zu bummeln. Meine Tochter besteht darauf, bereits eine Stunde vor Abflug am richtigen Gate zu sein. Beim Umbuchen gestern änderte die Angestellte handschriftlich das Gate auf dem Ticket um: von B auf A. Doch auf den elektronischen Anzeigetafeln ist für unseren Flug Gate B ausgewiesen. Noch einmal wird Katrin schwer geprüft: Sie fragt am zuständigen Schalter: die Angestellten zeigen freundlich auf die Anzeigetafel. Sie fragt vorbeikommende Stewardessen unserer Fluglinie: Diese zeigen freundlich auf die handschriftliche Weisung. – »Was denn nun?«

Wir haben noch genügend Zeit und gehen zu Gate B. Der Schalter ist noch nicht besetzt, aber es warten schon eine Menge Leute. Wir setzen uns dazu, der Bildschirm bestätigt immer noch die Richtigkeit unserer Entscheidung. Trotzdem kommt es uns etwas komisch vor, daß kein einziger Deutscher neben uns sitzt. Katrin wird wieder unruhig. Ich bin einfach nur neugierig, wie sich alles entwickelt. Meine Tochter sucht noch einmal einen Informationsschalter auf und bekommt die verbindliche Auskunft, daß die Angabe auf dem Flugticket stimme. Wir stürmen also in die entgegengesetzte Richtung, als unser Flug plötzlich auf allen Anzeigetafeln verschwindet! »Sie haben unseren Flug gestrichen!« entsetzt sich Katrin.

Ratlos bleiben wir stehen und starren auf die Bildschirme. Doch einige Schrecksekunden später erscheint zu unserer Erleichterung der Flug wieder auf der Anzeigetafel, diesmal mit derselben Gateangabe wie auf unseren Tickets. Mein Aufatmen wird übertönt vom Poltern des Steins, der meiner Gefährtin vom Herzen fällt. Endlich sitzen wir auf der Wartebank vor dem richtigen Schalter. Unser Flug wird aufgerufen, doch Katrin fragt sicherheitshalber noch zweimal, ob wir auch richtig seien.

Endlich, nach dieser langen Odyssee, sitzen wir im Flugzeug nach München ... und das bei strahlendem Sonnenschein. Wir dürfen die grüne Insel noch einmal in ihrer ganzen Schönheit sehen! Gestern hätte eine dichte Wolkendecke dieses Abschiedsbild nicht ermöglicht.

Das Flugzeug verläßt den irischen Boden und erlaubt uns, Urgroßmutters Flickenteppich tief unter uns zu bestaunen. Im Gegensatz zur deutschen Landschaft, die aussieht, als sei sie ein exakt mit dünnem Faden einer Nähmaschine genähter Stoff, breitet sich unter uns ein mit dicken Wollfäden unregelmäßig zusammengeflickter Quilt aus. Ein wunderschöner, mein Herz anrührender Anblick. Noch einmal spüre ich die tiefe Liebe dieses Landes, seine rauhe und doch so herzliche Liebe zu seinen Kindern und Enkeln. Ich fühle mich, als würde ich von zu Hause weg fliegen und weiß mit tiefer innerer Gewißheit: Ich komme wieder zurück in Urgroßmutters Schoß!

Während des weiteren Fluges lasse ich noch einmal die vergangene Woche Revue passieren. Nur sieben Tage war ich hier und habe Jahrhunderte durchlebt. Ich konnte einen Kreis schließen, einen bisher unbekannten Teil meines Selbst finden ... und einen neuen, kleinen Freund. Lächelnd schließe ich die Augen, um zu sehen, was Vincent macht. Das innere Bild zeigt, draußen auf der linken Tragfläche des Flugzeugs sitzend, meinen Engel Prudens mit wehenden schwarzen Haaren. Er legt fürsorglich den rechten Arm um eine kleine Gestalt mit flatternden grünen Haaren. In diesem Moment fliegt die Maschine eine leichte Kurve, so daß sich der Flügel nach unten neigt. Prudens wirft den Kopf zu mir zurück und lacht sein unvergleichlich lebensfrohes Lachen. Ich lache mit ...

Da taucht plötzlich ein anderes Bild auf: Ich sehe das Gesicht des alten Ägypters, den ich wie selbstverständlich »Vater« nannte. Seine gütigen Augen ruhen auf mir, während seine Lippen liebevoll einen Namen formen: *Naomi*. Zeigt sich mir ein neuer Kreis, den es zu schließen gilt?

Naomi, wer bist du? Tief aus meinem Inneren taucht ein wehmütiges Gefühl auf. Wenn Gott will und mich meine Engel nach Kairo führen, werde ich dich dort finden, Naomi?

Ich höre Prudens sagen: »Hab Geduld und hab Vertrauen. Du weißt, daß alles auf dich zukommt!«

Nachwort

Nach meiner Rückkehr dauerte es einige Tage, bis auch meine Seele wieder zu Hause angekommen war. Yasper erinnerte mich an den schwarzen »Buch-Stein«. Als ich ihn in der Hand hielt, gab er mir den Auftrag, alles, was darin gespeichert sei, zu Papier zu bringen.

»Es ist *meine* Geschichte«, wandte ich ein.

»Es ist die Geschichte eines Menschen, der sich auf seine innere Stimme einläßt und Vertrauen hat«, war seine Antwort. »Schreib sie auf und mach all denen Mut, die sich auf den Göttlichen Tanz mit uns einlassen wollen.«

Ich schmunzelte, denn daß dies nicht immer ein langsamer Walzer, sondern mitunter ein Rock'n'Roll mit doppeltem Überschlag sein kann, hatte ich erfahren.

Sieben Tage dauerte die Reise, sieben Monate habe ich gebraucht, um die Geschichte vom Stein aufs Papier zu bringen. Ich teile sie mit dir, liebe Leserin/lieber Leser, und möchte dir Mut machen, nicht nur über das Vertrauen zu lesen, sondern es selbst zu *leben*! Ganz besonders ans Herz legen will ich dir noch einmal das »Engelgebet«. Es ist der gesprochene Schlüssel zu einem Leben in Vertrauen und innerem Frieden:

»Vater, ich danke dir,
daß du mir auch heute
alles gibst, was ich brauche,
und alles nimmst, was mich belastet.«

Ich weiß es: Wir sind gesegnet mit Licht und Liebe.

Deine Seelenschwester Ingrid

220

In diesem Buch schildert ein junger Schustergeselle seine Begegnung mit Jesus und wie er diesen Meister und seine Jünger erlebte. Jesus ist hier ein großer Heiler und Weisheitslehrer – und ein Mensch. Auch wenn die Quelle dieser Schilderungen vielen unbegreiflich erscheinen mag, man spürt: Ja, so jemand könnte dieser Jesus gewesen sein.

Ingrid Lipowsky
Die Geschichte Jakobus des Jüngeren
Paperback, 240 Seiten
ISBN 978-3-89060-134-2

Nachdem die Vorstellung, daß in der Natur unsichtbare Intelligenzen am Wirken sind, nicht mehr ganz so absonderlich erscheint, wie noch vor Jahren, ist jetzt die Zeit gekommen für dieses Buch, in dem uns einer vom elbischen Volk der Leprecháns erzählt, wie wichtig die Zusammenarbeit der Menschen mit den Naturgeistern ist. Leicht lesbar und auf unterhaltsame Weise bringt uns die Autorin Tanis Helliwell die Welt der Elfen, Devas und Elementale näher – und selbst Skeptiker werden ihr Vergnügen haben und ins Nachdenken kommen.

Tanis Helliwell
Elfensommer
Meine Begegnung mit den Naturgeistern
Ein Tatsachenbericht
Paperback, 224 Seiten
ISBN 978-3-89060-679-8

Eine »Pilgerfahrt« voller Überraschungen

Das zweite Buch von Tanis Helliwell, in dem sich die Naturgeister zeigen – wenn auch in einer für uns Menschen nicht immer sehr angenehmen Weise. Auf dieser Tour durch Irland stoßen die Leprechauns Tanis und ihre Gruppe mit ihrem Witz auf deren »blinde Flecken« und bringen sie immer wieder in das »Jetzt« – auch wenn nicht alle Reisenden das als besonders witzig empfinden. Doch letzten Endes ist es eine sehr lehrreiche Pilgerfahrt, auf der sich die große Weisheit der unsichtbaren Reisebegleiter offenbart. Wir Leser, vom Schalk der Naturgeister nicht betroffen, können uns bei der Lektüre bestens amüsieren – und dabei noch etwas dazulernen.

Tanis Helliwell

Elfenreise

Eine mystische Irlandfahrt mit den Naturgeistern

Ein Tatsachenbericht

Paperback, 208 Seiten

ISBN 978-3-89060-323-0

Dieses Buch beschreibt die uralte tiefe Freundschaft zwischen Mensch und Baum. Es führt uns in das Innere der Körper der Bäume und erklärt, wie Bäume mit Hilfe von Licht kommunizieren. Und es führt uns zum Geist der Bäume, der in jeder Baumart eine andere Ausprägung annimmt.

Kein anderes Buch behandelt Bäume in so umfassender Weise: Botanik, Ökologie und kulturelle Bedeutung von der Steinzeit bis heute. Von einer planetarischen Gesamtschau bis zu individuellen Baumporträts der bei uns heimischen Arten.

Fred Hageneder

Der Geist der Bäume

Eine ganzheitliche Sicht ihres unerkannten Wesens

Hardcover, 416 Seiten, mit Lesebändchen

ISBN 978-3-89060-632-3

NEUE ERDE *im Buchhandel*

Neue Erde ist ein kleiner unabhängiger Verlag, und der unabhängige Buchhandel ist unser natürlicher Partner. Wir unterstützen die Initiative »buy local«.

Sollte es Lieferschwierigkeiten bei den Büchern von NEUE ERDE geben, lassen Sie immer im VLB (Verzeichnis lieferbarer Bücher) nachsehen, im Internet unter **www.buchhandel.de**

Alle lieferbaren Titel des Verlags sind für den Buchhandel verfügbar.

Auch mobil können Sie, zum Beispiel mit der App von LChoice, unsere Bücher beim örtlichen Buchhändler kaufen.

Sie finden unsere Bücher auch auf unserer Homepage **www.neue-erde.de** oder in unserem Gesamtverzeichnis, welches Sie gerne hier anfordern können:

NEUE ERDE GmbH
Cecilienstr. 29 · 66111 Saarbrücken
info@neue-erde.de